PSICODRAMA ESTRATÉGICO

A técnica apaixonada

Dados Internacionais de Catalogação na Publicação (CIP)
(Câmara Brasileira do Livro, SP, Brasil)

Williams, Antony
Psicodrama estratégico : a técnica apaixonada / Antony Williams ; [tradução de Carlos Eugênio Marcondes de Moura]. — São Paulo : Ágora, 1994.

Bibliografia.
ISBN 85-7183-437-7

1. Psicodrama I. Título.

94-1820

CDD-616.891523
NLM-WM 430

Índices para catálogo sistemático:
1. Psicodrama : Medicina 616.891523

PSICODRAMA ESTRATÉGICO
A técnica apaixonada

Antony Williams

ÁGORA

Título original em inglês:
The Passionate Technique — Strategic psychodrama with individuals, families and groups
Copyright © 1989 by Antony Williams
Publicado originalmente pela Routledge, 1989

Nenhuma parte desta publicação poderá ser reproduzida, guardada pelo sistema "retrieval" ou transmitida de qualquer modo ou por qualquer meio, seja eletrônico, mecânico, de fotocópia, de gravação ou outros, sem a prévia autorização por escrito da Editora.

Tradução de:
Carlos Eugênio Marcondes de Moura

Revisão técnica:
Moysés Aguiar

EDITORA AFILIADA

Todos os direitos reservados pela

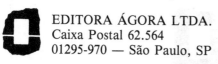

EDITORA ÁGORA LTDA.
Caixa Postal 62.564
01295-970 — São Paulo, SP

Sumário

1. TÉCNICA BÁSICA 9
   A linguagem do psicodrama 12
   A filosofia essencial 18

2. PAIXÃO PELA AÇÃO 25
   Concretização 26

3. FOCALIZANDO A PAIXÃO: O CONTRATO 47
   Contratar antes de uma dramatização 48
   Cibernética de segunda ordem 50
   Tema 62
   Preocupação tópica 66
   Resumo 69

4. ENTREVISTA COM O PERSONAGEM 70
   Definições morenianas de papel 70
   Cinco componentes de um papel 72

5. PSICODRAMA ESTRATÉGICO 96
   O psicodrama enquanto revelação/o psicodrama enquanto
   terapia 96
   Um protagonista do futuro: o menino velho 104
   A abordagem estratégica 109
   Aplicando uma hipótese sistêmica ao psicodrama 112

6. INTERVENÇÕES ESTRUTURAIS NO PSICODRAMA 124
   Terapia analógica *versus* terapia digital 130
   Função e desenvolvimento 135

7. A NATUREZA SISTÊMICA DOS PAPÉIS 144
   A causalidade em sistemas vivos 148

8. O CICLO DO PROBLEMA E DA SOLUÇÃO 162
   O poder sedutor do mito da família 172

9. DESPERTAR A TRANSFERÊNCIA 182
   Introdução 182
   Descrição e história do método transferencial 184
   Encenação de uma reação de transferência superficial 188
   Noções psicodramáticas e relacionais a respeito da
   transferência 197
   Conclusão 200

10. A TRANSFERÊNCIA REDIRECIONADA 203
    Argumentos contra as interpretações da transferência em
    processos grupais 212
    O psicodrama e o aqui-e-agora: procedimentos mistos 218
    O uso do eu pelo diretor — resoluções transacionais 223

11. APLICAÇÕES PSICODRAMÁTICAS NA TERAPIA DE
    FAMÍLIA 228
    Introdução 228
    Vantagens dos métodos de ação 230
    Organizando uma encenação 232
    Encenação de fantasias 237
    Inversão de papéis e análise de papéis 240
    Rituais 247
    A encenação como analogia 251

12. NA DIREÇÃO DA SAÍDA 258
    Megalomania normalis 258
    Revelação *versus* terapia: quando a bola é rebatida 260
    A rede de relacionamentos, o mundo da escolha 263

Referências bibliográficas 267

Agradecimentos

Quero agradecer às pessoas que leram e comentaram as várias partes deste livro: Liz Collins, Margaret Flynn, Mary Good, Claire Smith, Marina Strazdins e Sally Trembath. A influência estratégica de Joady Brennan foi inestimável. Sou grato a minha incentivadora e generosa irmã, Diana, que sempre perguntava se eu a estava citando em meu novo livro — bem, estou citando sim, Di. Há outras pessoas, que não mencionarei pelo nome, que me ouviram expor minhas idéias, me encorajaram, corrigiram minha ideologia, cederam suas casas, abriram champanha e que sofreram com a irrupção das primeiras versões. Até que foi divertido, amigos!

Aos meus primeiros mestres, Tom Wilson e Teena Lee Hucker, Lynette Clayton, e meu principal supervisor, Max Clayton, muitas de cujas *bon mots* serão reconhecidas ao longo das páginas, sou profundamente grato. Muito lhes devo em termos de minha atual felicidade com o que faço, e meus próprios alunos a eles muito devem, também. Métodos ativos são uma inesperada dádiva divina para os professores e ilustradores da comédia humana, e caso houvesse um livro sobre os direitos dos alunos, nele deveria ser inscrito o direito de terem professores que entendam de aquecimento.

Meus sinceros agradecimentos a Jenny Peek, que trabalhou quarenta braças de rabiscos e cada semana produziu quarenta páginas de uma impressionante limpeza. Sou também devedor a todos os diretores — os Duanes, os Dukes, os Dots, Dis, Dennises e assim por diante. Em alguns, é óbvio que eles são eu mesmo, e em outros casos confio em que procurei respeitosamente disfarçá-los. Mais generosos ainda foram os protagonistas — os Prues, Pauls, Priscillas, Patsys. Espero que sua fé nesta jornada tenha sido justificada, e que você, leitor, se enriqueça pelo fato de eles terem permitido que suas estórias pudessem ser contadas.

Para
Pam Hamilton

Capítulo um

Técnica básica

Saindo fora dos trilhos

Portia, mulher de 30 anos de idade, extrovertida, atraente, com peso acima do normal, queixa-se no grupo de que "muito irracionalmente" desistiu do saudável estilo de vida que adotara no ano anterior. Agora, declara, fuma pela manhã, a fim de "pôr em funcionamento as turbinas dos pulmões". Alega beber em demasia, comer uma comida muito pouco saudável e puxar fumo exageradamente. De algum modo ela "saiu dos trilhos", conforme sua descrição.

Don, o diretor, pede a Portia que construa alguns "trilhos". Portia escolhe quatro pessoas do grupo, que se deitam no chão em linhas paralelas. Portia fica de pé entre as linhas e Don pergunta-lhe quando foi que ela saiu dos trilhos. Após alguns momentos de reflexão, Portia responde que foi em agosto. Don indaga o que estava acontecendo em agosto. Inicialmente Portia não consegue lembrar. Então recorda-se de que uma amiga, Lucy, candidatou-se a um emprego na empresa onde ela trabalhava e ficou muito zangada por não ter sido escolhida.

Don diz a Portia que "saia dos trilhos". Ela cai para um dos lados e se esconde debaixo de uma cadeira. Objetos que representam comida, bebida, cigarros e drogas lhe são entregues. Ela os consome todos e fica angustiada. Quanto maior sua angústia, mais rápida e desesperadamente fuma, come e bebe. Don pergunta se ela já esteve alguma vez nesse estado. Portia responde que isso lhe recorda a época em que tinha 3 anos de idade, agachada por detrás da porta do banheiro, comendo pão, enquanto seus pais discutiam na cozinha.

As cenas da cozinha e do banheiro são delineadas e Portia escolhe pessoas do grupo para representar os papéis do pai e da mãe. Os pais de Portia estão discutindo furiosa e histericamente. A mãe acusa o pai de "não prestar" e grita com ele repetidas vezes: "Não quero mais vi-

ver". O pai, indignado, impotente, vai de um lado para outro e diz que não consegue entender nada do que está acontecendo, que está totalmente confuso. Portia se agacha por detrás da porta do banheiro, enche sua boca de pão. Diz que se sente "mal". Começa a chorar descontroladamente.

É evidente seu desamparo. Em um aparte dirigido a Don, declara que está "perdida". Don pergunta se alguém poderá ajudá-la. "Ninguém", é sua resposta. Pede-lhe que escolha alguém do grupo para atuar como ela, e que passe a observar a cena. Portia retira-se da cena e observa Portia menininha, naquele contexto tão tenso e esmagador. Em pouco tempo, esse papel de mera testemunha torna-se passivo demais para ela. Transforma-se numa protetora indignada da menininha e pede aos pais que parem. Insiste em que eles prestem atenção em sua filha e parem de se machucar um ao outro.

Don solicita a Portia que represente, primeiro, a mãe e depois o pai dela. Nesses papéis, inicialmente eles ficam indignados com a interferência indevida desse novo personagem e retomam a discussão, ignorando qualquer interrupção. De volta ao seu papel de 3 anos de idade, e com a ajuda e o carinhoso estímulo de seu protetor, Portia luta fisicamente com eles e, depois de muita pancada e gritaria, coloca-os porta afora. Está triunfante, mas também muito triste. Don faz com que os pais voltem para a cena e Portia, em prantos, diz à mãe o quanto gostaria que ela fosse mais "presente" em sua vida e como sua depressão e seu "terrível casamento" interferiram na proximidade que deveria existir entre ambas.

Don, em seguida, faz Portia retornar à primeira cena com sua amiga, Lucy, e solicita aos participantes do grupo que voltem a atuar como "trilhos". Portia, mais uma vez, está de pé, entre os trilhos. Lucy fica furiosa por ter sido ela a responsável por não ter sido aceita no emprego. Inicialmente Portia começa a querer adular a amiga e a dar explicações, mas, após ser encorajada por seu "protetor indignado", que ainda cuida dela, exclama: "A culpa não é minha, a culpa não é minha. Poderia ter cuidado das coisas um pouco melhor mas não sou culpada." Com autoridade e cortesia dirige-se aos pais e declara: "Não sou culpada. Não levei vocês a se odiarem, a porem tudo a perder. Não sou culpada."

A dramatização termina com Portia mais uma vez de pé, entre os trilhos, abraçando sua "testemunha", que se transformou em seu protetor. Prometem que não se separarão e declaram o mútuo afeto e o quanto precisam um do outro. Ela faz uma pausa durante alguns momentos, ainda ligada à trama do passado, mas livre dele. Então agradece aos participantes do grupo que desempenharam os vários papéis e senta-se com Don.

Durante mais ou menos vinte minutos os participantes do grupo se referem às recordações, emoções e pensamentos que tiveram sobre suas próprias vidas, enquanto Portia representava seu drama. A sessão, incluindo o compartilhamento, no final, dura cerca de noventa minutos.

Como a ação é a essência do psicodrama, torna-se tentador simplesmente apresentar aqui as dramatizações, uma após a outra, e deixar que o leitor as julgue por si mesmo. Afinal de contas, constituem histórias autônomas, singelas e compactas e, de certo modo, vão além das explicações e das análises. São documentos humanos com sua própria ressonância imaginativa, suas próprias formas de expressão verbal e seu próprio valor enquanto produtos estéticos. Criaram uma atmosfera moral e emocional ligada a um lugar e a um tempo e revestiram os acontecimentos de um sentido verdadeiro. São uma expressão da paixão humana.

Psicodramas encenados com honestidade dialogam com nossa capacidade de nos surpreender e nos encantar, apelam ao senso de mistério e de temor respeitoso em nossas vidas, despertando sentimentos de piedade, beleza, dor e companheirismo para com toda a criação. Podem despertar um senso de solidariedade, conforme Conrad (1914, 1974) expressa em outro contexto, um senso que "entrelaça a solidão de inúmeros corações, que conduz à solidariedade nos sonhos, na alegria, na tristeza, nas aspirações, nas ilusões, na esperança, no medo, que unem cada homem a outro, que ligam a humanidade inteira — os mortos aos vivos e os vivos àqueles que estão por nascer." A esse emprego do psicodrama eu denomino "o psicodrama como revelação".

Comecemos agora por alguns termos e descrições. O psicodrama é um processo no qual alguém representa situações pessoalmente relevantes, numa situação de grupo. Tais situações podem ser penosas e, nesse caso, a pessoa tentará alterá-las. Podem também ser satisfatórias e então o psicodrama simplesmente as festeja. O psicodrama não se preocupa unicamente com a raiva, a dor ou as emoções "sombrias", mas pode realizar-se com a simples finalidade de ilustrar ou exaltar. A maior parte dos psicodramas, como o de Portia, contêm uma afirmação que vai além de sua narrativa trágica, pelo simples fato de exporem essa narrativa diante de outras pessoas que compartilham uma humanidade básica. Os psicodramas autênticos apresentam no palco nossos esforços para vivermos com nossa própria singularidade humana.

Os dois primeiros capítulos deste livro constituem uma introdução para aqueles que estão seriamente interessados nos processos básicos do psicodrama. Os capítulos subseqüentes são mais especulativos e dizem respeito à influência mútua que as terapias sistêmicas e a prática psicodramática podem passar a exercer. Para explicações mais amplas sobre o processo básico, encontram-se excelentes introduções em Blatner (1973), Fine (1978), Goldman e Morrison (1984), Khan (1964), Leveton (1977), Starr (1977) e, é claro, no próprio Moreno, em sua obra em três volumes intitulada *Psicodrama* (vol. I, 1946, 1964, 1972); vol. II, 1959 e vol. III, 1969). Bishof (1970) nos apresenta uma versão "oficial" da teoria da personalidade de Moreno, enquanto Hare (1986) elaborou sua contribuição à psicologia social.

A linguagem do psicodrama

O psicodrama assemelha-se ao teatro popular. Com aparente naturalidade, traça a crônica das vidas, mortes, amores, ódios e repressões das pessoas, de sua transcendência, de seus encontros e desencontros. Os outros membros do grupo, a platéia, percebem, na narrativa psicodramática, um eco de si mesmos. As peças não constituem produtos acabados, como as do teatro, mas são trabalhos dramáticos e poéticos criados no palco, aos olhos dos espectadores. Estes observam seu desenvolvimento, passo a passo, desde o início até o momento da catarse e da integração. No drama aristotélico, a "catarse" (o experimentar o medo e a piedade, que libera a pessoa dessas emoções) realizava-se na platéia. No psicodrama, o lugar da catarse se desloca do espectador para o palco, para os próprios atores. Entretanto, raro é o psicodrama no qual os espectadores não são igualmente mobilizados. A catarse torna-se total, envolvendo atores e espectadores.

As pessoas que representam as situações — *os protagonistas* — expressam seu mundo fenomenológico abertamente, em cenas, tal como acontece em uma peça. "Protagonista" era o título do ator principal na tragédia grega: "Protagonista significa o homem em um estado de arrebatamento, um louco. O teatro, no contexto do psicodrama, é, portanto, o teatro de um louco e uma platéia de loucos contempla um desses loucos, representando sua vida em cena" (Moreno, 1946, p. 12). Cenário é o termo empregado para indicar um tempo e um lugar que estão sendo apresentados. O cenário pode ser construído detalhadamente ou pode ser mero fragmento, sugerindo um tempo e um espaço reais ou imaginários. O cenário ajuda a pessoa a aquecer-se para aquele tempo e aquele lugar.

Um trecho do diário do dramaturgo francês Jean Cocteau ilustra a ligação existente entre o cenário e o aquecimento. Encontrando-se no bairro onde passou a infância, Cocteau tenta recapturar lembranças perdidas, caminhando ao longo de um muro e passando o dedo nele, como fazia quando criança. As recordações são poucas e sem vida. Ele fica desapontado. De repente recorda-se de que, quando criança, deslizava o dedo num nível diferente, sobre pedras diferentes. Cocteau abaixa-se, fecha os olhos e desliza o dedo na parede. Escreve:

Assim como a agulha capta a melodia do disco, obtive uma melodia do passado com minha mão. Encontrei tudo: minha capa, minha pasta escolar, de couro, os nomes de meus amigos e professores, certas expressões que eu usava, a voz de meu avô, o cheiro de sua barba, o cheiro dos vestidos de minha irmã e da saia de minha mãe.

(Citado em Van den Berg, 1975, p. 212).

Uma criança possui uma perspectiva diferente da do adulto, conforme Cocteau descobriu. Ao voltar a expressar o acontecimento que fez surgir aquela perspectiva, a experiência pode ser reavaliada em termos do mundo adulto. No muro, Cocteau é simultaneamente criança e adulto. A exemplo de Cocteau, os protagonistas se ajustam aos sulcos do passado como a agulha se ajusta ao disco, eles "captam a melodia do passado". Eles, em essência, o reavaliam em termos do presente, em geral pelo fato de terem alterado aquela melodia, na cena representada, situada no passado, conforme Portia fez na cozinha e como muitos protagonistas fazem, segundo veremos. Após esses dois capítulos introdutórios, alguns modos não padronizados de alterar essa melodia serão sugeridos.

Em geral, a primeira cena de uma dramatização ocorre no presente e em torno do problema apresentado. A primeira cena de Portia, na verdade, era imaginária e derivou de sua representação da metáfora contida na expressão "sair fora dos trilhos". Uma primeira cena costuma conter informações suficientes para uma compreensão da dificuldade, e as cenas subseqüentes — que, algumas vezes, podem chegar a quatro — conduzem a ação inicialmente para outros compartimentos da vida da pessoa e depois, talvez, para o passado recente ou distante. Na dramatização de Portia, a segunda cena ocorreu com Lucy e foi uma cena curta, enquanto que a terceira cena se desenrolou na cozinha da família, quando Portia tinha três anos de idade.

As cenas são representadas num "palco", que pode ser um tablado, formal; porém, mais comumente, é um espaço da sala delimitado para esse objetivo. O mundo físico do protagonista se expressa exteriormente por meio de cadeiras destinadas a representar objetos — portais, bancos, paredes, camas, aparelhos de televisão, fogões (uma quantidade surpreendente de psicodramas tem a cozinha como cenário), sofás e mesas de jantar. No psicodrama os elementos cênicos são, no entanto, muito simples, em geral meia dúzia de cadeiras ou o equivalente. Membros do grupo, denominados egos-*auxiliares*, representam personagens relevantes, sejam elas pais, cônjuges, amigos, professores, patrões ou até mesmo partes da pessoa". Ego-auxiliar é o termo empregado para designar qualquer pessoa que tome parte na dramatização, além do diretor e do protagonista. Na medida em que garante a natureza dramatúrgica do processo, o terapeuta ou líder do grupo é denominado *diretor*. Os egos-auxiliares ajudam o diretor a produzir uma experiência plena e a proporcionar uma solução satisfatória para o que quer que seja dramatizado pelo protagonista.

Uma das cenas pode referir-se à infância precoce, onde se imagina que se situam as origens dos sentimentos básicos e até mesmo do problema que se apresenta. O objetivo dessa representação não é tanto a análise das experiências relevantes quanto o fato de elas serem revividas e sentidas profundamente. Na cena nuclear o diretor pode encorajar os protagonistas a expressarem plenamente sua experiência, que pode ser ligada à raiva, a uma mágoa insuportável ou a uma união maravilhosa com outra pessoa. Mais do que simplesmente falados, os aspectos emocionais são vivenciados. Em nível de paixão, o psicodrama precisa apenas atingir as origens secretas das emoções humanas. Em geral, é difícil entrar em contato com essas nascentes, mas quando os protagonistas as encontram, suas qualidades de frescor e pureza são muito evidentes. Embora a experiência do "abismo" possa ter sido muito dolorosa, após uma dramatização os protagonistas costumam exibir uma calma impressionante, que se demonstra até mesmo por meio de mudanças físicas em seus corpos e sua fisionomia. Parecem ter voltado a apropriar-se de um fragmento da vida, e isso fica visível. É difícil duvidar da veracidade da mudança, pelo menos naquele momento, e os membros do grupo, em geral, estão intensamente envolvidos com o protagonista e comovidos com ele. A experiência parece conter sua própria autenticação, que a natureza evocativa das imagens e da linguagem lhe confere.

A expressiva síntese de informação sensorial e perceptiva ajuda a formar novos significados e organiza a experiência de um novo jeito. De acordo com a teoria psicodramática, a mudança ocorreu porque finalmente os protagonistas desempenharam papéis intrinsecamente verdadeiros e adequados à situação original. A espontaneidade presente na nova interação ilustra e modifica a dinâmica básica da interação disfuncional original e cria novas percepções, novas respostas e padrões de relacionamento. Os diretores esperam criar uma estrutura vigorosa, que dê novo significado à experiência e prossiga influenciando as vidas dos protagonistas muito depois de concluída a dramatização.

Ao longo deste livro, pretendemos sustentar que a paixão não constitui "algo em si", mas que é fundamentalmente relacional. Ela é empregada estrategicamente para ajudar as pessoas a se definirem nas interações e pode ser muito significativa, na compreensão e modificação da dinâmica dos relacionamentos. A paixão que emerge no psicodrama estratégico é entendida ciberneticamente. Não se situa em algum lugar "dentro" da pessoa, efervescente porém fora da consciência. Na verdade, ela é sintetizada através da interação com o diretor e com o grupo. O psicodrama estratégico emprega a dramatização como um lugar para a encenação de mudanças na vida cotidiana de uma pessoa, muito mais do que um lugar onde a mudança deva ocorrer. Situações emocionalmente sobrecarregadas são reorganizadas ou reclassificadas de modo a levar a novas estruturas nos relacionamentos. A ênfase se situa mais "fora" do que "dentro". Voltemos, porém, à nossa descrição de um psicodrama convencional.

Quando se conclui a dramatização da cena nuclear os protagonistas são trazidos de volta para o presente. Em geral se faz alguma tentativa de ligar o problema que foi apresentado racionalmente com a cena nuclear, talvez voltando a representar a primeira cena. Assim, Portia acabou voltando "para os trilhos", mas antes enfrentou Lucy de um jeito em que se mostrou inteiramente "presente", em vez de comportar-se como uma criança culpada, que se escondia. Ao revisitar a primeira cena, os protagonistas contam com os novos papéis que desenvolveram no decorrer da dramatização, como veremos na encenação que denominaremos "Enxugando a pia", no próximo capítulo, e em numerosas outras relatadas mais amplamente neste livro. O momento final da dramatização tende, portanto, a orientar-se para o presente.

As percepções que os protagonistas têm de si e dos outros são representadas de tal modo que eles possam vivenciar externamente a verdade que vivenciam interiormente. Eles não só relatam, mas representam suas recordações, sonhos e fantasias no teatro da terapia, de tal modo que possam viver com maior eficácia no teatro da vida. Com exceção da entrevista com o personagem, os diretores raramente fazem interpretações durante a dramatização, mas colhem informações da própria ação. Estão atentos às pistas significativas, observando padrões e ações que se repetem. Os protagonistas são encorajados a ampliar ao máximo toda expressão e toda ação, em vez de reduzi-las. As assim denominadas ilusões, alucinações, solilóquios e fantasias não apenas são permitidas, mas, na realidade, encorajadas, como parte da encenação.

O objetivo do psicodrama, enquanto revelação, é encontrar as formas, as cores e a luz daquilo que é fundamental e duradouro na vida das pessoas, a própria verdade de suas existências, tal como essa verdade surge para elas. O drama apresenta "o que está ali" e também cria "o que está ali". As dramatizações podem fracassar, enquanto revelação, se forem derivativas, ornamentais, desprovidas de vida. Também podem fracassar, enquanto terapia, se tais características forem dominantes. O psicodrama, enquanto revelação, ajuda as pessoas a desenvolverem novas capacidades, a se tornarem mais expressivas e criativas em sua vida cotidiana, sobretudo em seus relacionamentos. As dramatizações podem fracassar tanto terapeuticamente quanto como revelação, quando não despertam os protagonistas para a verdade de suas vidas e quando não apresentam caminhos adequados que conduzam à espontaneidade. O sentido revelatório e terapêutico da espontaneidade será discutido nos capítulos 4 e 5.

Enquanto revelação e terapia, as dramatizações trabalham a "fome de atos" das pessoas, seus movimentos em direção à realização dos desejos e dos impulsos, no âmago de si mesmas e de suas interações com os outros. O diretor ajuda os protagonistas a realizarem simbolicamente sua fome de atos, que, em geral, consiste em expressar uma parte fundamental de sua verdade psicológica. Kellerman (1987, p. 79) sugere que, na medida em que a dramatização pode ser uma experiência curativa e a psicoterapia pode ser dramaticamente satisfatória, "o psicodrama não pode ser simplesmente qualificado como teatro. Por mais que tentemos diluir o que é feito no psicodrama, ele é, indiscutivelmente, uma forma de tratamento". É precisamente com essa indagação que este livro se preocupa, ou seja, se a terapia pode ser uma técnica apaixonada. Por enquanto, prossigamos com nossas definições e processos básicos.

Na atuação em si, os protagonistas, de modo geral, não possuem uma idéia clara do que estão fazendo. Eles se encantam e se aterrorizam alternativamente com lampejos de potencialidades, de esperanças e com as doces alegrias que advêm de uma ação desprovida de complicações. Eles se movimentam dentro e fora do tempo, dentro e fora das estruturas convencionais da realidade. Ser protagonista lhes dá um senso apaixonado daquilo que são, de certo modo mais profunda e explicitamente do que costumam vivenciar em sua realidade cotidiana. No momento da ação espontânea, a vida, finalmente, torna-se algo simples. Assim, quando Portia teve um confronto com seus pais, ela vivenciou mais amplamente a própria culpa em relação ao sofrimento deles, mas também sua própria raiva diante do fato de eles serem como eram um para com o outro, independentemente das necessidades dela enquanto criança de três anos de idade. Enquanto atuava a raiva que sentia dos pais e a necessidade que tinha deles, tornou-se evidente a frustração pelo fato de eles não se fazerem presentes em sua vida de maneira adequada.

Blatner (1973) chama a atenção para a máxima psicoterapêutica: "Não aborde a hostilidade sem que os protagonistas também vivenciem sua dependência". Isto quer dizer que a necessidade que o protagonista sente em relação a algo (digamos, amor ou reconhecimento) se frustra, de certo modo, pelo outro, que para ele encerra um significado. A frustração e o ódio aparente das pessoas são, de modo geral, mais acessíveis do que suas necessidades e, assim, a camada de raiva deve ser vivenciada antes que se possa ver a camada de amor. Portanto, na encenação de Portia, não temos a raiva ou o ódio como base real do drama, embora tais emoções ocupassem boa parte da narração. O amor frustrado é o tema fundamental. Ela se vê bloqueada diante do mínimo de amor e diante da estabilidade que uma criança de três anos poderia esperar de seus pais e tenta compensar isso com comida. A catarse da raiva habitualmente detona a catarse de uma aspiração. Assim, Portia chora, e se enraivece antes que possa chorar de um modo diferente. E então, ao que parece, ela pode entrar em contato com o conflito e com as suas exigências.

Apenas uma parte da dramatização de Portia diz respeito ao que "realmente aconteceu". A narrativa da raiva e da decepção de Lucy com Portia provavelmente foi bastante realista, mas o relato da briga na cozinha é, sem dúvida, feito de uma mistura de recordações daquela briga, sobrecarregada com recordações de outras brigas e experiências semelhantes, mesclada com as próprias reflexões de Portia sobre as experiências que ela viveu. Discutiremos mais amplamente a natureza construída da realidade terapêutica no Capítulo 3, ao abordarmos a dramatização intitulada "O dilema de Dale". Por enquanto, fica bem claro que o resto da dramatização de Portia era declaradamente uma fantasia, na qual as ações e o diálogo ocorriam pela primeira vez no palco onde o psicodrama acontecia. No psicodrama isto é denominado *realidade suplementar*, isto é, uma realidade que não ocorreu, mas que, possivelmente, "deveria ter acontecido". Ela é construída de acordo com a realidade psicológica do momento e com o que a realidade "deveria" ter sido. Portia tem apenas três anos de idade. Não apenas não é aconselhável, como também não é possível, que ela enfrente seus pais, do modo como fez na dramatização. No entanto a realidade primitiva se encontra presente: ela está com raiva e está sofrendo uma perda insuportável. Assim, as esperanças, temores, impulsos, mágoas, julgamentos e visão de mundo do protagonista são trazidos para o palco. Nele, os protagonistas vivem e desempenham tudo isso, tão amplamente quanto possível. Durante algum tempo Portia pode realizar experimentos com uma espécie um tanto alarmante de utopia, na qual a única moralidade é a verdade tal como ela a vê.

Após a dramatização, a sessão termina com o *compartilhamento*. Os objetos de cena já não são mais mesas, camas de casal, fogões, geladeiras etc., mas voltam à condição anterior de meras cadeiras. Os egos-auxiliares saíram de seus papéis, e são reconhecidos por aquilo que na verdade são, isto é, membros do grupo, e sentam-se no círculo formado pelos demais participantes. O protagonista e o diretor juntam-se ao grupo e o compartilhamento se inicia. Não se trata de um bate-papo informal ou de uma avaliação da dramatização, antes de uma costura semiformal dos sentimentos e das reações do grupo à narrativa e às emoções da dramatização.

Os participantes do grupo são levados a entender que aquele não é o momento de analisar, interpretar ou dar conselhos. O compartilhamento é um meio de se integrarem com o protagonista e vice-versa. O protagonista pode ter ficado "em cena" durante uma ou duas horas, profundamente envolvido, a maior parte do tempo, com outro lugar e outro momento e relativamente desatento à presença do grupo e ao espaço e tempo atuais. Suas experiências mais profundas, os temores mais terríveis, seus momentos mais traumatizantes podem muito bem ter sido encenados. Os protagonistas podem ter sido totalmente consumidos pela raiva, pelo medo ou possuídos por uma profunda ternura, mostrando tudo isso ao grupo e, ao mesmo tempo, podem ter ficado extremamente inconscientes de sua presença. No momento do compartilhamento os protagonistas "voltam para a terra". Eles se dão conta, através do companheirismo, de que não se encontram sozinhos com seus sentimentos e experiências. Incorporam a aceitação do grupo em relação a suas glórias e suas fraquezas, suas excentricidades e singularidades. Na realidade, quando termina uma dramatização, por mais desagradáveis que tenham sido as cenas mostradas, por mais frágeis e humanos que os protagonistas se achem, os participantes costumam surpreender-se com o vigor do espírito humano e a grandeza e beleza da pessoa que mostrou sua vida. Os protagonistas de dramatizações encenadas com honestidade tornam-se figuras grandiosas — generosas, sorridentes, enraivecidas, medrosas, chorosas — que encerram todas as parábolas e paradoxos da própria humanidade.

Muitos dos conceitos-chave de Moreno não dizem respeito ao indivíduo como tal. Na verdade, trata-se de conceitos que têm a ver com a organização social ou com o espaço interpessoal. Os papéis, por exemplo, são definidos essencialmente como relacionais, conforme veremos no capítulo 4. *Tele* é igualmente outro termo importante. Tele "é a mais simples das unidades de sentimento transmitida de um indivíduo a outro" (Moreno, 1953, p. 159). É o tom, o sentimento emocional que existe em quase todos os relacionamentos humanos. O termo, em grego, significa "distante" ou "muito distante". No sentido ligeiramente alterado em que Moreno o emprega, quer dizer "distância". Ao contrário da empatia, significa um processo de mão dupla, o fluxo de sentimento que ocorre entre duas ou mais pessoas. Tele, em oposição a transferência, não é uma repetição do passado, mas um processo espontâneo que é apropriado ao aqui e agora (Kellermann, 1979).

Átomo social é outro conceito interativo/organizacional, mas que, ao contrário de tele, não possui pólos positivos ou negativos. É a "menor das unidades vivas", que não pode ser dividida. Tele descreve o sentimento, o átomo social descreve a estrutura. O emprego moderno que se faz do conceito, ou pelo menos o emprego que dele se faz neste livro, considera o átomo social como todos os relacionamentos significativos que uma pessoa tem em um determinado momento. Assim, um átomo social comum pode consistir em um cônjuge, a cunhada, o pai, o primeiro melhor amigo, o segundo melhor amigo, o trabalho, o cachorro, a Igreja Católica e um ex-amante. O átomo social de uma pessoa, quando criança, será obviamente diferente. Nele podem se incluir todos os membros próximos da família, a tia, alguns amigos, a escola, um determinado professor e o animal de estimação da família. Cada um de nós, portanto, se vê como o núcleo de um pequeno universo. O "átomo social" é um modo muito conveniente de se descrever ou mapear esse mundo.

A filosofia essencial

A força que deu origem e direção ao psicodrama chamou-se Jacob Moreno, um psiquiatra romeno, nascido em 1892, formado em medicina pela Universidade de Viena, em 1917. Durante seus tempos de estudante manifestou profundo interesse pelo trabalho que agora se conhece como psicodrama. Começou a conceber, entre 1909 e 1911, uma espécie de jogo de papéis e, ainda jovem, envolveu-se com a psicoterapia de grupo. Na verdade, ao que se diz, foi ele quem deu origem à terapia de grupo ou empregou o termo pela primeira vez. Em 1922 ele tinha um palco especialmente adaptado ao trabalho sobre a espontaneidade *Das Stegreiftheater* — o teatro da espontaneidade. Os primeiros atores de sua "companhia" eram crianças, mas, aos poucos foram sendo substituídos por adultos. No teatro da espontaneidade de Moreno, o esforço para se alcançar a perfeição foi posto de lado em favor do estar-presente-no-momento-da-criação. O que contava era a aventura e o radicalismo:

> A diferença entre o modo como eu construía o palco e a maneira como os russos o faziam consistia no fato de que seus palcos, por mais revolucionários que fossem em sua forma exterior, ainda assim eram dedicados a uma produção ensaiada. Eram, portanto, revolucionários na expressão externa e no conteúdo do drama, ao passo que a revolução que eu advogava era completa, incluindo os espectadores, os atores, o dramaturgo e os produtores, em outras palavras, as próprias pessoas e não unicamente as formas de apresentação.
>
> (Moreno, 1964, p. 100)

Os membros da comunidade teatral, no teatro da espontaneidade, eram incitados a retornar a uma espécie de inocência original, dinâmica e unificadora (Ginn, 1984). A palavra falada, que, para um ator tradicional era o ponto de partida, para o ator do teatro da espontaneidade era apenas o fim. O ator espontâneo começa, de fato, pelo estado de espontaneidade:

> O ator convencional precisa ser destreinado e descondicionado para que possa se tornar um ator do teatro da espontaneidade. Eis aqui uma outra razão pela qual tantos "não atores" são bem-sucedidos no teste para o trabalho espontâneo. A fonte em que se inspiram é a própria vida e não as peças escritas do teatro convencional.
>
> (Moreno, 1964, p. 74)

Possivelmente devido à complexidade dessa tarefa (atores cuja "fonte de inspiração fosse a própria vida") e à dificuldade de preparar não somente os atores, mas também os espectadores, eliminando seus preconceitos arraigados em relação ao teatro, o *Stegreiftheater* de Moreno acabou fechando as portas. Segundo ele argumentava, para que esse tipo de teatro fosse bem-sucedido, primeiro seria preciso modificar a atitude do público. "Para tanto seria necessário uma revolução total de nossa cultura, uma revolução criadora" (Moreno, 1947, p. 7). Mas, paralelamente ao trabalho desenvolvido no *Stegreiftheater*, Moreno reconheceu os benefícios "terapêuticos", para participantes e espectadores, de seus procedimentos. E se a espontaneidade, tão vital, interessante e divertida fosse, na verdade, a chave da "saúde mental"? Moreno observava cuidadosamente seus atores e, vez por outra, notava uma transposição benéfica do palco para suas vidas pessoais. Em casa, a espontaneidade produzia bons resultados.

O movimento da espontaneidade era essencialmente religioso e transformativo. Moreno afirmava ter escolhido "a via do teatro em vez de aderir a uma seita religiosa, entrar para um mosteiro ou desenvolver um sistema de teologia" (Moreno, 1947, p. 3). Entre 1908 e 1914 ele viveu um período hassídico. Mudou seu nome de Levi para Moreno, que era também um nome de família e significava "rabino-chefe". Ele e quatro jovens fundaram a "religião do encontro". Estavam comprometidos com o anonimato (Moreno não permaneceu nele por muito tempo), com o amor e a doação, com uma vida direta e concreta na comunidade. Não aceitavam dinheiro pelos seus serviços, e todas as contribuições recebidas iam para um fundo destinado à "Casa do Encontro", um abrigo para pessoas carentes em Viena, no tumultuado período que precedeu a Primeira Guerra Mundial.

Moreno começou a aplicar na terapia suas idéias transcendentais e as percepções que obteve da espontaneidade tal como ela se expressava no teatro. No terapia, no teatro e na religião, as pessoas se reúnem para se curarem a si mesmas e umas às outras, para estabelecerem um vínculo com sua própria existência. Elas procuram significado, aquilo que lhes é comum e redenção. Na espontaneidade os "dois eus" — o narrador analítico consciente e o fazedor inconsciente — se encontram de tal modo a funcionarem como um todo harmonioso. A ação flui com facilidade e sem impedimentos. A ação e a avaliação da ação são automáticas e, em conseqüência, nada problemática. Moreno, com grande coerência, sustenta que o mais alto valor da espontaneidade e da criatividade se manifesta através de um ser totalmente espontâneo, a "divindade".

No mundo psicodramático, o fato da personificação é central, axiomático e universal. Todo mundo pode retratar sua própria versão de Deus através das próprias ações e, assim, comunicar essa versão aos outros. Era este o significado de meu primeiro livro, no qual eu proclamava o "eu-deus"... É o eu porém que conta; o eu é quem era provocativo e novo. E é com o eu-deus que todos nós estamos conectados... É interessante pensar retroativamente que minha proclamação do eu foi considerada a mais notável manifestação de megalomania de minha parte. Na realidade, quando o eu-deus está universalizado, a exemplo do que ocorre em meu livro, o conceito de Deus em sua totalidade torna-se um conceito de humildade, fraqueza e inferioridade, uma micromania mais do que uma megalomania. Deus jamais foi descrito em termos tão diminutos e jamais foi tão universal em sua dependência tal como se encontra em meu livro.

(Moreno, 1969, p. 21).

Em 1925 Moreno emigrou para os Estados Unidos, onde passou a clinicar como psiquiatra. Em 1928, casou-se com Zerka Toeman, co-autora dos volumes II e III do *Psychodrama*. Como Zerka Moreno, ela exerceu profunda influência no movimento psicodramático. Moreno era a favor de uma abordagem "horizontal", de sistemas sociais, do psicodrama, ao passo que Zerka Moreno preconizava uma abordagem "vertical" que se concentrava em uma experiência passada fundamental. Essa abordagem catártica constituiu-se na base para o treinamento da geração moderna de estudantes e hoje é considerada "clássica" (Fox, 1987).

Moreno estabeleceu um centro particular de tratamento e formação em Beacon, no estado de Nova York, onde ensinou e escreveu prodigiosamente até sua morte, ocorrida em 1974. Acreditava que suas técnicas eram mais avançadas que as de Freud. Através da espontaneidade do psicodrama o cliente e o terapeuta poderiam participar ativamente de situações semelhantes às que se davam na vida e modificar comportamentos *in situ*, por assim dizer. O conceito de Moreno relativo a uma pessoa que funcionasse bem baseava-se na idéia da personalidade que desempenha múltiplos papéis, isto é, de uma pessoa flexível, com capacidade de adaptação, que poderia agir de modo apropriado em quaisquer situações que a vida lhe apresentasse.

O problema não consiste em abandonar o mundo da fantasia ou vice-versa, mas em definir meios pelos quais o indivíduo possa obter amplo domínio da situação, vivendo em ambos os mundos, mas sendo capaz de ir de um para outro. Isto é espontaneidade.

(Moreno, 1964, p. 72)

A espontaneidade é o "aqui e agora". É o "homem em ação, o homem lançado na ação, o momento não como parte da história, mas a história como parte do momento" (Moreno, 1956, p. 60). Na vida sempre existe um certo grau de imprevisibilidade. Se alguém pudesse saber como é o futuro, não haveria necessidade de espontaneidade. Poder-se-ia estabelecer um padrão fixo de comportamento para enfrentar todos os problemas que viessem a surgir. No entanto, como não se pode predizer o futuro, é preciso estarmos preparados para tudo. Até mesmo um bebê, imediatamente após o nascimento, age espontaneamente e começa a solicitar comida, mudança de roupa e contato humano. Nos adultos, a falta de espontaneidade gera a ansiedade. À medida que a espontaneidade aumenta, a ansiedade diminui. A pessoa é capaz de se haver com o momento seguinte e até mesmo de criá-lo. A pessoa não apenas se adapta a novas situações, mas reage a elas de modo construtivo. Ela não somente se depara com novas situações, mas as cria.

Moreno valorizava a experiência da criatividade, aquela que está por vir, real, criativa, atual. Em sua forma mais elevada, a espontaneidade leva à criação, que pode ser simplesmente um novo modo de comportamento para um indivíduo ou para um grupo, ou pode ser um produto, tal como a pintura, um poema, uma invenção, um edifício. Se a produção espontânea for autêntica e consistente, costuma ocorrer um ato criativo, cujos resultados podem ser novos para o indivíduo, mas não necessariamente para o resto do mundo. Pode ser algo tão simples quanto um novo relacionamento entre duas pessoas. A verdadeira criatividade pode ser encontrada na vida cotidiana.

A espontaneidade e a criatividade são, portanto, categorias de uma ordem diversa. A criatividade pertence à categoria da substância — é a substância primordial — e a espontaneidade pertence à categoria do catalisador — é o catalisador primordial.

(Moreno, 1953, p. 40)

Talvez por esse motivo, a ação era essencial, na abordagem de Moreno em relação à terapia. Sua ênfase no grupo, nos encontros intensos e na ação foi muito mais revolucionária no universo psiquiátrico dos anos 20 e 30 do que nos pode parecer hoje. A ação era sinônimo de interação. Como a flexibilidade do papel era o objetivo e como os papéis quase sempre são interpessoais, o psicodrama se firmou como uma terapia essencialmente interpessoal. Já em 1916 Moreno empregava diagramas para indicar o espaço e os movimentos entre os atores do psicodrama, quase do mesmo modo como Lewin os adotaria em 1936.

Até mesmo sua noção do inconsciente era dinâmica e interpessoal e, assim, ele criticava a ênfase que Freud atribuía ao inconsciente enquanto entidade. Os diretores do psicodrama seguiram este conceito dinâmico, embora simples. Tendem a encarar o material não como algo "enterrado" no inconsciente, mas consideram que alguns significados não estão à disposição das pessoas devido a inúmeras razões. Sob esse ponto de vista, o assim chamado material "reprimido" é mera extensão de uma estrutura usual e não algo que existe em um estado diferente. O psicodrama enfatiza a extensão e a criação do significado, mais do que a escavação de algo sepultado no inconsciente e que contém o significado. Os diretores entram com os protagonistas numa experiência que, no momento, talvez não faça sentido e deixam a integração para outro momento (o "processamento" de uma dramatização). Moreno postulava um inconsciente comum ou um "co-inconsciente". A fim de encorajar a experimentação em seus pacientes, os próprios diretores precisam ter a capacidade de experimentar: a espontaneidade precisa ser uma via de mão dupla. Moreno, portanto, foi um maravilhoso defensor da reciprocidade entre terapeuta e cliente (Campernolle, 1981). A natureza recíproca da interação terapêutica constituirá um dos temas deste livro.

Moreno considerava seu sistema psicológico superior ao dos "três grandes" — Freud, Jung e Adler. Esses autores foram criticados, talvez um tanto precipitadamente, por não possuírem uma fundamentação teórica baseada na "lógica" e, mais substantivamente, pelo fato de seus métodos clínicos não irem conceitualmente além do indivíduo que estava sendo analisado. Moreno era de opinião de que o modo como ele tratava os grupos interpessoais possuía maior amplitude e incluía "uma total compreensão do comportamento humano". Na verdade, ele achava que as formulações da criatividade/espontaneidade estavam na raiz de todo comportamento, inclusive o comportamento do próprio universo.

Embora amplamente festejado enquanto viveu, Moreno jamais obteve o reconhecimento que almejava (Moreno, 1953). Denominava seu método "terapia para deuses decaídos" e talvez se considerasse um deus não tão decaído assim. Não era pessoa que ambicionasse pouco em sua terapia, conforme alguns dos títulos de seus livros sugerem: *Palavras do pai* ou *Psicopatologia e psicoterapia do cosmos* ou *Psicodrama de Adolf Hitler* ou *Salve, Criador*. A visão de Moreno era essencialmente teológica (Kraus, 1948). Ela foi transposta para a terapia e hoje é praticada enquanto tal, colocação que se tornará um dos pontos essenciais deste livro. Muitos acham calorosa e simpática a ingênua grandeza de suas ambições em relação ao movimento que ele fundou. No entanto, na comunidade científica, não é de se esperar a mesma acolhida, embora a "ciência" da sociometria tenha provocado grande impacto nas décadas de 40 e 50:

> Hoje ele é lembrado como fazendo parte do período clássico da psicologia social, o que oferece profundo contraste com o fato de ele ter desenvolvido o método de terapia de grupo do psicodrama, que é praticado ainda do modo como ele o iniciou.
>
> (Hare, 1986, pp. 90-1).

Moreno publicou *Sociometry* entre 1936 e 1956 e também usou a revista *Group Psychotherapy* como a principal veiculadora de seus escritos. Tomou a iniciativa de editar ele mesmo grande parte de sua obra e parte dela tem um sabor autocongratulatório (ver, por exemplo, Moreno, Moreno e Moreno, 1963; Moreno, Moreno e Moreno, 1964; Moreno, Z., 1967; 1968). Reeditava com freqüência suas publicações, muitas vezes sob outro título ou fundidas com novos trabalhos (Fox, 1987).

Moreno teve a coragem de criar seu próprio mundo e incentivava os outros a fazerem o mesmo. No entanto, também viveu um trauma cultural prolongado. De certa forma tinha de reconciliar seu otimismo e seu messianismo com as provas cotidianas de que o mundo não estava melhorando, conforme se predissera. Ele tinha a ambição de que o psicodrama e o sociodrama não fossem apenas uma "terceira revolução" na clínica psicológica (Moreno, 1964), mas que ocupassem um lugar no processo político e social (Masserman e Moreno, 1957; Moreno, 1968). Eis as palavras de abertura de *Quem sobreviverá?*: "Um procedimento terapêutico autêntico só pode ter como objetivo nada menos do que a humanidade inteira" (Moreno, 1953). O inconsciente era o mínimo denominador comum da humanidade, e a espontaneidade era a mais alta função. Ele encarava o destino do século XX como algo que dependia do sucesso do relacionamento das pessoas com a própria espontaneidade. Quando os fatos pareciam se opor a esse acontecimento, o caráter de Moreno o levava a procurar com determinação ainda maior, respostas desprovidas de ambigüidade.

Suas ambições em relação ao psicodrama e à sociometria até agora não foram realizadas e talvez jamais o serão. Embora muitos profissionais da psicologia e até mesmo muitos leigos tenham ouvido falar do psicodrama, em escala mundial o processo do psicodrama (que se distingue dos métodos de ação) é pouco empregado enquanto modalidade clínica. Ele provocou certo impacto na Europa (Leutz, 1973) e é muito popular nos países da América Latina. No entanto, dificilmente poderia ser considerado como "a terceira revolução psiquiátrica", segundo a previsão de Moreno. Até mesmo a casa onde se fundou o movimento, em Beacon, foi vendida. Embora o movimento conte com muitos boletins, publicados por associações locais, possui apenas uma revista em inglês. O psicodrama raramente é ensinado nos cursos de psicologia, psiquiatria e serviço social, em nível universitário e não parece ser objeto de muitas produções ou de pesquisas conceituais, seja no *Psychodrama Journal*, editado em inglês ou em outras publicações científicas. Não recebe citações significativas enquanto teoria da personalidade (Bischof, 1970). No máximo, trechos e fragmentos foram emprestados do gênio de Moreno e aplicados em espaços clínicos como "métodos de ação", como técnicas adicionais visando outros modos de se fazer terapia. Sempre foi assim, desde os dias da terapia de grupo, e parte considerável dos escritos de Moreno foi dedicada ao brado: "Ladrão!".

Capítulo dois

Paixão pela ação

Quando partires para Ítaca
Pede que tua viagem seja demorada,
Repleta de aventuras, repleta de aprendizado.

C. P. Cavafy

A essência dos métodos de ação é a ação. Os "métodos de ação" são formas de compreender e de atuar, derivadas do psicodrama, que não envolvem um psicodrama completo enquanto tal. Por exemplo, a troca de papéis é um metodo de ação, assim como a "técnica da cadeira vazia" e várias formas de sociometria. Os métodos de ação remetem uma narrativa verbal ao espaço e ao tempo. Produzem diálogo. Captam "mensagens do inconsciente", ao fazerem uso de pequenos movimentos corporais, maximizando-os. Assim, a boca que se torce, ou um suspiro, ou um punho cerrado ou o bater os pés são ações que são repetidas e ampliadas. Bater os pés pode transformar-se em sapatear; o sapateado pode transformar-se em um pulo ou em um chute.

Naturalmente esse tipo de comportamento modifica aquilo que, no início, poderia ter sido um diálogo um tanto sóbrio e travado (por exemplo, o que ocorre entre um empregado e seu patrão), transformando-o em algo muito diferente. Enquanto pulam para cima e para baixo, os protagonistas provavelmente terão novos pensamentos e dirão coisas muito novas a alguém, mais do que faziam antes ou mais do que fariam "na realidade". A verossimilhança não está em questão. A realidade psicológica da interação é ampliada, mesmo que o conteúdo não possa ser repetido fora da sala de terapia.

Os métodos possuem a capacidade de chegar rapidamente ao "cerne da questão", no que se refere à emoção e à interação. Digamos que um homem relata que está tendo "problemas" com seu filho. O diretor lhe solicita que diga duas palavras que poderiam descrevê-lo. "Fraco e delicado" é a resposta imediata. Em seguida é instado a empregar uma palavra ou um símbolo que descrevam seu relacionamento com o filho. "É como tentar pegar uma mosca com aqueles pauzinhos que se usam nos restaurantes chineses", diz ele. Então o diretor pede à pessoa que escolha alguém para ser a mosca. Segue-se a perseguição na sala e o homem tenta pegar a mosca, como se ele fosse o par de pauzinhos. Ele troca de papel, torna-se a mosca e sente o que significa conseguir escapar

25

com tamanha habilidade. A ação pode parar na primeira cena, pode ser autônoma (uma vinheta) ou pode proporcionar uma espécie de roteiro a partir do qual o protagonista já se vê levado a encarar os acontecimentos de um jeito novo. A encenação, ao mesmo tempo que é imaginativa e divertida, também enfatiza uma questão: torna-se difícil manter as mesmas opiniões ou a mesma visão de mundo depois que a gente se tornou um par de pauzinhos ou zumbiu em torno da sala, como se fosse uma mosca. Impõe-se uma nova orientação, um novo modo de abordar o problema e suas soluções habituais.

Concretização

Concretização é o termo empregado com mais freqüência para transformar em ato uma metáfora apresentada inadvertidamente pelo protagonista ou introduzida deliberadamente pelo diretor. A metáfora, diz Gordon (1978), é uma representação nova de algo velho. As metáforas tendem a compactar a informação, a expandir a percepção, a evocar a emoção e a permitir a expressão de experiências que, de outro modo, não seriam dadas a conhecer (Billow, 1977). A concretização constitui a parte principal do método, proporcionando-lhe não apenas calor e vitalidade, mas também a maior parte de seu vigor clínico e diagnóstico.

Enquanto o psicodrama completo implica, em geral, interações com o "outro", os métodos de ação buscam também o encontro com o eu. Por meio da dramatização e da concretização, o eu pode ser representado dramaticamente, tanto por outra pessoa, como por uma cadeira ou outro objeto. Empregar o método dramático com o eu implica reconhecer que o eu constitui um sistema. O objeto é trazido para "fora" do eu que fala, a fim de que o aspecto relacional do eu consigo mesmo possa ser manifestado e, em seguida, desenvolvido.

Tão logo o "eu", ou parte dele, se torne algo "exterior", através de um objeto ou de outra pessoa, isto é, quando ele é concretizado, a qualidade do relacionamento com o eu deverá se modificar, pois a pessoa é solicitada a participar de um diálogo dramático. Torna-se necessário uma nova perspectiva, tendo em vista o próprio formato da dramatização. O formato para um encontro como este é: "Escolha um objeto que represente você... Interaja de algum modo com esse objeto... Amplie essa interação, de tal modo que ela possa ser testemunhada por outras pessoas". O exemplo que se segue origina-se da fórmula geral enunciada acima, na qual a pessoa exterioriza uma "parte do eu" e ento se dirige a ela:

Tirem todos um dos sapatos — o sapato do pé com o qual vocês entrarão no Ano Novo. Peguem o sapato e segurem. É o dia primeiro de janeiro do próximo ano. Apontem com o sapato para a direção em que vocês querem ir. Vejam o lugar, a cidade. Agora façam com o sapato tudo aquilo que é preciso para ajudá-lo a chegar lá. Quem sabe ele precisa de pequenos empurrões, de ser sacudido, talvez seja preciso apenas apontá-lo ou, quem sabe, é preciso remover a sujeira da sola, para que ele não fique tão pesado. Somente você é que pode dizer.

O sapato assume a realidade do eu, pronto para embarcar num novo rumo de ação. Solicita-se aos participantes que façam com o sapato "tudo aquilo que for necessário". Por dedução, o modo como eles tratam o sapato (empurrões suaves, sacudidelas etc.) é o modo como precisam tratar a si mesmos a fim de conseguirem o que querem, no próximo ano. No entanto, se as instruções de como tratar a si mesmo fossem transmitidas diretamente à pessoa, provavelmente seriam ignoradas ou provocariam um impacto diminuto. Não possuiriam a mesma ressonância imaginativa ou aquela qualidade, semelhante ao transe, que é propiciada pelo processo do diálogo e da representação. Em capítulos posteriores, quando o conceito de "dupla descrição" tiver sido introduzido, a eficácia terapêutica do diálogo com o eu, sob a forma de um sapato, poderá tornar-se mais inteligível. A dupla descrição, entretanto, não é um termo encontrado nos cânones do psicodrama e, a esta altura, preferimos permanecer nos limites do psicodrama tradicional.

Tomemos outro exemplo. Desta vez não do início de uma dramatização, como foi o caso dos "trilhos" de Portia ou do homem que perseguia a mosca com "pauzinhos", mas da dramatização propriamente dita. A protagonista anda em torno de sua família, representada por cinco egos-auxiliares, dispostos em círculo. É a segunda cena desta dramatização e a protagonista está "bloqueada". Não sabe o que dizer nem o que fazer. O diretor pergunta:

D: Como são os relacionamentos nesta família?
P: Eles fedem.
D: Qual seria o espírito deste relacionamento?
P: Ele se parece com um esgoto.
D: Construa um esgoto e vamos ver quem está dentro dele.

Embora não relatemos o restante da dramatização, basta dizer que a súbita mudança ocasionada pela concretização da metáfora encaminha a protagonista a uma nova direção, quando ela lida com a família como se esta fosse um esgoto e seus membros como dejetos, tampões, folhas de chá murchas, pedaços de papel usados etc. Ao concretizar a metáfora, o diretor não objetiva imediatamente um *insight*, mas uma nova visão, uma forma de pensar e de ser radicalmente diferente da habitual, situação esta que, presumivelmente, levou a mesma protagonista a ter problemas. O *insight*, caso venha a ocorrer, segue-se à ação. A questão é apresentada, primeiramente, em termos dramáticos e mais tarde, se for o caso, analisada em termos de papéis, em determinados lugares e momentos. Encarar sua família como um "esgoto" não é o desfecho da história, mas a protagonista certamente saiu da estrada principal e agora percorre uma trilha na mata, pouco conhecida, sem saber o que virá em seguida, ainda que ela crie, em conjunto, aquilo que se seguirá. A metáfora do esgoto foi um "modo de falar, no qual uma coisa se expressa em termos de outra e por meio do qual esta junção lança uma nova luz sobre o caráter daquilo que está sendo descrito" (Kopp, 1971, p. 17).

A instantaneidade e a urgência dos métodos de ação derivam, em grande parte, do fato de que eles são ao mesmo tempo físicos e visuais. As interações encontram uma expressão não apenas verbal, mas também corporal, que podem ser por demais evidentes, tais como o ato de berrar, dançar, vomitar ou abraçar ou então relativamente imperceptíveis, tais como um músculo que repuxa, um punho que se cerra, um tremor na voz. Usar movimentos involuntários do corpo ajuda os protagonistas a entrarem em contato com seus sentimentos primordiais e a intensificá-los, quando isto for apropriado. A expressão física da emoção, sobretudo quando ela se manifesta interpessoalmente e num cenário, proporciona pistas para a estrutura dos relacionamentos e para os papéis limitados ou adequados que estão sendo retratados.

Os diretores podem intensificar o tom emocional de uma interação ao solicitarem ao protagonista que "ponha seu corpo na forma do sentimento" ou "esculpa com seu corpo você, no ato da interação, neste exato momento". Quando as pessoas falam a respeito de algo que aconteceu, habitualmente lhes é possível controlar o impacto interacional e emocional que o evento provocou. No entanto, quando elas se tornam atores engajados num palco, o como-se da experiência torna-se mais pronunciado e elas começam a comportar-se, pensar e sentir como o fariam em situações reais. Os indicadores físicos e verbais são ampliados ao máximo, levados a uma situação limite e, em seguida, postos em interação com outra pessoa.

Enxugando a pia

Agora que a dramatização de Portia ("Fora dos trilhos"), talvez tenha se apagado um pouco em nossa memória, pode ser proveitoso apresentar outro resumo de um psicodrama "típico". Ele é composto de duas cenas. Uma delas transcorre no presente e a outra no passado, ligado à primeira cena. Muitos outros psicodramas serão descritos com detalhes ao longo deste livro, quando então se delinearão suas implicações, enquanto sistema, ou se enfatizará um determinado aspecto didático. "Enxugando a pia" ainda constitui um "aperitivo" para comunicar a concepção geral do que é uma dramatização e para que nos familiarizemos com sua linguagem, algumas vezes estranha. A narrativa da dramatização "Enxugando a pia" será entremeada com explicações relativas à terminologia e serão indicados alguns dos procedimentos e "regras" básicos.

Um grupo — digamos um grupo de psicodrama, cuja proposta é o crescimento pessoal — tinha-se reunido umas seis vezes. A essa altura seus membros estavam familiarizados com o formato do psicodrama. Após meia hora ou pouco mais de discussão, surge um tema ou preocupação central: uma reação exagerada, de forma culposa, a críticas aparentemente irrelevantes. Phyllis é escolhida pelo grupo como protagonista. (Todos os protagonistas, neste livro, serão indicados por P e os diretores por D, de tal modo que o leitor saiba quem é quem.) Phyllis começou a participar da conversa, relatando uma situação que viveu em seu local de trabalho. Apesar de ser uma trabalhadora incansável, foi acusada por um colega de se comprometer pela metade, ao dar assistência a um grupo de auto-ajuda. Vamos usar a dramatização de Phyllis para reforçar e acompanhar alguns dos termos e procedimentos típicos do psicodrama.

Dot estimula Phyllis a fazer um contrato com ela, relacionado com o objetivo da dramatização. Phyllis diz que quer saber por que se sente tão "desesperançada". Começa a construir o cenário da sala dos profissionais, no hospital onde trabalha. Usa cadeiras, para representar bancos, a pia, a geladeira, a mesa do centro e as cadeiras. Quando ela e o grupo se encontram completamente "presentes" ou aquecidos para representar a cena, lhe é solicitado que escolha alguém do grupo (um ego-auxiliar) para representar Larry, a pessoa que ficou aborrecida com ela.

"Larry" sabe o que dizer e o faz por meio da inversão de papéis. Enquanto se dá a discussão, Phillys vai mudando de papel, sendo alternadamente ela mesma e Larry. Após ela dizer as falas de Larry, o auxiliar intervém e diz mais ou menos as mesmas palavras, até o papel estar bem definido, quando então as falas improvisadas têm lugar. A partir desse momento os egos-auxiliares podem ter a vivência do protagonista no "aqui e agora" e reagir com autenticidade à experiência que nasce do papel. Se o ego-auxiliar for longe demais na improvisação ou se acontecer uma mudança importante na direção seguida, recorre-se novamente à inversão de papéis, até que as novas improvisações resultem em algo confiável. Este procedimento será ilustrado muitas vezes no decorrer do livro e tornar-se-á inteiramente familiar ao leitor, se já não o for.

O ego-auxiliar assume não somente as palavras, mas também a postura física do outro. Se houver uma briga, um abraço, uma agressão física, os ego-auxiliares identificam a força requerida através da inversão de papéis e a utilizam com o protagonista, com a mesma intensidade, de modo a proporcionar, para eles, uma experiência completa. Se os protagonistas agem com suavidade, o mesmo fazem os egos-auxiliares, na inversão de papéis. Se os protagonistas agem com agressividade, os egos-auxiliares reagem da mesma forma, deixando ao diretor o encargo de tomar providências para que ninguém se machuque.

Os egos-auxiliares trocam de lugar, fisicamente, com o protagonista e repetem as palavras que ele pronunciou, de tal modo que os protagonistas podem ouvir suas próprias palavras quando estão no papel do outro. O protagonista não é a única pessoa a se beneficiar com a dramatização. Ao assumirem o papel do outro, os egos-auxiliares ampliam sua experiência de vida, obtêm uma profunda conexão com os outros e têm a liberdade de se expressar de um modo que eles normalmente evitam. Ao longo de várias sessões podem representar o papel da avó excessivamente solícita, do marido bêbado, da ingênua, do irmão morto e solitário, da mulher fatal. Se não for divertido, no mínimo é enriquecedor.

Goldman e Morrison (1984, p. 18) sugerem cinco finalidades específicas para a inversão de papéis: (1) Em nível mais simples, a inversão de papéis é necessária para se obter uma informação que apenas o protagonista pode oferecer. (2) A inversão de papéis também é empregada quando se torna necessário para o protagonista entender e sentir a sensibilidade do outro. (3) É usada para ajudar o protagonista a se ver através do olhar do outro, levando assim à percepção dos efeitos do próprio comportamento e daquilo que se é. (4) Pode-se recorrer à inversão para acelerar a espontaneidade do protagonista e soltar seu pensamento. Uma esposa, por exemplo, pode perceber seu marido como alguém que impõe um excesso de limites no relacionamento mútuo. Ao inverter papéis e passar a representá-los, ela sente o que significa impor tais limites e pode querer aumentar ou diminuir essa imposição, conforme o caso. (5) Finalmente a inversão de papéis pode ser usada quando o protagonista é o único que se encontra na posição de ser capaz de responder a uma pergunta sobre si mesmo. Por exemplo, em cenas de reconciliação ou de interação com "figuras sábias", tais como um parente morto, Jesus Cristo, uma parte de si etc. (ver "A influência relativa do monstro de Peggy", p. 155; "O dilema de Dale", p. 52; "A mulher que não conseguia ser aceita", p. 126 etc.), os protagonistas solicitam conselhos ao "outro" ou procuram reconciliar-se com ele. Para obter uma resposta, é imprescindível que o diretor recorra à inversão de papéis, em vez de permitir que o ego-auxiliar improvise essa resposta. Assim, é claro, a pessoa torna-se sua própria "figura sábia", até mesmo quando está falando ou agindo como Jesus Cristo ou como uma pessoa amorosa e adulta.

Dot fica intrigada, enquanto Phyllis volta a interpretar a mesma cena com Larry. Embora essa cena seja bastante "autêntica", não se sabe exatamente por que Phyllis ficou tão perturbada diante de um acontecimento tão pouco significativo. Há, no cenário, poucos indícios que sugerem um contato com os temas ou questões fundamentais de Phyllis. A discussão com Larry poderá levar mais tarde a um treinamento de papel ou de "assertividade" mas, no momento, parece que há algo muito incompleto em tudo isso.

Phyllis diz a Dot que o que ela sente assemelha-se ao que sentiu quando era uma menina, no ambiente familial. Cria-se uma nova cena, na qual Phyllis está com 7 anos de idade. Ela acaba de lavar a louça e encontra-se junto à pia, enxugando-a repetidas vezes. Dot entrevista a protagonista, comunicando-se com Phyllis como se ela tivesse 7 anos de idade, procurando "aquecê-la" para que ela entre no papel de uma criança que vive naquele lar específico. Faz-lhe perguntas sobre sua família e descobre que a irmã mais velha de Phyllis foi diagnosticada como epilética incurável. Após machucar a cabeça, fato que aconteceu dois anos antes, ela tem tido convulsões cada vez mais graves e mais freqüentes.

São escolhidos egos-auxiliares para representarem os pais e a irmã, e todos se encontram na sala de estar, perto da cozinha. Desenvolve-se uma nova interação entre Phyllis e seus pais, através de nova inversão de papéis. No início, a ação é centrada no pai dela e, em seguida, em sua mãe. Como, na verdade, esse diálogo jamais aconteceu, ele se constitui em um exemplo daquilo que o psicodrama denomina "realidade suplementar". Phyllis está perplexa e sente-se continuamente culpada pela doença de sua irmã. Os pais reagem de um modo que, no plano emocional, é muito travado. São incapazes de lhe explicar o que quer que seja e não percebem a culpa e a raiva que Phyllis está sentindo.

Phyllis torna-se cada vez mais frustrada em sua tentativa de obter reconhecimento e amor. Atira-se sobre sua mãe, levando-a a cair no chão. Quando em inversão de papéis, sua mãe protesta contra esse comportamento tão inusitado, Phyllis tapa-lhe a boca e a censura por ignorá-la e por demonstrar tão pouca compreensão em relação àquilo que estava acontecendo com ela. Sua mãe chora e diz que ela também se sente culpada e desnorteada. Explica que parece não possuir os recursos que lhe permitam lidar com uma criança tão doente. Phyllis vacila e se sente balançada pela empatia que sente pelo infortúnio da mãe. No entanto, esta é, em parte, a característica que a levou a ter dificuldades. Ela não tem condições de carregar o mundo nas costas, por mais reais que sejam as dificuldades de sua mãe. Encorajada pelo grupo, ela atua mais uma vez a partir de uma "unilateralidade total e subjetiva" e age com uma subjetividade primitiva. Isso é extremamente liberador. Ela tapa novamente a boca de sua mãe, dirige ao pai um olhar ameaçador e diz à mãe que é apenas uma criança e que precisa ser ajudada, em vez de ter de ajudar o tempo todo.

Outra pessoa é escolhida para representar Phyllis na pia, enxugando-a sem parar. A ego-auxiliar atua como um espelho, retratando as ações e o inconsciente de Phyllis à distância, de modo a que ela possa se enxergar. Phyllis fica fora do cena, ao lado da diretora, observando-se. Volta para a cena e, mais uma vez, ajoelha-se no chão, ao lado de sua mãe. Dirige-se à ego-auxiliar que a está representando no papel de "empregada culpada". Continua tapando a boca da mãe e diz: "Pare! Você já fez demais". Ao inverter os papéis, no lugar da empregada culpada ouve essas mesmas palavras, que lhe são destinadas. Parece ficar muito surpreendida e, em seguida, aliviada. As duas Phyllis se abraçam. Finalmente Dot introduz Larry na cena. Phyllis grita com ele: "Basta. Já fiz o suficiente". Fica contentíssima com sua descoberta. A dramatização termina e o grupo compartilha, a partir das experiências que vivenciou, aquelas partes de suas vidas que foram importantes para cada um dos participantes, na dramatização de Phyllis.

Daí a duas semanas, ao fazer o processamento da dramatização, os principais egos-auxiliares — irmã, mãe, pai e a empregada culpada — falam de suas experiências ao desempenharem esses papéis. Phyllis relata suas atividades e sentimentos, durante aquela quinzena. Diz que, em seus encontros com Larry, se manteve perfeitamente calma e que sua atitude para com os pacientes foi de maior suavidade. Também tinha sido capaz de estudar, fato inteiramente inesperado. Parece que o novo papel — talvez o de alguém que se aprecia, que é tranqüila, transmitido pelas palavras "Já fiz o suficiente" — persistiu e permeou muitos setores de sua existência.

O objetivo do psicodrama é a espontaneidade, isto é, um modo novo e adequado de agir, no qual os sentimentos, as crenças e o comportamento não são conflitantes. No estado de espontaneidade, tudo parece se harmonizar, no fluxo das doces alegrias que decorrem de uma ação desprovida de complicações. O protagonista, inicialmente fechado em si mesmo, travado, poderá rir, berrar, gritar, sentir raiva, cair nos braços de outra pessoa em completo êxtase ou fazer qualquer uma dessas coisas, uma após outra. A espontaneidade também poderá chegar sob a forma de uma experiência tranqüila, de aquiescência, de compreensão, tal como ocorreu quando do Phyllis disse: "Já fiz o suficiente". Àquela altura ela não estava girando em torno da sala, em estado de levitação, mas, não obstante, aquela constatação calou fundo nela. Conforme Zerka Moreno observa, o psicodrama "é apenas um método de controle, da mesma forma que constitui um método de expressão" (Z. Moreno, 1969).

A dramatização de uma cena e a conseqüente passagem para a "realidade suplementar" tem por objetivo levar os protagonistas a um estado diferente, no qual as alternativas ficam a sua disposição de um modo que difere de seus modos preferidos de interação. Uma pessoa espontânea percebe mais sensorialmente os dados da experiência provenientes do mundo "exterior". Tais dados fornecem pistas relativas ao fluxo da experiência e o que deve ser feito em relação a ela, quais reações são criativas e apropriadas. No estado de espontaneidade as pessoas vivenciam suas próprias necessidades e as possibilidades que as cercam, com amplitude e clareza, de um momento para outro, ao mesmo tempo em que trabalham para obter uma integração criativa entre ambas.

A espontaneidade envolve uma visão de mundo diferente, que já não necessita mais daquele estado cognitivo, afetivo e comportamental que constituiu previamente a base de suas experiências. O universo simbólico do protagonista torna-se mais flexível ou adaptativo, em decorrência do fato de ele assumir novos papéis e transformar-se nesses papéis. Os antigos papéis de Phyllis, por exemplo, pareciam ser dominados pelos da empregada culpada e da criança aturdida. Ao entrar durante algum tempo no papel, digamos, de uma menina de sete anos exigente, ela teve a capacidade de progredir em direção ao papel de uma pessoa calma, de espírito livre, dotada de auto-estima.

A maior parte dos psicodramas e, com toda certeza, a maior parte dos psicodramas sistêmicos presumem que o eu profundo de uma pessoa está inextricavelmente entrelaçado com os eus de outras pessoas. Os diretores procuram o mais cedo possível o componente transacional de um papel. Nos estágios iniciais de uma dramatização, os protagonistas tendem a representar papéis que se originam de seu assim denominado "sistema neurótico". Na verdade, eles podem ter tido uma escolha limitada em relação a esses papéis, quando muito crianças — lembrem-se de Portia com três anos de idade no banheiro e de Phyllis, com sete, ao lado da pia — devido ao poder físico e emocional do mundo adulto, ou porque eram crianças demais para possuir qualquer outro modo de pensar e reagir aos acontecimentos. Continuar a exercer tais papéis na vida adulta, porém, representa algo mais do que um problema, passível de ser tratado por novos tipos de experiência. O objetivo de uma dramatização é desenvolver, no protagonista, um sistema de desempenho de papéis mais adaptativo, e colocar esse sistema em contato com seu antigo sistema. Um psicodrama estratégico pretende promover novas definições no sistema, as quais levarão a mudanças rápidas e duradouras no funcionamento, conforme veremos.

Quando uma dramatização termina, a pessoa, em geral, está mais aberta para papéis que impliquem confiança, bom humor, compaixo, determinação. Assim, as duas "Phyllis" se abraçam ou Portia, mais uma vez, fica de pé entre os trilhos. Ocorre uma reconciliação interna e o fim do conflito, ou seja, crescente um amor por si mesmo. Além do mais, um nova forma de relacionamento com outra pessoa se torna evidente, por exemplo, com a mãe de Phyllis e com Larry e os pacientes.

Algumas vezes as dramatizações se iniciam com uma metáfora que é concretizada e, em seguida, representada (a exemplo do que aconteceu em "Saindo fora dos trilhos", p. 9); outras vezes têm início com um problema

(v. "Enxugando a pia"). A metáfora pode levar a um problema e o problema a uma metáfora. Essas dramatizações podem, à medida que transcorrem, desenvolver uma característica surrealista. Seu imaginário pode ser assustador, hiperbólico ou tão amistoso e agradável quanto um piquenique num bosque. Nas duas dramatizações que abordamos até agora, o problema consiste em ajudar as protagonistas a se "aquecerem", a visualizarem, a liberarem a "verdade" emocional e psicológica, tal como ela é vivenciada. No entanto, com outros protagonistas, o problema é diferente. A visualização e o grau de aquecimento são exagerados. Nesse caso a tarefa consiste em fazer com que os protagonistas fiquem "com o pé na terra", de tal modo que consigam completar e integrar seu trabalho. "As cobras atrás do muro" é uma dramatização desse tipo.

As cobras atrás do muro

Pansy, a protagonista desta dramatização, é uma mulher magra, ativa, está na casa dos trinta anos e tem dois filhos. A dramatização ocorre no contexto de um grupo de "crescimento pessoal", que está sendo realizado por meio de várias sessões, em uma grande cidade do interior. Os participantes são pessoas que participam pela primeira vez dessa experiência, donas de casa, assistentes sociais, agentes comunitários e professores.

Pansy tinha participado do grupo uma vez, e a sessão que vai ser descrita é sua segunda experiência em psicodrama. Embora novata nesse tipo de proposta, mostrou-se excelente ego-auxiliar e duplo, mas não tinha sido protagonista nem revelado muito de si para o grupo. Quando Di, a diretora, perguntou-lhe o que era mais significativo para ela, naquela manhã, Pansy declarou que não sabia realmente por que viera ao grupo. Achava que talvez tivesse algo a ver com "o medo". "Que medo?", indagou a diretora. O olhar de Pansy tornou-se distante: "Medo das cobras. Eu costumava ter pesadelos com elas, quando era criança".

Sua aparência modificou-se notavelmente e chegou até mesmo a provocar certo receio em Di e no resto do grupo. Alguns membros se entreolharam e mudaram de lugar, com evidente desconforto. "Que cobras?", perguntou Di. "As cobras atrás daquele muro", respondeu Pansy, com os olhos esbugalhados e fixos. "Vamos dar uma olhada naquelas velhas cobras", disse Di, levantando-se. "Você se sente segura a meu lado?" Ela sustentou o olhar de Pansy, encarando-a com muita seriedade. Pansy fez uma pausa, concentrou-se no rosto de Di e disse que sim.

Di já está fixando limites para a dramatização e para a protagonista. Embora tenha declarado mais tarde que sentiu "um medo muito gran-

34

de" do estado aparentemente alterado e do grande potencial de alucinação de Pansy, acreditava que poderia ajudá-la mais produtivamente focalizando uma situação presente e, ao mesmo tempo, permitindo que ela vivenciasse o que quer que fosse tão perturbador. Di emprega determinada linguagem ("aquelas velhas cobras") para demonstrar que essas cobras não exercem o menor poder sobre sua pessoa e toma atitudes inusitadas, ao perguntar a Pansy se ela se sente "segura". Seu objetivo é ajudar Pansy a relacionar-se diretamente com ela antes que a dramatização se inicie e a fazer com que ela "fique com os pés no chão".

Ela sugere a Pansy: "Por que não levantamos um muro na frente daquele muro?". Diante da parede da sala constrói-se um muro psicodramático, feito de cadeiras. Embora um tanto magra, Pansy escolhe as poltronas mais pesadas e as carrega para o devido lugar com enorme facilidade. O mínimo que se pode dizer dela é que está "aquecida". Di, em seguida, encoraja Pansy a escolher cinco ou seis pessoas do grupo para serem as cobras. É algo que ela faz com certa dificuldade, pois a simples menção à palavra "cobra" ou o fato de pensar nela provoca em Pansy intensa ansiedade. Fica parada diante da "parede", de olho fixo nas cobras, que, cheias de energia, deslizam pelo chão formando arabescos, os quais parecem indicar que estão como que tomadas por uma força maligna.

Os egos-auxiliares desempenham com evidente prazer aqueles papéis de seres tão esplendidamente malvados. De vez em quando é divertido ser tão ruim, isto é, é liberador, sempre que possível, expressar sem restrições a própria maldade ou as "sombras do eu", desde que isso aconteça em um ambiente seguro e apropriado. Contudo, Pansy não está se divertindo. Quando lhe é solicitado inverter papéis e tornar-se uma cobra, ela se recusa, alegando que é "impossível".

Pansy, sem dúvida, está muito temerosa, na medida em que vivencia o verdadeiro pesadelo que foi aquele momento de seu passado. Di se dá conta de que tem de continuar a "conter" Pansy, estabelecendo limites sólidos para a dramatização. Precisará também assumir maior controle da ação do que normalmente seria inclinada a fazer. Dirige com muita firmeza as inversões de papéis e o faz quase berrando, de tal modo que Pansy, pelo menos até certo ponto, não perde de vista o momento e o lugar atuais e lembra-se de que, afinal das contas, lá está um "adulto" presente, que se encarrega de tudo.

Pansy aponta para uma das cobras e diz que ela tem "olhos maus". Conseguiu finalmente dominar seus temores a ponto de se permitir inverter papéis, passando a representar a cobra. A ação, em si, já proporcionou algum alívio e um certo autodomínio. No papel de cobra, Pansy

35

assume uma postura malvada, perante o mundo que se situa além da parede. Serpenteia e olha fixamente para além de seus limites.

Cobra: Ora essa, os humanos! Sujos, confusos!
Di: Ela está incluída (aponta para a auxiliar que representa Pansy)?
Cobra: Claro que sim. Ela é igualzinha aos outros.
Di: Diga isso a ela.
Cobra: Você é exatamente como todo mundo. Só sabem fazer sujeira e magoar uns aos outros. Odeio vocês todos. A única coisa limpa que existe são os pássaros.

Passando a ser ela própria, através da re-inversão de papéis, Pansy demonstra ter ficado abalada com o ódio da cobra e chora, demonstrando grande tormento. Declara que ela também gostaria de ser um pássaro "que voa bem alto, acima de tudo". Di pondera que, a essa altura, seria um verdadeiro risco Pansy vir a gostar excessivamente de "voar alto", acima de tudo, e que poderia ser difícil para ela voltar a estabelecer contato com o chão. Em vez de seguir a deixa proporcionada pela ação (isto é, deixar que Pansy se transforme numa ave e "voe alto"), ela decide que já houve uma encenação adequada das metáforas.

Di conjectura que, se Pansy está zangada com as "pessoas" pelo fato de elas se magoarem mutuamente e provocarem confusão, tais pessoas devem ser, para Pansy, o átomo social original e que sua mágoa provavelmente aconteceu quando ela era bem menina. Ignorando as referências "anais" contidas na diatribe da cobra, Di solicita a Pansy que monte uma cena na qual os membros de sua família se magoavam uns aos outros. Ao agir assim, ela desafia a concepção de um contexto puramente "interno" para o problema que poderia estar implicado no fato de se fazer sujeira, quando se é pequeno, embora concretizar esta metáfora também fosse algo pertinente.

Há muitos caminhos que um diretor pode percorrer quando se vê diante das centenas de palavras e imagens que as pessoas apresentam em seus discursos. O contexto jamais se situa inteiramente "fora" ou completamente "dentro". É claro que as cobras são uma "parte" de Pansy, mas, provavelmente, elas fazem mais sentido em um contexto situado entre a própria Pansy e outra pessoa. O psicodrama estratégico, conforme veremos, encara o "eu" como um subsistema e o indivíduo como parte de um organismo maior. Cada pessoa, no interior desses organismos maiores, organiza a realidade dos outros. Ninguém é inteiramente uma causa ou inteiramente um efeito.

A família de Pansy inclui o pai, a mãe, Pansy, uma irmã, quase dois anos mais nova e um bebê. O pai e a mãe estão "sempre brigando" e, quando isso acontece, Pansy fica com medo e se esconde. Neste con-

flito específico, o pai e a mãe estão tendo uma daquelas brigas na qual ambos ficam emburrados e não se dirigem a palavra. *Pansy esconde-se atrás da porta, com seu ursinho de pelúcia, interpretado por um ego-auxiliar. A diretora pergunta o que ela está fazendo.*

P.: Vou cortar as orelhas dele.
Di: Por quê?
P.: Ele é bonitinho.
Di: Mas então por que você quer cortar as orelhas dele?
P.: Quero fazer ele gostar de mim.
Di: Gostar de você... Como é que você é?
P.: Sou feia!
Di: Como?
P.: (Gritando e chorando ao mesmo tempo) Sou feia. Feia. Uuuh!
Di: Com o que você vai cortar as orelhas dele?
P.: Com tesouras.
Di: É bom você pegar uma tesoura bem grande.
P.: (Procura na sala até encontrar duas vassouras, que cruza, formando uma tesoura grotesca e grande. Começa a cortar as orelhas do ursinho.)
Di: Sua mãe vem vindo!
P.: (Chorando) Vá embora! Sou feia, sou magricela, sou burra.
Mãe: Se você fosse uma menina boazinha, não se meteria em confusão.
P.: Vá embora.
Mãe: Não seja má.
Di: Troque de papel e seja a cobra.

A cobra sibila, anda em torno de si e surge por detrás da parede. Pansy está de tal modo transtornada que passa a confundir os papéis, não sabendo mais distinguir entre ela e a cobra. A diretora permite que isso aconteça, por pensar que os papéis provavelmente não são tão diferentes assim. Pansy diz de que nada adianta ser uma cobra, pois o maior mal que um bicho destes pode fazer assemelha-se ao fato de "ela ter machucado certo dia seu filhote de cacatua".

A diretora intui que a cobra está ligada à raiva que Pansy sente por alguém de sua família. A essa altura, porém, o fato não é confirmado ou refutado, embora seja evidente que sua intervenção relativa ao modo como Pansy expressou a raiva tenha sido prematura. Pansy ainda não se encontra suficientemente "aquecida" para sentir raiva, ao ponto de poder expressá-la diretamente enquanto ela mesma ou, indiretamente, enquanto cobra. No momento ela está mais preocupada com a culpa e o medo, que conduzem a uma automutilação simbólica.

Di sugere que elas passem para a cena na qual Pansy machuca seu filhote de cacatua. A cena é então montada. Ela tem lugar na varanda dos fundos de uma típica sede de fazenda, onde há varais, um tanque, botas de cano alto para se usar no trabalho etc. Aparentemente o filhote não "vinha se alimentando" e Pansy, com três anos de idade, está tentando convencê-lo a comer um pouco. Enfia um pouco de comida em sua boca, mas a ave não consegue engolir e a mantém no bico. Pansy empurra a comida goela abaixo, usando uma vareta. Ao trocar de papel e representar a ave, ela cai para a frente e morre. Quando volta a representar a si mesma, a tristeza a deixa desesperada. Chora durante algum tempo. Di incentiva-a a pedir desculpas à ave por tê-la matado, introduzindo assim a noção de reparação, que é diferente da culpa e do pesar, mas que, a exemplo deste último, possui uma qualidade de cura. Quando mais jovem, Di era bastante influenciada pela psicoterapia de base kleiniana.

Pansy pede desculpas ao filhote com muito sentimento e durante bastante tempo. Quando lhe perguntam se quer enterrar a ave, diz que não. Quer que seu espírito voe livremente. Di pergunta onde o espírito se encontra naquele momento. Pansy responde que ele está voando bem alto, acima de tudo, cavalgando uma nuvem e, em parte, apoiado por ela. Quando se sugere a inversão de papéis, ela declara que se contenta em apenas observar e que ela consegue vivenciar tudo aquilo de que necessita, a partir da posição em que se encontra no momento. Isto é tão obviamente verdadeiro que Di não insiste. O fato de "voar bem alto, acima de tudo", mencionado por Pansy no início da dramatização, agora está ligado a esta cena, a qual, por sua vez, se encontra ligada à morte e à transcendência.

Pansy agora volta ao ursinho e lhe pede desculpas por maltratá-lo. Começa a rir, pensando na loucura que é viver com sua família. Sua mãe a repreende, e ela, mais uma vez, murcha. Di sugere que agora é a hora da "vingança das cobras". A essa altura Pansy está pronta para assumir o papel da cobra enfurecida. Com as outras cobras ela ataca a mãe, sibilando e dando botes. "Não posso fazer nada se sou magricela. Não posso fazer nada se sou feia. Não é culpa minha! Não é culpa minha!"

Ela sai do papel da cobra e, sem nenhuma sugestão de Di, passa a ser uma mulher adulta. Grita com sua mãe por esta ter ousado lhe dizer como deveria criar suas próprias filhas e faz uma lista de exemplos de cuidados maternais incompetentes que ela mesma recebeu. Prossegue, encostando o dedo no peito da mãe e empurrando-a. Afirma suas opiniões sobre o que é a paternidade e a maternidade, bem como o que é a natureza da infância. De repente tudo se consumou. "Agora acabou", declara. "Acho que não vou mais sentir medo dessas cobras." Di sente pouca necessidade de assinalar o que as cobras representam. Agora seu significado tornou-se evidente.

38

O "diagnóstico" que, até então, Pansy fizera em relação a si mesma presumiu um problema que lhe era "interno". O psicodrama separa Pansy do problema, externalizando-o dentro da cena. Quer isto dizer que armar uma cena e levá-la adiante incorpora o pressuposto implícito de que o problema teve início em determinado momento e em um contexto interpessoal. O problema não é intrínseco ao protagonista, mas é interativo ou relacional. Bateson (1979) observa que não faz sentido referir-se a "dependência", "agressividade" ou "orgulho" etc. Tais palavras originam-se de algo que acontece entre as pessoas e não de algo que se situa no interior da pessoa: "Se você quer falar, digamos, a respeito do orgulho, você precisa falar de duas pessoas ou dois grupos e do que acontece entre eles" (p. 153).

O problema de Pansy foi exteriorizado e situado entre outra pessoa, a mãe dela, e ela própria. Embora o problema ainda seja sua "raiva", descobriu-se que ele originou-se em um determinado momento e em um determinado contexto. Além do mais, Pansy herdou da família uma perspectiva muito particular, um universo transmitido. Tal universo apresenta a vantagem de ser um território conhecido, mas também impõe limitações que não necessitariam estar presentes. Ele impediu-a de explorar mundos diferentes e de mudar de perspectivas, naquele mundo que Pansy habita. A dramatização lhe oferece uma ampliação, uma alternativa, uma modificação de seus próprios limites.

A dama da Espanha

Peta, a protagonista deste drama épico transgeracional, é uma mulher atraente, de aparência séria. Tem trinta e poucos anos de idade e trabalha como psicóloga em uma posição de grande responsabilidade, na comunidade. Conquistou o interesse do grupo ao declarar, na fase do aquecimento, que se dera conta de que era um tanto reservada e reconheceu que sua mãe também era um pouco reservada. "Gostaria de aprofundar essa questão", disse.

O grupo elege Peta formalmente, através da "escolha sociométrica", depois que ela e uma ou duas pessoas se referem às questões que os preocupam. Sentam-se então diante do grupo e declaram sua disposição de serem protagonistas. Os demais membros do grupo aproximam-se e ficam atrás da pessoa que parece mobilizar algo nelas. O grupo é solicitado a fazer uma escolha "egoísta", não na base de uma eventual popularidade da pessoa ou porque sente pena dela, mas obedecendo a um palpite, no sentido de que se essa pessoa fosse protagonista em um psicodrama, parte das questões de cada pessoa desse mesmo grupo seriam igualmente respondidas. Uma escolha desse tipo ajuda a garantir que o protagonista representa verdadeiramente os temas que preocupam o grupo, naquele momento (ver o que se escreve sobre a preocupação central, à p. 52).

Pino também se candidatou ao papel de protagonista ("O filho do relojoeiro", ver Capítulo 9), e declarou estar se sentindo "muito frustrado e impotente". A dramatização de Pino será relatada mais tarde, no capítulo dedicado à transferência. Na verdade, Pino, naquele momento, teve um discurso mais elaborado e mais emocional sobre sua dificuldade do que o de Peta. No entanto a escolha sociométrica formal recaiu sobre Peta, possivelmente devido a uma espécie de "processo inconsciente" do grupo. O presumível drama de Pino ("não ser poderoso") em um certo sentido foi corroborado pelo grupo, quando não o escolheu e voltou a ser sugerido no decorrer da dramatização de Peta. Pino tornou-se, então, o "ego-auxiliar que desaparece" e que não consegue dizer suas falas. Como ocorre freqüentemente em um grupo de psicodrama, os temas encenados também se encontram presentes nos papéis que seus membros assumem.

Na entrevista que precede a dramatização, perguntou-se a Peta se lhe ocorriam imagens que tivessem a ver com o tema que seria desenvolvido. Ela respondeu ter uma vaga imagem de uma cena com seu irmão, ocorrida quando tinha uns 10 anos, mas ela não parecia ter nada a ver com segredos ou com atitudes de reserva. Mesmo assim o diretor encorajou-a a prosseguir com a cena, garantindo-lhe que, se nada resultasse dela, outra cena ocorreria prontamente e poderia ser mais relevante. Peta, um tanto negligentemente, monta o cenário de uma cozinha em uma casa de campo nos arredores de Madri, de propriedade de sua família. O diretor pede-lhe que olhe pela janela. Ela começa a se aquecer no papel de uma menina, enquanto, sentada no banco da cozinha, observa a paisagem lá fora. Aponta para uma casa de campo vizinha, que assim descreve:

P.: Elas são iguaizinhas. A única diferença entre a casa de nosso vizinho e a nossa é que eles cuidaram do jardim, enquanto o nosso jamais se desenvolveu e está todo seco e murcho.
D.: Igualzinho a esta família?
P.: Sim, é verdade.

Peta escolhe Pino como ego-auxiliar e ele representa o irmão dela, Nick, "que recebia todas as atenções". A cena consiste no seguinte: Peta tem na mão um abridor de latas e está a ponto de agredir Pino. A mãe dela, Mary, está ao lado, na cozinha e vacila, um tanto deprimida com essa manifestação de perversidade familiar. Peta retrata Mary como uma mulher um pouco perdida. Por trás de seu maternalismo esconde-se uma melancolia desesperada, uma difusa decepção com a vida.

Dennis agora passa a entrevistar a mãe. Tem em mente o que Peta revelou a respeito da ligação existente entre seu temperamento reservado e o de sua mãe. A essa altura o diretor não possui uma hipótese explícita. Até agora lhe foram apresentadas uma aparência de decepção e uma cena inicial, de violência potencial, na qual uma irmã está tentando agredir o irmão. Outra pessoa está conseguindo obter a atenção que, de direito, pertence a uma determinada pessoa. Talvez isto se torne um tema ligado à família, talvez não. Existem também alguns segredos de família. O ponto focal talvez não seja o conteúdo desses segredos, mas as alianças que os sustentam. O jardim que desperta evocações, na casa ao lado, a cena da agressão com o abridor de latas e a estranha tristeza da mãe sugerem que este será um drama saturado com formas e significados que serão compreendidos com imperfeição.

O diretor procede à inversão de papéis de Peta com a mãe e inicia a entrevista com o personagem Mary. Esta tem muitas queixas a respeito da família. Melancólica, tece comentários sobre aquela manifestação de desavença entre irmão e irmã como algo típico dos problemas da família e da natureza preocupante da vida em geral. O diretor sugere à mãe que provavelmente não fosse isto o que ela esperava, ao casar-se. A mãe concorda prontamente e parece ter ficado um tanto aliviada diante do fato de que alguém dá demonstrações de apreciá-la como uma pessoa cheia de esperanças. Dennis solicita-lhe que encene o sonho que o casamento representava para ela. A partir de agora e durante toda a dramatização Peta permanecerá no papel de Mary, a mãe, e a cena com o irmão só será retomada no final da dramatização (para grande tristeza de Pino — ver Capítulo 9).

A mãe constrói uma imagem *dela com o marido. No quadro ele a contempla com ar de adoração e está com o braço em torno dos ombros dela. Ela também tem filhos ("seis, ou, quem sabe, até dez"). São todos pequenos e ou brincam uns com os outros, muito animados, ou lançam olhares para ela, repletos de meiguice. É quase uma cena de um quadro do século XIX. Sua imagem do* kitsch *familiar é totalmente desprovida de vibração. No entanto, seus elementos parecem suficientemente fortes para, possivelmente, afetarem sua satisfação emocional (ou a falta dela) e sua visão do que deveria ser a realidade. A visão que ela tem da realidade e sua realidade, tal como ela se apresenta, parecem ser bastante conflitantes.*
Dennis solicita-lhe em seguida que apresente sua versão do relacionamento familiar tal como ele é, recorrendo mais uma vez ao recurso da escultura. A família é disposta do seguinte modo: Frank (o marido) é colocado num canto da sala, voltado para a parede. Ele está atarefado e distante. Os três filhos, Peta inclusive, estão parados como estátuas, separados uns dos outros e de sua mãe, que, fora do grupo, anda para cá

e para lá, perturbada. De vez em quando ela se aproxima de um dos filhos, solicitando seu amor e pedindo-lhe que não a deixe. Nesta escultura, seu próprio personagem parece esvair-se em sofrimento e auto-recriminação.

A escultura, parece, de certa forma, desequilibrada e incompleta, embora haja muita ação e muito relacionamento dramático. Dennis pergunta se eventualmente haveria mais alguém no quadro. Mary declara que reza muito para Deus. Dennis pede-lhe que escolha alguém do grupo para representar Deus. Ela o faz e coloca a pessoa em outro canto da sala, olhando para ela. Devido à qualidade formal da estátua, parece que pode existir um paralelismo simbólico entre a posição do marido de Mary e a de Deus ou, pelo menos, a suposição de que Deus faz parte da família.

A mãe começa a rezar para "Deus", no canto. Aproxima-se bastante dele e, ajoelhada, balança para a frente e para trás: "Faça com que eu seja tolerante, faça com que eu seja boa, me reconforte, não me deixe ser infeliz", brada repetidamente, em movimento contínuo.

A partir da estrutura da imagem e de uma espécie de sexualidade ambígua entre Mary e Deus, o diretor estabelece a hipótese de que ela, decepcionada com o fracasso de seu sonho, substitui Deus, o marido de sua fantasia, por Frank, seu verdadeiro marido. Conforme os acontecimentos posteriores revelarão, essa hipótese é parcialmente incorreta. Mais do que uma suposição muito precisa, é uma conjectura dotada de imaginação. No entanto, por ser possível descartá-la, ela conduz à elaboração de novas hipóteses e a novas trajetórias que desembocam na ação. Uma hipótese sem validade só é perigosa se o diretor se apega a ela rigidamente, mesmo que ela não se confirme.

O diretor sugere que talvez Mary (mãe) desejasse se aproximar um pouco mais de Deus. É o que ela faz. Eles se abraçam com intimidade cada vez maior. Caem e rolam pelo chão. Mary entrelaça suas pernas com as pernas de Deus. Pôs de lado os pequenos cinzéis de brinquedo que usava para esculpir o sentimental grupo familiar e agora esculpe sua cena com os punhos, os cotovelos e o ventre. O diretor sugere que talvez desejasse fazer amor com Deus em seu leito celestial. Nesse momento o ego-auxiliar que representa Deus levanta uma objeção e declara: "Não, nessa eu não entro". O diretor pergunta imediatamente a Mary:

D: Também não é exatamente o que você quer, não é mesmo?
M: Não.
D: Você quer outra pessoa.
M: Quero meu paizinho.
D: Traga seu pai e sua mãe para cá.

Ocorre então uma entrevista com o personagem pai de Mary. A dramatização agora desloca-se para a segunda geração, isto é, para o relacionamento da mãe de Peta com o avô desta. É como se Mary fosse a protagonista e não Peta. A dramatização parece ter chegado "naturalmente" a seu ponto atual, mas fica claro que ela alcançou esse estágio através de uma mescla espontânea de seqüências e de sugestões por parte de Peta e Dennis. A protagonista e o diretor parecem compartilhar um "co-consciente". Esse termo foi elaborado por Moreno e refere-se principalmente a casais que estão juntos há muito tempo. Quando um casal desses procurava a terapia, Moreno conjecturava que o terapeuta teria de lidar com o consciente de A, o consciente de B, o inconsciente de A, o inconsciente de B e seu co-inconsciente. Era um "terceiro" inconsciente do próprio relacionamento, até certo ponto independente.

No entanto, a noção de co-inconsciente não precisa necessariamente restringir-se a pessoas que estão juntas há muito tempo. Quando os diretores imaginam conjuntamente uma cena, o processo vai além da empatia. É talvez uma junção das ações de duas mentes, que procuram símbolos. Quando os protagonistas se referem a um aspecto de suas vidas, o diretor pode formar uma imagem e transmiti-la para eles. Talvez eles não sintam a menor dificuldade em atuar com aquela imagem, não ficam intrigados com ela e não a rejeitam. Por sua vez, eles criam mais imagens, e o diretor poderá agir em relação a elas. O diretor e os protagonistas operam por meio de uma espécie de reação em cadeia. O diretor estabelece um controle, cuidando para que o protagonista não se afaste demais da "rede de pressupostos" que o impede de enxergar o mundo de outro modo que não aquele mediante o qual ele realmente o vê. Nos capítulos subseqüentes teremos muito mais a dizer em relação às restrições e às redes de pressupostos.

Deixamos "A dama da Espanha" no ponto em que o diretor solicitou a Mary (mãe de Peta) que introduzisse seu pai e sua mãe, isto é, os avós de Peta. A essa altura a dramatização se desloca uma geração acima. Peta (no papel de Mary) escolhe quem representará o avô e a avó. Quando entrevistado no papel de avô (o pai de Mary), uma das primeiras coisas que o personagem diz é que só viu sua mulher nua quando ela tinha 72 anos. Ela escorregou no banheiro e precisou da ajuda dele.

O tema da repressão, incluindo a repressão sexual, sugerido quando Peta descreveu a esterilidade do jardim, evidenciado na imagem da família que Mary construiu, e presente no comportamento dela com Deus, repete-se através das gerações. Entre todas as coisas que poderia dizer, o avô menciona justamente a cena do banheiro. A dramatização, a essa altura, poderia ter tomado vários rumos: terapia de casal para o avô e a avó, ocultando das crianças as disputas conjugais e efetuando um trabalho de reequilíbrio na relação conjugal; ou então fazer uma terapia "estrutural", focalizando o papel de pai do avô, garantindo assim uma continuidade em relação à luta de Mary com Deus. Esta última linha é que foi adotada. A aplicação da "terapia estrutural" ao psicodrama será explicada com maior amplitude no Capítulo 6.

Mary começa um confronto agressivo com seu pai. Diz a ele que ele nunca lhe deu o que ela queria e que deu todo seu carinho para a irmã dela. O diretor pede que seja escolhido um ego-auxiliar para desempenhar o papel da irmã, Sally. Mary, em seguida, enfrenta ao mesmo tempo o pai e a irmã. Quando os papéis se invertem, o avô (interpretado por Peta) age com extrema reserva em relação a Mary e demonstra grande afeto por Sally.

Os dois temas principais da dramatização voltam a ser abordados: o desejo da união e a rival secreta, que estaria recebendo maior atenção. O diretor conclui que mais discussões entre Mary e seu pai não serão produtivas, no momento. A disputa física entre ambos levou a espontaneidade de Mary (de Peta) o mais longe possível, àquela altura e ampliar ainda mais o enfrentamento não parece ser uma opção realista, se bem que essa via poderia ser melhor explorada, ao se aprofundar o trabalho com Peta.

O diretor sugere ao avô que paternalize Peta, o melhor que ele puder. Peta (no papel do avô) começa agindo bruscamente, com muita falta de jeito. Parece que ela não tem uma idéia muito clara de como tal amor e tal paternidade expressiva poderiam acontecer. Mas, após várias trocas de papel e, com a ajuda do grupo, ela começa a se tornar mais expressiva como avô. Ao inverter papéis e representar a filha Mary, ela senta-se no colo de seu pai, absorvendo avidamente todo seu afeto. Vemos então uma cena encantadora e cheia de paz, com o pai conversando com a filha, confortando-a e dando-lhe carinho.

O diretor então faz um sinal com a cabeça para Sally, a irmã de Mary. O ego-auxiliar que interpreta Sally revela-se excelente ator espontâneo. Entra em cena com grande ímpeto, finge estar doente, adula, seduz, manipula, em resumo, faz de tudo para desviar seu pai daquele relacionamento que ele acabou de descobrir. O avô está pasmo, mas daí a pouco Peta, invertendo o papel e representando-o, consegue lidar com a ansiedade de Sally, promete-lhe que, mais tarde, dispensará a ela idêntica atenção, manda-a para junto de sua mãe e volta novamente sua atenção para Mary.

Mary, no papel de filha, começa a repetir, com seu pai, o comportamento que manifestou com Deus. Entrelaça suas pernas com as do pai e parece querer entrar nele. Dá a impressão de que não consegue se apro-

44

ximar o suficiente. Não quer de modo algum separar-se dele. O diretor assinala esses fatos e diz: "É difícil aproximar-se o suficiente" e "É quase como se você quisesse ser ele". Mary concorda, intensifica os abraços e a aproximação física. Os gestos parecem expressar não tanto a sexualidade quanto um desejo de unidade, de não se separar. *Não há dúvida de que tais manifestações na família, caso tivessem sido manifestadas por Mary e permitidas por seu pai, facilmente poderiam tornar-se sexuais e talvez aqui esteja a pista do* segredo da mãe.

Ao trocar de papel e desempenhar o personagem do avô, Peta não deixa que Mary se una a ele. O avô agora permite a manifestação dos sentimentos de afeto, mas estabelece limites. Demonstra empatia para com Mary, diz-lhe que ainda não vai deixá-la, mas, mesmo que isso aconteça, pois precisa ir trabalhar, cuidar da própria vida e da vida da família, ele sempre será o pai dela. Diz a Mary que é impossível que ela seja ele ou que ele seja ela, mas que é possível duas pessoas estarem muito próximas uma da outra, embora conservando a individualidade. O diálogo prossegue. Agora Mary está mais tranqüila, senta-se calmamente no colo do pai. Essa parte da cena parece ter chegado ao fim. Quando o diretor faz um sinal, Sally, a irmã, volta a entrar em cena, chamando a atenção sobre sua pessoa. O pai e Mary lidam com ela demonstrando firmeza, embora afetuosos. O pai convence-a a se retirar, prometendo-lhe que logo estarão juntos.

O diretor consegue um ego-auxiliar para desempenhar o papel de Mary naquela cena e pede que ela seja congelada, no local onde ocorreu. A cena torna-se um "espelho", a ser observado de fora. Em seguida o diretor pede que o átomo social da mãe seja reconstruído na parte do cenário onde foi montado inicialmente, e escolhe três egos-auxiliares para serem Mary, Peta e o irmão dela. Solicita a Peta, a seu irmão e a sua mãe que recriem a cena original na Espanha, quando Peta estava a ponto de agredir Pino, enquanto Mary estava perto dela, completamente sem ação.

Peta levanta sua mão mais uma vez. Mas agora não parece estar muito interessada no gesto, e o diretor decide fazer disto, também, um quadro. Afasta Peta para que ela faça o jogo do espelho e escolhe um ego-auxiliar para a cena original. Peta tem a oportunidade de observar, a partir da posição em que se encontra, quatro cenas: ela, quando está para agredir o irmão, o átomo social de sua mãe, sua mãe enlaçada com Deus, no canto, e sua mãe recebendo cuidados paternais do avô dela. Durante toda a dramatização, Peta não agiu nenhuma vez como ela mesma, nem mesmo dando seqüência à agressão ao irmão. Diz, na posição de espelho: "Se mamãe tivesse recebido isto (atenção do pai) eu não precisaria ter feito aquilo" (a agressão ao irmão). Peta parece calma e aliviada, embora não tenha tido uma catarse enquanto "ela mesma" e tenha atuado, durante todo a dramatização, no papel dos outros membros da família.

É difícil afirmar com certeza por que este resultado foi o que foi. Uma explicação possível é que todos os papéis desempenhados no cenário psicodramático são, de alguma forma, papéis do protagonista, embora a narrativa seja aparentemente histórica e o drama seja povoado por outros personagens. A integração de duas ou mais pessoas na dramatização implica, portanto, a integração com o eu desses papéis. Uma encenação teatral, um filme, um romance ou um conto de horror funcionam talvez da mesma maneira. Os seres humanos têm tamanha empatia, são tão tribais, tão ligados uns aos outros que uma parte deles entra na narração de qualquer história envolvente, que diga respeito a outros seres humanos. Quando a história, o filme ou a peça chega a uma resolução, a integração entre os trechos fragmentados também ocorre com o leitor ou espectador. O psicodrama, em geral, oferece uma experiência muito mais vigorosa do que esta. A história pertence à própria pessoa e esta se torna seu próprio ator, quando ela é dramatizada. O pensamento e o sentimento se unem, mediante o poder aterrorizante da ação. Para explicar o drama de Peta somos levados a conceituar os papéis e as representações internas, o que será discutido mais amplamente no Capítulo 4.

Capítulo três

Focalizando a paixão: o contrato

De vez em quando a verdade pode nos armar uma cilada, porém jamais podemos armar uma cilada para a verdade.

Bradford Keeney

Uma vez escolhido o protagonista, os diretores fundem seus inconscientes com o dele, no início da dramatização, e começam a utilizar as próprias fantasias em relação à família psicodramática emergente. Num primeiro momento as fantasias são introduzidas na dramatização sob a forma de palavras e imagens e, mais tarde, em termos de ações ou cenas. São criadas mais associações e ocorre uma intensificação do processo terapêutico. Dentre todas as possibilidades que o repertório terapêutico oferece, aquelas interações que abrem o coração são as que melhor se situam ao alcance do psicodramatista. O psicodrama põe a nu todas as grandes paixões — o orgulho, a piedade, a cobiça, a raiva, a compaixão, o amor —, desfralda-as, enfuna-as como velas, transportando o protagonista em direção a um território desconhecido.

A longo prazo o psicodrama lida com os problemas e os esplendores do amor, seja ele extático, não correspondido, paternal/maternal, filial, patriótico ou espiritual. A maior parte dos fundamentos lógicos que presidem as formulações das hipóteses, na teoria dos sistemas, também parece dizer respeito ao amor e à lealdade. As pessoas agem motivadas pela ligação que se estabelece entre elas, ainda que suas ações possam ser gravemente disfuncionais. Ao situar tais emoções no espaço e no tempo, isto é, ao produzi-las na forma de dramatização, os próprios diretores precisam entrar em contato com os sentimentos que estão presentes em um papel e que têm a ver com o estado de espontaneidade. O que acontecerá realmente com a dramatização, uma vez alcançado esse estado, é como pisar em território desconhecido.

Os diretores se colocam quatro indagações, no início de uma dramatização: (1) Qual é a preocupação central do grupo e como é que ela se evidencia? (2) Qual é o contrato com o protagonista? (3) Qual é o tema central da dramatização, na medida em que ela se configura, e quais são os papéis essenciais do protagonista, nessa mesma dramatização? (4) Quais foram os papéis que emergiram no grupo, na fase de compartilhamento que se segue à última cena?

No início de uma sessão, os principais papéis do diretor são os de investigador social, de formulador de hipóteses e de promotor de interações. Os diretores têm de interagir com o grupo, dar conta dos procedimentos sociométricos e estabelecer canais de comunicação entre as pessoas. Eles procuram alianças e coalizões no grupo (essas alianças e coalizões constituem um dos temas principais do livro *Forbidden agendas/Agendas proibidas*, de minha autoria e que é um complemento deste). Os diretores observam o que as pessoas dizem e fazem, à procura de padrões, e testam mentalmente esses padrões, verificando se eles apresentam alguma relevância para as preocupações do grupo. Eles presumem que todos os acontecimentos que ocorrem no grupo são uma resposta às exigências dos átomos sociais, originais e contemporâneos, de cada participante, bem como uma resposta às exigências do grupo que acaba de se organizar. Essa interação do arcaico com o presente, do que está distante com o que está aqui é que forma a dinâmica operacional do sistema.

Um modelo formal e central, ligado a esse tipo de preocupação, foi desenvolvido por Enneis, do Hospital St. Elizabeth, de Washington, e há 25 anos é adotado lá com sucesso (Buchanan, 1980). Constitui essencialmente uma mescla daquilo que, posteriormente, denominaremos a teoria "do grupo como um todo" e o entendimento psicodramático do processo de aquecimento. Ambos se incorporam à crença de Moreno, segundo a qual um protagonista tem de servir como veículo para a preocupação do grupo. Em decorrência desse fato, o tema de uma dramatização deve ser um problema realmente vivenciado pela maioria dos membros do grupo. A fim de garantir que isso aconteça, os diretores ouvem com muita atenção o que está sucedendo com o grupo, notando a interação sociométrica, bem como o conteúdo manifesto. Eles estruturam as interações grupais que daí resultam, de tal modo que acabará surgindo um "verdadeiro" protagonista, cujo tema se relacionará com a preocupação principal. O conteúdo da dramatização se ligará com as manifestações espontâneas que ocorreram desde o início da sessão. Os três elementos essenciais, no modelo formal, são o contrato, o tema e a preocupação tópica. Cada um deles será, a partir de agora, desenvolvido de alguma forma.

Contratar antes de uma dramatização

Embora o objetivo do grupo seja algo elaborado entre o diretor e os participantes, a responsabilidade final por sua aceitação cabe ao primeiro. Os membros do grupo podem solicitar algo que o diretor sabe ser impossível; caso ele concorde parcialmente com esse objetivo impossível, a terapia, desde o início, pode ser definida implicitamente como um fracasso. Os diretores precisam negociar com um protagonista que procura estabelecer um contrato "global", o qual encerra poucas possibilidades de sucesso. Têm de ajudá-lo a firmar um contrato mais factível. É claro que o ideal global não precisa ser ignorado. Ele se mantém como um objetivo, embora a impossibilidade de atingi-lo possa ser a verdadeira causa do problema. Aceitá-lo, porém, só pode servir para levar o protagonista a enredar-se em soluções e tentativas fracassadas.

Antes de um psicodrama, um participante pode anunciar que quer "resolver questões ligadas a meu casamento", por exemplo, ou que pode tentar estabelecer um contrato que o leve "a tornar-se mais confiante em si e mais à vontade, no plano social". É desaconselhável um diretor assumir semelhante contrato durante uma única sessão, embora tais objetivos sejam atingíveis a longo prazo. Após definir essa tarefa global, o diretor poderá dizer: "Não podemos fazer isto em uma única sessão, mas aquilo que você espera conseguir parece muito valioso. Por onde começaríamos? Qual seria o sinal de que você está mais autoconfiante? Se isto acontecesse, na companhia de quem se daria o fato?". Poderá até mesmo indagar: "O quanto você é pouco confiante? Cem por cento? Sessenta por cento? O que você estabeleceria como objetivo razoável, algo que fosse conveniente ao tipo de pessoa que você é?". Em geral esse tipo de negociação, efetuado pelo terapeuta, é amplamente aceitável pelo paciente, que, com algum alívio, se dispõe a renegociar.

Ao mesmo tempo que os diretores estabelecem as bases do "sucesso", em um contrato, eles fixam os limites apropriados. Quando a dramatização se inicia, os diretores encorajam os protagonistas a se entregarem a uma experiência que, no momento, não faz o menor sentido. A trajetória é criada a cada passo. A experiência talvez não faça sentido, mas o contrato não pode deixar de fazê-lo. Assim, a "racionalidade" do processo psicodramático se reserva ao ato de contratar, à entrevista com o personagem e à avaliação final. Ela é empregada para impedir que o diretor e o protagonista entrem em um relacionamento estruturalmente falso. Os limites fixados pelo contrato permitem então que a fase terapêutica deixe a racionalidade de lado durante certo tempo e possibilita que as forças dinâmicas do drama operem sem nenhum obstáculo.

Na fase do contrato, as tarefas do diretor incluem, em geral, os aspectos que se seguem. Eles necessitam:

(a) compreender quais as dificuldades que foram clarificadas ao fazer o contrato operacional com o protagonista e o grupo;

(b) uma hipótese inicial, a partir daquilo que já se sabe a respeito do protagonista: os principais papéis que fazem parte de sua personalidade, sobretudo aqueles papéis mal desenvolvidos, superdesenvolvidos, conflitivos, ausentes ou adequados:

(c) alguma idéia sobre as áreas de funcionamento do protagonista e que serão observadas durante a ação. Por exemplo, que papéis o protagonista mobiliza quando as pessoas tentam se aproximar dele? O que faz quando outras pessoas não se comportam do modo como ele deseja ou espera?

(d) desenvolver uma fundamentação lógica para a produção dramática e as razões pertinentes a essa fundamentação, em termos do átomo social da pessoa no qual os papéis sejam operativos, e o efeito de tais papéis sobre o seu sistema social.

Cibernética de segunda ordem

Para que os diretores possam agir estrategicamente, o problema a ser trabalhado precisa ser colocado sob uma forma solucionável e provavelmente interacional. Os terapeutas estratégicos (ver Fisch, Weakland e Segal, 1982) sugerem que, quando se pergunta a uma pessoa o que ela quer fazer, em geral elas partem para uma descrição de questões presumivelmente subjacentes, apresentando tais questões como se constituíssem o "verdadeiro" problema. Na verdade o debate terapêutico em torno daquilo que constitui um verdadeiro problema e, portanto, uma "verdadeira terapia" é, provavelmente, um debate fútil. O realismo ingênuo não é menos perigoso para os terapeutas estratégicos do que para os psicodramatistas, pois todos os terapeutas criam em conjunto com seus clientes o mapa da realidade. Os terapeutas competentes, pertencentes a quaisquer linhas, podem exercer e exercem um papel ativo na reconstrução da experiência do paciente. O próprio psicodrama é algo muito forte, enquanto construtor da experiência. A pergunta assume um novo contorno: qual é a experiência mais proveitosa de se construir?

Um diretor estratégico poderá tornar-se bastante envolvido na focalização do problema, por ocasião da entrevista, e fazer perguntas do tipo: "O que você está fazendo agora que, em razão de seu problema, gostaria de parar de fazer ou então de fazer de maneira diferente?". Ou então "O que você gostaria de fazer, mas que seu problema impede, no momento atual de sua vida?". As respostas a essas questões podem assumir a forma de dramatizações. A solução idealizada, por exemplo, pode ser encenada, ou pode ser mostrada claramente através da verdadeira natureza do problema e da participação de outras pessoas nele. Pelo menos em uma série de psicodramas o "problema" deveria ser algo em relação ao qual se pode concordar "objetivamente", de tal forma a se poder avaliar se a dificuldade em questão foi influenciada de alguma maneira. As pessoas são ajudadas a mudar, *inter alia*, ao verem como já mudaram. Para qualquer psicodrama isolado, tal como o que se realiza pela primeira vez, durante uma maratona de fim de semana, o contrato apropriado deve ser mais exploratório do que orientado no sentido de se obter resultados. No caso de uma série de sessões, entretanto, elas deveriam levar a algo mais do que à exploração. Caso contrário o psicodrama deixaria de ser "estratégico", e tanto as sessões como o diretor correriam o risco de se tornarem procedimentos aleatórios, orientados para a obtenção de "consciência", com pouca elaboração e conclusividade.

Em termos do modelo de preocupação central, o diretor precisa estar sempre consciente do contrato geral do grupo (tal como os contratos nos grupos de obesidade, os grupos de treinamento, os grupos que abusam de certas substâncias), bem como em relação aos contratos estabelecidos com pessoas. Em um grupo que venha se reunindo há algum tempo os diretores precisam lembrar-se das "agendas" explicitadas e íntimas de cada participante, não os aprisionando ainda mais em suas soluções restritivas, ao reificá-los. Cada pessoa é nova a cada minuto, mas, algumas vezes, é preciso mais do que um minuto para mudar.

Moreno, mais do que a maioria dos terapeutas de sua época, tinha consciência da criação em conjunto da realidade, por parte do terapeuta e do paciente. Insistia na natureza interpessoal da terapia e criticava Harry Stack Sullivan pelo fato de ele denominar sua terapia "interpessoal". Moreno sustentava que, se havia apenas um paciente a enfrentar um agente terapêutico profissional, indagar se isso deveria ser considerado "tratamento" ou uma relação interpessoal era uma preocupação discutível.

Para que se possa falar convincentemente sobre o tratamento das relações interpessoais é necessário que *dois* pacientes estejam presentes, além de uma terceira pessoa, o terapeuta, que então será mais genuinamente capaz de não se envolver, enquanto observador participante e intérprete de ambos ou (...) o próprio terapeuta precisará se tornar um ator participante, e, embora de modo não formal, "psicologicamente" um paciente. Quando se encontram presentes dois pacientes e não um só, eles podem proporcionar terapia um ao outro, cada qual de acordo com sua capacidade e suas necessidades. É fora de dúvida que, para funcionar no papel de terapeuta profissional e, ao mesmo tempo, mobilizar a própria personalidade, a fim de ajudar outro indivíduo, se requer uma estratégia cuidadosa.

(Moreno, 1959, pp. 55-6)

As encenações psicodramáticas dão a impressão de serem uma apresentação dos sistemas do próprio protagonista. Tal impressão, no entanto, é incompleta. Ao se unirem a um protagonista, os diretores criam um novo sistema, que poderia ser denominado "sistema protagonista-diretor". A inclusão e a participação do diretor no sistema caracterizam a "realidade" daquilo que é apresentado. O diretor e o protagonista operam através de um processo recursivo, a fim de co-criarem a realidade na forma de um psicodrama. A insistência no papel do observador na descrição completa do sistema é a contribuição da cibernética de segunda ordem, embora Moreno, já em 1959, sugerisse esse enfoque.

A cibernética de primeira ordem enfatizou as propriedades homeostáticas e adaptativas dos sistemas, enquanto que na cibernética de segunda ordem (Howe e Von Foerster, 1974), é o observador (diretor) que estabelece distinções que criam a "realidade" (MacKinnon e James,

1987). A cibernética de segunda ordem enfatiza a inclusão e participação do observador no sistema, e propõe conceitos tais como a auto-referência, o processo recursivo e a construção da realidade. Todo psicodrama é produto de distinções que são estabelecidas, em parte, pelo diretor. Por exemplo, as interações entre a família de origem do participante são transações que ocorrem no contexto da sessão, no presente, em relação com o terapeuta e com o grupo, da mesma forma que constituem um diálogo por vezes agressivo entre os participantes da família no aqui e agora.

Até mesmo a escolha de uma cena é uma construção de um ou de outro participante, que é quem estabelece distinções. É a seleção do sistema considerado relevante. O diretor e o protagonista constroem e aglutinam em conjunto uma ecologia de idéias por meio da linguagem e da ação (Hoffman, 1985). O psicodrama não é um "objeto" que possa ser controlado ou programado a partir de fora. A exemplo do próprio sistema que ele se propõe descrever, é uma ecologia de idéias, cujas fronteiras foram moldadas por muitas decisões, inclusive a decisão de dramatizar uma cena e não outra.

Assim sendo, a crença na "verdade" retratada num psicodrama pode ser tranqüilamente deixada de lado. Nem o diretor nem o protagonista podem saber a "verdade" relativa ao problema ou aos acontecimentos retratados. Ambos assumem a versão dos acontecimentos, dada pelo protagonista (que, em si mesma, constitui uma construção) e ambos a reelaboram, para que adquira novos significados e nova verdade. Esse "reelaborar" não se refere simplesmente àquela parte da dramatização que diz respeito à "realidade suplementar" ou à interpretação que a ela se dará mais tarde. A reelaboração inclui o aquecimento do grupo, a escolha do protagonista e toda decisão que o protagonista e o diretor tomam daí em diante.

O dilema de Dale

Pilar, a protagonista desta dramatização, é uma mulher corpulenta, cheia de vida e espirituosa. Participou de várias vivências de psicodrama e gosta de empregar o método em seu trabalho, como assistente social. Sob a liderança de Dale, o grupo tinha desenvolvido como tema central o "ser reprimido". Semelhante preocupação é comum em grupos de psicodrama e precisa ser questionada, conforme veremos mais tarde. Foi o próprio Dale que escolheu Pilar como protagonista e sentou-se ao lado dela para a entrevista inicial, segurando sua mão. Começa a negociar um contrato com ela para "examinar" certos papéis seus que operam de modo disfuncional sempre que ocorrem situações de sucesso/fracasso.

D: O que iremos tentar, nesta dramatização? O que você deseja desta sessão?
P: Quero me livrar daquela parte que me sufoca e me faz fracassar.

Conforme observaremos posteriormente, Dale, em sua tentativa de estabelecer um contrato com Pilar, se vê diante de algo difícil e ingrato ("livrar-se" da parte de Pilar, que, segundo ela, a sufocava e a fazia fracassar). Dale está dividido entre a idéia do psicodrama como uma forma de encantamento e como uma modalidade clínica. Em conseqüência, mostra-se relutante em romper a atmosfera íntima existente entre ele e a protagonista, estabelecida no grupo e em razão da própria seleção dessa protagonista. Seu compreensível desejo de unir-se a Pilar na criação, desde o início, de um mundo mágico no qual tudo pode transformar-se em realidade teve repercussões ao longo de toda a dramatização. No início Dale encontrava-se preso a um dilema: não queria refrear a espontaneidade emergente e o senso de liberdade mágica, presentes nele e na protagonista, mas, ao mesmo tempo, precisava estabelecer um sistema de papéis entre ele e Pilar que se revelasse o mais proveitoso possível. Ele oscilava entre a paixão e a técnica.

Dale se vê diante da questão vital de aceitar o problema que a protagonista apresenta, embora saiba que é difícil ou talvez impossível satisfazer a ambição dela. Deveria usar seu bom senso e sua experiência clínica para moderar os desejos da protagonista? Essa questão se prende, talvez, a uma divisão que se deu no próprio desenvolvimento de Moreno, entre seu pensamento sociométrico e seu desejo de apoiar a "total e subjetiva unilateralidade" de um protagonista. Se Dale adotar esta última opção, esse apoio relaciona-se com Pilar, na fase do contrato, ou somente depois que ela começa a participar realmente do psicodrama? É difícil para Dale dar uma resposta imediata, pois Pilar deixa bem patente qual é sua ambição.

O problema que Dale "vê" depende muito daquilo que ele faz. Os psicanalistas, por exemplo, muito provavelmente veriam em Pilar alguém que tem um conjunto muito diferente de problemas porque, desde o início, eles "fariam" as coisas de modo diverso. Pilar, por exemplo, estaria deitada em um divã e não se encontraria em um palco. Estaria sozinha e não em um grupo. O que se torna o problema de Pilar, bem como sua solução, é um produto conjunto de Dale e Pilar. Ela poderia vir a acreditar que tinha um conjunto muito diferente de problemas, caso se submetesse a uma terapia primal ou se vivesse no século XIV. No psicodrama os diretores sempre modelam o mundo fenomênico do protagonista simplesmente pelo modo como perguntam a respeito dele, dando-lhe em seguida apoio, conformação física e um movimento compassado. Até mesmo a narrativa do psicodrama, o mero fato de contar uma história, torna-se uma produção conjunta entre o protagonista e o diretor, como já sugerimos. A questão, para os diretores, consiste em saber qual deve ser a natureza de sua influência. Seria simplesmente tornar o mundo no qual vive a protagonista mais concreto e consciente e, portanto, mais controlável? Às vezes a mera montagem de uma cena e seu desenvolvimento, através da realidade suplementar, é suficiente para ajudar os protagonistas a redefinir seu sistema, de modo que ele se torne mais funcional, mas, mesmo no caso de uma simples encenação, a construção da realidade é um processo conjunto.

Os diretores "seguem/lideram" (Seeman e Weiner, 1985): eles aproveitam as pistas fornecidas pelos protagonistas, quando estes demonstram sua realidade fenomenológica, tentam definir um caminho ou estabelecer caminhos avançados de apoio emocional, para que as percepções dos protagonistas possam melhorar e alcançar ampla concretude. O psicodrama possui as características de um transe ou de um sonhar acordado. O inconsciente é transformado em uma experiência consciente. Ao seguir a pista dada pelo inconsciente, o diretor não pode ir para onde o protagonista não está preparado para ir ou não quer ir. Os passos dados pelo diretor que não tenham sido indicados inicialmente pelo protagonista, ou serão ignorados por este, ou serão recebidos com perplexidade e conseqüente perda de aquecimento. A aliança estabelecida entre o diretor e o protagonista também poderá ser afetada e precisará de reparos.

Quais são as pistas que estão sendo dadas por este protagonista? Qual a trilha que precisa ser desobstruída? É possível que o diálogo de opressão-liberação de Pilar ("livrar-se de") possa ser o processo disfuncional essencial? Ou quem sabe seja legítimo trabalhar o conteúdo da imaginação da protagonista e desenvolver sua *megalomania normalis*"? Na verdade, até mesmo esta descrição não é adequadamente circular. Dale não cria a realidade de Pilar, nem Pilar cria a realidade de Dale. O dilema de Dale consiste em estabelecer as distinções que criarão a realidade terapêutica:

P: *Quero me livrar daquela parte de mim que me oprime e me leva ao fracasso.*
D: *Quer relacionar-se com ela?*
P: *Quero me livrar dela.*

Dale aceita a declaração de Pilar e, após breve negociação, a cena é montada. Ela se passa em um hotel no campo, tarde da noite. No dia seguinte Pilar deverá dar início a um projeto. Precisa estar preparada e vigilante. Dale troca de papel com Pilar, que interpreta o garçom do bar, e o entrevista. Ele conta que Pilar "é boa de copo" e que está preparando para ela um drinque capaz "de fazer um defunto levantar da sepultura". É uma mistura de uísque com dois licores, tamanho duplo. Pilar está sentada a um canto do bar, encolhida e balança um pé. No bar encontram-se alguns fregueses constantes, bem como o time de fu-

tebol local. Pilar aguarda seu drinque com impaciência, embora não seja o primeiro bar em que esteve aquela noite. Este não vai ser o seu primeiro drinque.

Após evocar a cena do bar, Dale conduz a cena para uma dimensão "intrapsíquica". Ignora os jogadores de futebol e quaisquer outras restrições que se refiram ao fato de Pilar se comportar de modo diverso daquele segundo o qual vem agindo. No entanto, em vários níveis interpessoais, o comportamento de Pilar faz sentido. Dale, porém, junta-se a Pilar, em seu desejo de punir-se e de se livrar de uma parte de si mesma. Ao agir assim, ele corre o risco de submeter todo o vigor de um psicodrama a uma polaridade disfuncional e possivelmente desnecessária. Aquele parte de que Pilar quer se livrar é o seu "mapa do mundo" e, na mesma medida, a parte virtuosa que quer predominar.

D: *Enquanto você se encontra aqui há uma pessoa lhe dizendo que você poderá ficar bêbada de cair (para desempenhar este papel é escolhido uma ego-auxiliar, que fica debaixo do banquinho do bar).*
P: *E há uma pessoa dizendo que posso beber quanto eu quiser.*

Dale deita-se no chão, como o árbitro de uma luta de box, a fim de entrevistar aquela Pilar que está debaixo do banquinho. Agora está relaxado, mais expansivo e ficou mais à vontade. Pilar diz a ele que seu lado sério "é muito mais importante".

D: *Você sabe o que está acontecendo com ela, lá em cima?*
P2: *Claro que sei. Nós somos unha e carne.*
D: *Diga alguma coisa para ela.*
P2: *Não sei como ser forte.*
D: *Troquem de papel.*
P1: *(sentando-se no banco do bar) Estou pouco me lixando... Você está destinada a perder. Vou dar uma última tragada e tomar a saideira.*

Dale continua entrevistando Pilar, por debaixo do banco:

P2: *Se eu entrar nessa poderei sentir muita tristeza. Tenho medo de investigar de onde vem essa história de punição. Ela sabe qual é meu verdadeiro prazer. Para mim não é suficiente. Eu tinha de me destruir. Nada me basta.*
D: *Mas ela vem destruindo você.*
P2: *Quero me desenvolver como pessoa e não ser sufocada.*

Neste diálogo é quase como se Pilar atuasse como um "pequeno psiquiatra" de si mesma, e algumas de suas declarações, nesse momento, soam como um clichê terapêutico. Embora revelem uma angústia superficial, provavelmente não correspondem a algo que se passa na vida real. Na verdade talvez possam até mesmo fazer parte do problema, parte daquela polaridade boa menina/menina má, que está se ampliando. Dale tem todas as possibilidades, enquanto diretor, de propor que se encene aquela divisão, de forma bem concreta. Afinal de contas, ela já tinha sido parte do diálogo de Pilar, na entrevista inicial, mas o conflito foi aceito como algo totalmente "interno" e parece haver poucas opções que não a de levá-lo adiante.

Não é bem assim. Após um diálogo entre a Pilar virtuosa e a Pilar má, Dale pede a ela que saia da cena e a observe de fora (técnica do "espelho"). Cria, assim, um papel fora daqueles dois personagens que interagem. Nesse novo papel, Pilar pode ver seus dois "eus" no bar. Ela diz:

Quero mudar meu estilo de vida. Sinto muita coisa me prendendo a esse velho estilo. Levando-se em conta minha origem, eu realmente fui muito bem-sucedida. Sou sociável e trabalhei com sucesso em hotelaria. Estou acostumada a agir assim. Mas já é tempo de mudar. Sinto uma tristeza interior que me domina. (Dirige-se a Pilar, no banquinho) Por que você não pode aceitar meu lado interior?

D: Sim, por que é que ela não pode?
P: Ela veio de uma rejeição internalizada. Ela precisava sobreviver. Agora eu tenho um pouco de identidade (Chora).

Nesse momento Dale encaminha a ação para a segunda cena, mas existem, na primeira cena, elementos que não foram bem explorados. Talvez Dale tenha assumido rápido demais o papel de terapeuta, embora o de investigador social pudesse ter sido mais útil. Se aceitarmos dois conceitos: o de que o psicodrama é uma terapia interpessoal e o de que as pessoas, em geral, se encaminham para uma cena relevante; se unirmos esses dois conceitos, esta cena está destinada, de algum modo, a ser relevante e não apenas intrapsiquicamente relevante. Pilar se encontra em uma cena na qual deseja mudar. No entanto as restrições que cercam tal mudança — por que ela permanece sendo o que é e em benefício de quem — não são investigadas. Em vez disso Dale prossegue com o contrato original, isto é, livrar-se de algo. Assim agindo, toma o partido da polaridade que se encontra em quase todo fumante, em quase toda pessoa que bebe, que come compulsivamente etc. Parece não valorizar aquela "Pilar sentada no banquinho" como sendo "seu verdadeiro eu", mas assume a dissociação. "Não sei por que ajo assim, mas é o que acontece. Odeio este lado meu e quero esmagá-lo."

Dale quase não toma conhecimento da declaração de Pilar, quando afirma que, ao se levar em consideração suas origens, ela foi "muito bem-sucedida" e muito menos sua afirmação de que "muita coisa a está prendendo" ao velho modo de ser. Que impedimentos são esses? Serão todos eles negativos? Na realidade, Pilar demonstra vívida e dramaticamente algumas das recompensas que obtém, quando está sentada no banco do bar. Encontra-se rodeada de gente. É muito espirituosa e faz o diretor, os jogadores de futebol e as pessoas presentes rirem; o simples pensamento de vir a tomar uma saideira exótica faz com que ela sinta um grande prazer. Seu comportamento, sob muitos aspectos, é extremamente funcional. Trata-se de um modo de relacionar-se com as pessoas, é um jeito parcialmente bem-sucedido e por ela desenvolvido de unir-se aos outros. No entanto as repressões interpessoais relativas à mudança são ignoradas e nenhum diálogo se desenvolve, a não ser por uma ou duas frases do garçom. O diretor atua como se a batalha intrapsíquica (o eu bom *versus* o eu mau) fosse a única e verdadeira questão.

D: *Vamos voltar para aquele momento em que esse sentimento era realmente forte. Ocorre-lhe alguma imagem?*
P: *(Chorando) Minha infância. Na cozinha de uma fazenda.*

É montada a cena na cozinha da fazenda. Presta-se muita atenção à posição das janelas, ao banco muito comprido, ao fogo etc. Dale age com rapidez e lança mão de recursos profissionais, fazendo perguntas incisivas, conforme acontece com a primeira indagação:

D: *Qual é a palavra que pode descrever o clima que existe na cozinha, neste exato momento?*
P: *Tensão.*
D: *(Usa a voz para criar uma atmosfera e intensificar o drama.) Tensão.*
P: *Acabo de deixar a água secar na panela e as batatas queimaram. Me esqueci (Chora).*
D: *Você vai ser castigada. Onde está sua mãe?*
P: *Na leiteria.*
D: *Escolha alguém para ser a mãe (Pilar escolhe). Aponte na direção da leiteria (é o que ela faz).*
P: *Todas as outras crianças também estão lá. Todas dizem: "Você vai ser castigada". São seis crianças, de seis a seis anos e meio. Diana e Carol têm cinco e seis anos. Eu tenho uns quatro anos.*
D: *Onde está seu pai?*
P: *Andando por aí. Entra e sai de casa e passeia no jardim.*
D: *Como é que ele se chama?*
P: *(Incrédula) Papai! Hum!*
D: *Bem, como é que você o chama?*
P: *Paizinho.*

57

Quando um protagonista está "aquecido" os detalhes de uma cena tornam-se menos importantes. Dale emprega alguns recursos refinados, tais como pedir a Pilar que "aponte na direção da leiteria", com a finalidade de aquecer a protagonista, encaminhando-a para aquele estado e aquele lugar e com o objetivo de não montar muitas "cenas" alternativas, que poderiam vir a ser motivo de atrapalhação e confusão. Encontramo-nos em um determinado instante, pois se alguém aponta *para* algo, essa pessoa já *deve estar* em determinado lugar, de onde apontará. "Qual é a palavra que pode descrever isto...?" também é uma bela forma de concisão, pois dispensa entrevistas desnecessárias e, ao mesmo tempo, aprofunda a sensação de uma atmosfera emocional essencial. A cena, sem dúvida, desencadeou-se na mente do diretor, quando Pilar, sentada no banco do bar, declarou: "*Há uma pessoa dizendo que eu posso beber o quanto quiser*". Surgiu a indagação: "De onde foi que ela veio?". Obviamente ela veio da rejeição e da luta pela sobrevivência.

Quando tinha três ou quatro anos, Pilar deixou as batatas secarem na panela e teme ser castigada ou repreendida pela mãe, esgotada devido aos cuidados que tem de dispensar a sua numerosa família e à necessidade de dirigir uma fazenda onde se cria gado leiteiro, sem a ajuda do marido, que vive "sendo internado em sanatórios de doentes mentais". O pai é introduzido na cena, igualmente com parcimônia e, até o final dela, caminha de um lado para outro, em contato apenas com ele mesmo. Pilar está na soleira da porta e enfia biscoitos na boca. As irmãs mais novas estão assustadas com a iminente briga entre a mãe e Pilar e sentem-se um pouco aliviadas, pois será Pilar e não elas que receberão o castigo. Michelle refere-se a Pilar com complacência: "Ela estraga tudo. Vive em um mundo que é só dela". A mãe caminha em direção à casa. Dale a detém. No decorrer da entrevista que realiza com a mãe, perto da porta, um pouco antes de ela entrar na cozinha, ela declara que está "cansada de viver".

Mãe: (entrando na cozinha) As batatas queimaram! Pilar! Pilar! (Vem apressadamente até ela) Vou te dar uma sova de cinta, sua estúpida (é o que ela faz).
D: Troque de papel com Michelle, sua irmã.

A cena é novamente dramatizada, mas desta vez com uma idéia mais ampla das conseqüências sociais da ação, na medida em que é explorada a possível participação da irmã. No entanto é um beco sem saída e a ação retorna à mãe e a Pilar. Seguiu-se uma pista e Dale começou a explorar um átomo social que não produziu o efeito de aprofundar a fase de "aquecimento". Em conseqüência, ele muda de tática e volta aos atores principais:

Mãe: (Batendo em Pilar com a mão) Vá ler na cama.

P: (no quarto) Estou simplesmente aqui, pensando como é que fiz para estragar tudo. Estou cansada. Estamos todos cansados. Aqui ninguém se diverte.

Em seguida, Dale entrevista Pilar, procurando saber quais são os recursos à sua disposição. Parece que são muito poucos. O pai nada pode fazer, pois é louco, a mãe está exausta, tensa e os outros filhos têm seus próprios problemas para enfrentar e procuram competir pelo limitado afeto que existe à disposição deles. Dale estimula Pilar para que converse com seu pai, que ainda está andando de um lado para outro, completamente absorto.

P: Não quero estar aqui (chorando).
D: Fale mais alto!
P: Não quero estar aqui.
D: Novamente.
P: (gritando) Não quero estar aqui! Odeio este lugar. Aqui não há nada. Papai está louco. Carinho não existe. Não existe nada para mim.

Aqui Dale está empregando a técnica de "maximização", na esperança de que Pilar saia de seu antigo papel de criança que come passivamente, que é muito oprimida e que parta para um novo estado, adequado à situação. O aquecimento é mais completo e a protagonista está mais integrada do que na cena do bar. Pode-se quase contar com isso, em um psicodrama relativo à família de origem, embora não se deva recorrer a isto sistematicamente, pelo simples motivo de quase sempre "dar certo". Devido ao fato de as pessoas se aquecerem tão pronta e amplamente diante de seu átomo social original, de vez em quando elas precisam ser protegidas, por assim dizer, contra o fato de que este é um ponto de exploração terapêutica. No caso de Pilar, entretanto, a cena com a família de origem é relevante.

Com três ou quatro anos de idade, Pilar, na realidade, tem poucas opções, só lhe restando agir conforme agiu, dadas as circunstâncias familiares e o fato de ter tão pouca idade. Comer biscoitos pode significar um caminho frutífero, a ser explorado, devido à sugestão contida na cena e sua possível ligação com Pilar, que tem excesso de peso e está sentada no banco do bar, pedindo mais um drinque. Pilar, aos quatro anos, tenta reconfortar-se e talvez espantar o mal, através da comida, quando se encontra na soleira da porta da cozinha, em estado de confusão.

No entanto, nem toda pista precisa ser seguida, no psicodrama. Uma dramatização é tão simbolicamente rica que, constantemente, oferecerá elementos e imagens relevantes para o funcionamento do protagonista, mas que não precisam ser trabalhadas naquele momento. Assim, Dale decide que quer ouvir a reação da mãe à raiva que Pilar expressa em relação ao pai e em relação a um mundo em geral injusto. A inversão de papéis precisa seguir a maximização de um determinado estado afetivo e conduz a mais encenações, agora ao nível da "realidade suplementar".

Neste momento todos os atores estão inteiramente envolvidos com a realidade psicodramática, deixando para trás a assim denominada narrativa "histórica". Na realidade Pilar, quando criança, jamais disse a quem quer que fosse "não quero estar aqui etc.". Todavia, é claro que até mesmo a narrativa manifestamente histórica é uma construção da realidade, a partir da memória do protagonista, em interação com o diretor e com o grupo, conforme já observamos. Se qualquer um de nós lá estivesse, em 1954, poderia ter visto as coisas de modo bem diverso. Se Pilar fosse protagonista com outro diretor, o psicodrama teria sido quase completamente diferente, até mesmo em seus momentos aparentemente "históricos". Todo psicodrama é uma realidade suplementar, porém certos momentos são mais suplementares do que outros.

A fim de organizar a informação e, através disso, condensar as diferenças, que constituem as bases do significado, os indivíduos desenvolvem *mapas*, que constituem um código de comunicação, e *grades*, através das quais se estabelecem as diferenciações. Tais mapas, embora possam ter a ver com o território, não constituem o território. São construções operadas pelo observador. Enquanto que o conteúdo das construções muda freqüentemente, segundo observam MacKinnon e James (1987), as regras de transformação, isto é, de como os mapas são construídos, permanecem relativamente estáveis. Um psicodrama pode mudar um determinado sentido de um acontecimento ou de um comportamento, pode introduzir comportamentos inteiramente novos ou pode modificar as próprias regras de transformação. Para que Dale modificasse essas regras, precisaria ter começado a agir por ocasião da entrevista inicial, desafiando, naquele momento, a versão que Pilar apresentava da realidade. Da forma como as coisas se dão, ela está conseguindo obter uma nova versão da realidade, mas não necessariamente novas regras, por meio das quais transforme os próprios dados. Dale solicita a Pilar que troque de papel com sua mãe e a entrevista:

Mãe:	Ela é um pouquinho louca. As outras crianças a obedecem cegamente.
D:	Fale com ela.
Mãe (a Pilar):	Você só me causa aborrecimentos.
P:	Eu odeio este lugar!
D (Enérgico):	Troquem de papéis!
Mãe:	Bem, eu também odeio.
P (ao diretor):	Eu jamais conversaria com ela desse jeito.
D:	(com autoridade, de modo que Pilar mantenha a nova realidade do psicodrama) Eu sei, mas agora está conversando. Prossiga, vamos.
P:	Quero ir morar com tio John.

Agora Pilar introduziu na cena uma "figura sábia". Nos dramas que se passam na primeira infância, a criança ou precisa agir efetivamente através de emoções que tiveram de ser suprimidas em determinado momento, a fim de que possa sobreviver, ou então tem de encontrar ajuda, venha ela de onde vier. Essa ajuda pode ser prestada por quem se encontre presente naquele instante, tal como um parente, uma tia ou um animal ou então pode vir sob a forma do eu adulto do protagonista, que ajuda aquele pequenino eu, ou, finalmente, pode ser obtida de uma figura da história, da literatura ou da religião. Se tudo o mais falhar, não existe motivo algum para que Jesus, o arcanjo Gabriel ou o Mahatma Gandhi não possam ser invocados, se tais figuras corresponderem, no sistema de crenças do protagonista, a heróis, a seres dispostos a ajudar ou a figuras sábias. O diretor reconheceu que Pilar escolheu uma figura sábia e decide encaminhar a dramatização nessa direção. Outros diretores poderiam ter dado continuidade ao diálogo com a mãe, até que novos papéis fossem desenvolvidos com ela. Tal opção sem dúvida acarretaria brigas ainda mais violentas com a mãe, provavelmente até no plano físico. Em um psicodrama típico, essa briga resultaria em uma nova forma de diálogo com os pais e o desenvolvimento de papéis mais amorosos de ambos os lados.

D: *Converse com ele (tio John).*
P: *Esta família não passa de uma grande fachada, não só quando recebemos visitas, mas o tempo todo. É realmente solitária, embora nela exista muita gente. Eu sempre durmo vestida com minhas roupas para poder ir chamar a polícia ou os médicos, se papai enlouquecer para valer. De vez em quando ele obriga todos nós a nos levantarmos e nos faz andar em torno da fazenda. Temos muito medo de não obedecer. Não se pode interditá-lo sem recorrer a um médico e para que isso aconteça é preciso que ele esteja realmente muito agitado, pois os sanatórios estão lotados e o médico teme ser processado. Sempre tentamos cuidar de mamãe, mesmo que eu não goste muito dela. Não há nada que ela possa fazer.*

Em seguida Pilar, no nível da "realidade", se conflita, pois não sabe se o tio John poderá realmente ajudá-la. Ser acolhida na casa de seu tio não é tão necessário para Pilar quanto receber algum carinho e cuidados apropriados à sua idade. Após uma breve inversão, o diretor diz:

D: *Tio John, você tem oito filhos e, portanto, sabe do que as crianças necessitam. Fale-me a esse respeito.*
J: *Precisam de muito carinho e muitos cuidados.*
D: *Você abraça seus filhos e lhes dá carinho, não é mesmo?*
J: *Claro que sim.*
D: *Mostre para a gente como é que você faz.*

Agora o diretor decidiu que o tio John (isto é, Pilar) precisa se aquecer para desempenhar o papel de alguém que é carinhoso, dado que papéis como esse parecem estar ausentes, na família de origem. Se ele tivesse solicitado imediatamente a tio John (Pilar) que desse carinho a Pilar, ele (ela) talvez não conseguisse. Assim, tio John "é aquecido" para desempenhar o papel no qual proporciona carinho à própria família. Uma criança a mais talvez não faça muita diferença. Na verdade, tio John, agora "aquecido", aceita Pilar.

D: John, você é um entendido em ternura. Aja do jeito certo (a Pilar). Você bem que gosta disto, não é mesmo?
P: Gostaria de ficar assim para sempre.
D: Guarde esse sentimento em seu coração e ficará.
P: Não me importo se morrer. Só quero ficar assim. Nunca sou reconhecida pelo que faço. Minha mãe vive dando bronca em mim, reclama que a lata de biscoitos está vazia. Não reconhece que eu sinto muito medo e não tenho permissão para chorar. E eu quero chorar! (Sarcástica) Você pode deixar seu pai perturbado, você pode deixar seu pai perturbado. (Zangada) Você pode se perturbar a si mesma. Talvez você fique sabendo o quanto é perturbada.

Pilar permanece durante mais algum tempo nos braços de tio John e a cena se esvazia. Realiza-se o compartilhamento enquanto Pilar ainda se encontra nos braços de seu tio. O grupo vem para bem perto dela e a rodeia. Embora esta cena dê a impressão de uma grande ternura e proximidade, existe, para o protagonista, o perigo de obscurecer o psicodrama e a "realidade". Existe também o risco de que os próprios membros do grupo não apreciem o "espaço psicodramático" de Pilar, embora, ao mesmo tempo, se espere que eles compartilhem a realidade de seus eus. As dificuldades, a longo prazo, que podem surgir através desse procedimento podem ser aquelas que tornam as pessoas iradas, sem que saibam o motivo ou então pode ocorrer uma excessiva dependência do grupo, que encoraja as pessoas a preferirem o mundo protegido do grupo às duras realidades do mundo de fora. Essas dificuldades podem facilitar a impressão de que é possível obter uma "solução mágica", isto é, que o grupo será exatamente como Pilar quer que ele seja e pode reforçar aquela idéia que ocorreu a Pilar, quando bebia no bar: "posso ter tudo o que desejo". Se Pilar, para se excitar, troca as saideiras pelo psicodrama, provavelmente não terá feito muitos progressos em relação ao papel do qual está tentando "se livrar".

Tema

O tema de um grupo refere-se às dimensões afetivas que esse grupo enfrenta em determinado momento, à sua emoção primária. Este conceito é comum na literatura a respeito de grupo, quer se trate um "conflito focal" (Whitaker e Liberman, 1964) ou de um "denominador comum" ou ainda de uma "fantasia inconsciente comum" (é o termo empregado). Para perceber o tema em determinada ocasião, os diretores precisam "desligar-se" do conteúdo e ouvir ou sentir a emoção predominante. É necessário que entendam a fantasia inconsciente comum (por exemplo, a de que todas as nossas necessidades serão preenchidas por uma pessoa ideal) bem como as reações específicas de cada participante a essa fantasia.

Os líderes de grupo não têm outra escolha que não a de fazerem parte do tema e da situação do grupo conforme discutiremos no livro sobre trabalho com grupos, que faz conjunto com este. Os terapeutas precisam incorporar uma epistemologia cibernética de padrões que caracterizam os processos de vida e os processos mentais. "Caso contrário, trataremos a nós mesmos e a nossos contextos de vida como se fossem pilhas de tijolos sujeitos à locomoção" (Keeney, 1983, p. 96). Ao mesmo tempo, os líderes confiam em sua capacidade profissional enquanto psicodramatistas, a fim de que possam agir diferentemente do resto do grupo. Nem sempre são salvos ou protegidos por esse fato, o que constituirá o tema dos capítulos dedicados à "transferência". O conceito de Moreno, segundo o qual o membro mais espontâneo de um grupo é o líder do grupo, ainda goza de aceitação no moderno trabalho de grupo e é mais "cibernético" do que muitos conceitos psiquiátricos modernos.

As emoções predominantes possuem uma gama básica um tanto limitada: medo, ódio, alegria e amor, talvez. Na prática, porém, o grupo raramente se abandona a uma dimensão afetiva predominante, manifestando-se uma superposição de sentimentos. Por exemplo, o grupo poderá estar exprimindo abertamente raiva em relação ao líder, mas esta raiva pode se complicar com sentimentos de isolamento e abandono, que talvez nada tenham a ver com o líder. Ou então o grupo pode estar brigando muito uns com os outros, mas seria precipitado interpretar a emoção predominante como raiva ou "rivalidade edipiana" (ver "O filho do relojoeiro", Capítulo 9 e "A mulher que não havia nascido", Capítulo 10). Uma interpretação mais precisa dos acontecimentos pode ser aquela segundo a qual a discussão nasceu de uma nova atmosfera de confiança e de responsabilidade no grupo. Seus membros estão reagindo a uma atmosfera mais confortável e familiar, na qual os bate-bocas são possíveis. Assim, a interpretação transmitida ao grupo é a de que seus membros estão sentindo-se confiantes e responsáveis. É claro que esta interpretação é uma construção da realidade.

Os diretores, portanto, devem pensar nas seguintes questões:

1. Onde estabelecerão diferenciações que criarão a "realidade?"
2. Que função exerce o tema expressado pelo grupo na estabilização dos papéis que existem nesse grupo?

3. Qual é o sistema de significados no qual se acha inscrito o problema e como é que tal sistema inclui o diretor?
4. Como é que o diretor e o grupo se juntam, nesse tema e, em conseqüência, qual é o dilema terapêutico?
5. Quais serão as conseqüências da mudança, se é que elas existem?

Examinemos um exemplo dado por um grupo, a fim de perceber alguns dos temas que podem estar atuando (ou são construídos entre o diretor e o grupo). Será narrada apenas a parte que constitui a seleção do protagonista. A dramatização intitulada "A dor de Paul" prosseguirá no Capítulo 8, dedicado ao ciclo da solução do problema.

A dor de Paul

Estamos em um grupo de treinamento em psicodrama, no seu primeiro ano. Os membros do grupo são pessoas que funcionam bastante bem e, em geral, muito dispostas a aprender e adquirir novas técnicas. Ocorre um processo de aquecimento grupal, sob a forma de uma conversa. Nessa sessão específica o grupo parece estar mais preocupado do que o habitual com questões pessoais, de uma natureza específica. Uma mulher, por exemplo, se refere à oscilação entre a complacência e o medo que ela sente em relação ao trabalho. Quando não está extremamente ocupada, sente-se "vazia por dentro". Outra mulher fala de recentes ataques de pânico, tal como despertar no meio da noite e desejar que o marido ou outra pessoa da casa também estivessem acordados. Ainda uma outra participante do grupo fala de sua realidade que "zumbe em torno dela sem parar", desde que ela voltou de uma viagem ao exterior. Trata-se de seu emprego, dos relacionamentos básicos, do dinheiro, da direção que pode tomar seu desenvolvimento profissional e criativo, de tal forma que ela se encontra em um estado constante de "nulidade", incapaz de agir. Outra participante declara que isso, para ela, é muito relevante, embora se recuse a entrar em detalhes.

Paul, homem vigoroso, na casa dos trinta, volta a falar. Diz que, nos dois últimos dias, entrou em uma interação com sua companheira na qual sentia que "precisava trabalhar muito a questão da competição". Outro homem intervém, tomado de entusiasmo. Foi vítima daquilo que agora vê como sendo o "ataque" por parte de duas de suas amigas, que questionavam como ele vivia com sua amante, como criava seus filhos, bem como outros aspectos de sua vida pessoal. Quando lhe perguntaram por que sentia necessidade de participar de conversas desse tipo, o homem declarou que queria permanecer "aberto e nada defensivo". Outros participantes intervêm e manifestam opiniões semelhantes. O tema do grupo parece girar em torno do vazio, de uma apatia cercada de confusão e de um sentimento de dor, resultantes de inte-

rações em que uma pessoa é levada a ser "má" ou, de algum modo, se obriga a ser "má".

Qualquer um desses três temas teria propiciado uma base para uma dramatização individual bem sólida, dado que os dois temas principais: vazio/pânico e as interações competitivas se assemelham a algo como "valorizar o eu" ou até mesmo "defender o eu". O tema da apatia/confusão provavelmente também se liga a este tema principal (e, em psicologia, qual é a questão onde isto não ocorre?), porém a ligação é mais tênue e os comentários dos participantes não se dirigiram com tanta força a esse tema.

Os temas de um grupo freqüentemente se ligam a estágios de desenvolvimento desse mesmo grupo (Bion, 1961; Braaten, 1974; Tuckman, 1965), tais como as questões da dependência/independência, luta/fuga, abandono. É preciso tomar cuidado para que esses conceitos não sejam reificados e para que no se desenvolva um sistema de significados, punidor e inflexível. A "briga" e a "fuga" são fatos que ocorrem entre as pessoas e não no interior delas. É necessário expandir os problemas, para que possamos formular sua definição a partir de padrões de interação.

Bateson (1979) emprega o conceito de "contexto", isto é, de um padrão ao longo do tempo. Os padrões e seqüências das experiências são traçados no mapa do mundo de cada participante do grupo, o qual torna-se então o contexto para novas experiências. Em vez de pensar muito rigidamente em termos de estágios de desenvolvimento do grupo, podemos encarar o desenvolvimento de um tema ao longo do tempo, na medida em que ele se relaciona com o mapa de cada participante. Ao recorrer a uma estrutura co-evolucionária, os diretores podem rastrear a evolução de um tema à medida que ele se desenvolve ao longo do tempo, com seus padrões de relacionamentos e crenças (incluindo sua evolução com o diretor). O contexto atual também inclui as crenças do grupo relativas à sua história. O objetivo da interpretação do grupo como um todo, conforme veremos mais tarde, é chamar a atenção para o tema, conforme ele se relaciona com determinado acontecimento no grupo, tal como a briga. Quando uma intervenção foi bem-sucedida ou quando a cena a ser dramatizada foi bem selecionada, o tema do grupo tende a mudar. Ao longo da vida do grupo, é tarefa do diretor ajudar os membros a reestruturarem suas respostas temáticas, na direção de uma maior espontaneidade e potência.

As explicações cibernéticas podem auxiliar os diretores a evitar sua própria experiência subjetiva de uma causalidade linear. Eles são levados a fazerem descrições mais complexas dos acontecimentos que ocorrem no grupo, bem como a focalizar padrões comportamentais diádicos ou triádicos, no presente ou no passado recente. Após a dramatização "A dor de Paul", o compartilhamento se deu em torno de mudanças operadas pelo grupo, do valorizar-se enquanto tal, bem como de mudanças que seus participantes realizaram, em termos de autovalorização. Foram capazes de redefinir sua abertura em relação ao fato de estabelecerem limites apropriados àquilo que outras pessoas pudessem fazer com eles. Conforme declarou uma das participantes: "Sempre existiu em mim algo que me levava a atacar. E é claro que conseguia sentir dor e me deprimir. No entanto jamais me ocorreu que era ótimo cortar certos males pela raiz. Comigo era ou partir para o ataque ou cair na depressão".

Preocupação tópica

A preocupação tópica, no grupo, deriva de duas vertentes denominadas, na linguagem do psicodrama, o "conteúdo manifesto" e a "matriz da identidade". A preocupação tópica é aquela ampla área de focalização produzida pelas interações mútuas dos participantes do grupo. O conteúdo manifesto compreende as palavras efetivamente pronunciadas pelos membros do grupo na medida em que interagem, tais como queixas relativas à acomodação, comemorar o fato de alguém do grupo estar aniversariando, perguntas sobre alguém que não tem comparecido às duas últimas sessões. Inclui também a linguagem metafórica, tal como "este lugar é o fundo do abismo", "hoje não estou conseguindo impressionar favoravelmente ninguém" ou "sempre me sinto tremendamente feliz quanto te vejo". Além de serem pistas para o conteúdo manifesto, tais expressões constituem deixas para a ação e talvez seja proveitoso encená-las. Os diretores podem fazer uso imediato dessas metáforas a fim de aprofundar a fase de aquecimento; por exemplo, podem solicitar a todo o grupo que encene a frase "não estou conseguindo impressionar favoravelmente".

A matriz da identidade diz respeito às crenças do protagonista na origem do problema, onde ele nasceu, por assim dizer. Mais uma vez lida-se com o mapa da realidade do protagonista, em vez de se lidar com a própria realidade. Não há possibilidade de agir de modo diferente, é claro. Ao trabalhar com a matriz da identidade, os diretores levam os membros do grupo a tornarem mais precisas afirmações que, inicialmente, podem ter sido feitas de modo genérico. A idéia é rastrear o contexto dos fatos relatados, assim como pessoas que possam estar envolvidas, para que se consiga uma explicação cibernética. Se alguém, por exemplo, afirmar que "a sociedade é careta", o diretor poderá tentar relacionar essa declaração com indivíduos específicos da sociedade, seja naquele momento, no interior do grupo, ou no passado da pessoa quando ela sentiu-se "careta". Os diretores estabelecem ligações que se referem ao geral/particular e ao agora/outrora. Penn (1982, p. 272) descreve esse processo, no qual os terapeutas desenham um arco que se inicia no presente e se move em direção ao passado (ou vice-versa), de tal modo que possam fixar um ponto "na história do sistema, quando importantes ligações sofreram uma mudança e a conseqüente adaptação a essa mudança tornou-se problemática". Eles identificam uma fusão entre a própria matriz de identidade do grupo e o aqui-e-agora da situação grupal e sugerem essa fusão aos membros do grupo de um modo que faça sentido para eles.

Através da integração do contrato — o conteúdo manifesto e a matriz da identidade — o diretor tem condição de formular aquilo que constitui a preocupação principal. Essa formulação se expressa melhor em termos dialéticos, por razões que já foram explicitadas. Ela deve ser suficientemente ampla para abranger todos os participantes do grupo, mas bastante específica para relacionar-se com cada indivíduo e sua matriz de identidade. Quando a preocupação é colocada para o grupo em termos dialéticos, o pensamento rígido de seus participantes diminui. Suas soluções restritivas ("resistência") podem se encaminhar para cada pólo da dialética ou então transitar entre cada pólo, como uma bola de pingue-pongue: "Farei/Não farei? Isto é verdade/ Não, é falso. Sou assim/Não, não sou".

A formulação da preocupação central pode freqüentemente ser feita nos primeiros quinze minutos da interação grupal, embora Buchanan (1908) assinale que em grupos novos ou em grupos regressivos pode ocorrer um desenvolvimento insuficiente de vínculos sociométricos e de coesão grupal, de modo a não permitir que essa formulação se faça tão rapidamente. Isto quer dizer que vários temas podem aflorar e é difícil perceber qual deles representa o grupo. Isto pode ser comentado de um modo que ajude as pessoas a se definirem. O próprio fato de que os participantes não estejam se comunicando sem entraves ou a existência de um sentimento de confusão subjacente e de crise no grupo podem levar à formulação da preocupação central em torno dessas questões.

Existe hoje no grupo uma sensação de crise, uma calmaria, exatamente igual àquela que precede uma tempestade. As pessoas querem chegar até as outras, mas é quase como se elas precisassem de permissão para agir assim, é quase como se temessem que alguém as impedisse. Este momento pode ser ou não muito produtivo. É um momento que pode assemelhar-se aos tempos de crise, nas vidas de vocês, quando o clima parece perigoso, quando algo, no relacionamento, não vai indo bem.

De vez em quando os diretores poderão preferir adiar essa formulação e não fazer nenhum comentário unificador. Nessas ocasiões eles continuam a despertar as interações entre os participantes do grupo, em vez partir imediatamente para o psicodrama, a partir da formulação da preocupação central. Pode-se explicitar essa formulação, colocar o dilema e verificar quais são as reações dos participantes a esse dilema. Quando uma pessoa reage, pode-se solicitar a uma outra que reaja àquela pessoa. Esse procedimento pode ser estendido circularmente a todo o grupo, até chegar, talvez, a uma nova preocupação central. Tal procedimento é preferível à ação do diretor que livra o grupo da ansiedade "partindo para a dramatização". Embora seja perfeitamente correto e faça parte do papel do diretor tirar de vez em quando o grupo do estado de confusão, ele também precisa resistir à tentação de ser a reencarnação de Moisés. A experiência do autor deste livro revela que sessões inteiras foram utilizadas, com muito proveito, para pesquisar e definir o tema básico do grupo, e para rastrear as alianças e coalizões estabelecidas em torno dessas pressuposições. Esse procedimento, denominado sociometria estratégica, é descrito com detalhes no livro que faz conjunto com este.

Assim, retardar a dramatização não significa falha, antes permite que se prossiga no aprofundamento do processo do grupo, sem o que qualquer psicodrama será "nebuloso", resultando em isolamento sociométrico do protagonista ou em reforçamento das soluções restritivas apresentadas por esse mesmo protagonista. Tais protagonistas, após uma dramatização tão "boa", poderão estranhar por que se sentem tão carentes e desapoiados quando ela chega ao fim. Com efeito, o grupo poderá ter induzido essa dramatização como forma de evitar as verdadeiras e dolorosas questões grupais que estão ocorrendo e que poderiam ser melhor resolvidas no aqui e agora. Ao forçar uma dramatização quando as coisas estão difíceis, o grupo poderá agir como uma família em dificuldades, que muda toda hora os canais de TV ou dirige toda sua atenção para o cachorro, em vez de enfrentar cara a cara o problema familiar que a levou àquela situação.

A formulação do problema central constitui — embora nem sempre — um aquecimento para a dramatização. Ela permite aos participantes do grupo focalizar questões específicas e esclarecer suas posições em relação a elas. O diretor, após formular a preocupação do grupo, destaca a natureza interativa dessa preocupação:

Parece-me que atualmente as pessoas, em um grupo, estão preocupadas com a criatividade. A maior parte de vocês sente que suas vidas, de algum modo, estão bloqueadas e que precisam fazer uma ruptura. Parece que talvez alguém, no presente ou no passado, os impediu de dar esse passo. Vocês querem se expressar mais amplamente, porém sentem receio. Acabam ficando bloqueados. Bill, por exemplo, afirma que jamais teve um momento criativo durante toda a sua vida. Como é que você se relaciona com isso, Sue? De que lhe servem os comentários de Sue, Jack?

Neste exemplo o diretor encaminha as preocupações do grupo para uma determinada questão, no caso a ampla questão da criatividade. Ele pode continuar a focalizar a preocupação central do grupo, enquanto leva mais e mais pessoas a participar dessa preocupação. Ao mesmo tempo continua procurando o protagonista.

Uma combinação do modelo preocupação-central-com o-questionamento-circular (ver o capítulo "Sociometria estratégica" em *Agendas proibidas*) geralmente é garantia de que um protagonista será claramente definido. Alguém demonstra inegavelmente sua ligação com o tema e evidencia aquilo que o perturba e o faz reagir, expressando-se de modo razoavelmente equilibrado. O método gera um processo de aquecimento em torno de uma determinada questão, bem como um protagonista, que está trabalhando verdadeiramente em prol da questão que mobiliza o grupo. O método tende também a superar a necessidade de uma escolha sociométrica formal do protagonista, abordada no Capítulo 2. Embora esse método formal seja utilizado e seja autêntico no universo psicodramático, revelando-se freqüentemente muito útil, a formalidade com que é feita uma escolha raramente se torna necessária, se o diretor localizar corretamente a questão mais urgente e determinar a sociometria informal no interior do sistema.

Resumo

1. Existe uma discussão e uma interação entre os participantes de um grupo.
2. O diretor identifica mentalmente as preocupações que estão sendo expressadas.
3. O diretor:
   (a) observa quem está mais aquecido com essas preocupações;
   (b) verbaliza essas observações;
   (c) busca validar suas percepções, conferindo-as com o grupo;
   (d) faz generalizações, estabelecendo ligações entre questões aparentemente não relacionadas, referidas pelo grupo;
   (e) organiza essas questões em forma dialética;
   (f) solicita aos participantes do grupo que se liguem nessa formulação;
   (g) utiliza uma série de perguntas circulares para intensificar ainda mais a ligação entre os participantes do grupo.
4. Da interação do grupo emerge um protagonista. Então os diretores podem apresentar ao grupo os motivos que os levaram a selecionar determinado protagonista e perguntar a esse grupo se apóia a escolha. Tal procedimento ajuda a dar apoio ao protagonista, sobretudo quando é alguém que se sente um pouco ansioso ou isolado. Com efeito, ele atua como uma confirmação da sociometria do grupo.

Capítulo quatro

Entrevista com o personagem

O mundo todo é um palco
e todos os homens e mulheres são simples atores.

Como gostais

Definições morenianas de papel

Carl Whitaker afirma que "é muito provável que Moreno tenha sido mais claramente responsável pela passagem da terapia individual à compreensão dos componentes interpessoais da vivência psicológica do que qualquer outro psiquiatra" (cit. *in* Fox, 1987, p. VIII). Moreno sugeriu que todos somos atores no palco da vida e, ao mesmo tempo, denunciou nossa considerável fobia ao palco — ou até mesmo nossa fobia à vida. A idéia de um "papel" era primordial na teoria da personalidade elaborada por Moreno. Os papéis não eram máscaras ou uma espécie de disfarce para o "eu", mas, na realidade, constituíam o "eu": "Desempenhar um papel é anterior à emergência do 'eu'. Os papéis não surgem do 'eu', mas o 'eu' surge dos papéis" (Moreno, 1964, p. 157). O termo "papel" não se opõe, portanto, ao termo "real" nem se associa a máscaras ou formas de insinceridade. Um papel é "uma forma funcional que o indivíduo assume no momento específico em que ele reage a uma situação específica, na qual outras pessoas ou objetos estão envolvidos" (Moreno, 1964, p. IV).

A escolha não se dá entre desempenhar e não desempenhar um papel. Uma pessoa não tem escolha, quando se trata de atuar. A escolha se exerce unicamente entre um papel e outro. Bentley (1972) observa que a famosa expressão "o mundo todo é um palco e todos os homens e mulheres são simples atores" pode muito bem ter-se originado de um mote em latim, inscrito na parede do Globe, o teatro de Shakespeare: *Totus mundum facit histrionem.* Embora Shakespeare popularizasse a expressão, o conceito segundo o qual desempenhamos papéis na vida é bem mais antigo, ao que parece. Nos teatros grego e romano, os papéis dos atores eram escritos em "rolos" e lidos para eles pelo ponto. A exemplo de "catarse", "tele" e "protagonista", o conceito de "papel" constitui um dos aspectos difíceis da terminologia de Moreno, por ele tomado de empréstimo ao teatro grego a fim de criar uma nova linguagem para a psiquiatria. Algumas vezes o uso técnico psicodramático dos termos e sua conotação em outros contextos tendem a se chocar. "Papel" e "protagonista" são termos originários do teatro, mas o teatro é, nesse caso, a vida cotidiana. "Papel" reforça a idéia de que nós somos atores do improviso, que podemos modificar o meio ou o final de qualquer texto que nos é entregue. Somos atores não a partir da falsidade, mas da verdade. Quanto mais estivermos em contato com nossa espontaneidade, mais nossa verdade se tornará manifesta. Quando houver uma oportunidade de improvisarmos, se persistirmos em nosso velho texto nos tornaremos rígidos. A quantidade de papéis à nossa disposição torna-se limitada. Restringe-se nossa flexibilidade de nos adaptarmos a uma situação que mudou. Nosso sistema pessoal se fecha e provavelmente os sistemas sociais nos quais operamos, tais como nossa família, emprego ou círculo de amigos, podem tornar-se algo igualmente fechado.

Examinemos a definição moreniana de papéis, já citada. Em primeiro lugar é uma forma funcional, isto é, uma ação ou posição que se adota, um modo de ser. Em segundo lugar, os papéis são desempenhados em um momento específico. Portanto, as relações que alguém estabelece com um papel e até mesmo com outra pessoa não são permanentes. Em terceiro lugar, os papéis surgem em reação a uma situação específica, isto é, os papéis são determinados pelo contexto. Uma pessoa pode assumir o papel de um marido ressentido no lar, mas é bem pouco provável que ele adote este papel em um campo de futebol. Uma mulher pode ser, no trabalho, uma delegada sindical dura, mas, quando volta para casa, pode ser uma mãe amorosa. Se as pessoas tentarem transpor um papel fixo de um contexto para outro, elas e aqueles que estão à sua volta poderão sofrer um significativo desconforto. O papel de mãe amorosa talvez não seja apropriado para alguém que está fazendo negociações sindicais, e uma dura representante sindical nem sempre se adequa à interação mãe-filho. Evidentemente o contexto e o momento são altamente significativos ao se determinar qual deveria ser o papel apropriado. Finalmente, segundo a definição de Moreno, "outras pessoas ou objetos estão envolvidos", isto é, os papéis implicam uma interação entre a pessoa e o objeto ou entre a pessoa e a pessoa. Um pai leva sua filha à praia, um padre reza a missa diante de um grande número de fiéis. Em cada caso, o papel é característico de uma interação.

A partir de 1936, ano em que começou a funcionar seu centro de tratamento em Beacon Hill, ao norte da cidade de Nova York, Moreno tentou tratar não somente o indivíduo que para ali era enviado, a fim de fazer terapia, mas também os membros do átomo social do paciente — cônjuges, pais, a organização, os amantes, os filhos. Ele acreditava que um papel é desempenhado a contento quando uma pessoa estabelece um contato real com outro papel, desempenhado por outro ator. Achava que o universo não constitui apenas um amontoado de forças primitivas, mas que uma infinita criatividade liga todos nós, levando-nos a

71

sermos responsáveis por todas as coisas. "Tudo me pertence e eu pertenço a todo mundo", dizia ele.

Atingimos o auge quando é estabelecido um contato real, quando o "eu", que está desempenhando um papel, sente que o outro papel é "tu" e não algo neutro, uma coisa. Aqui podemos sentir a influência de Martin Buber e, de fato, este último, desde o início, colaborou com uma pequena revista fundada por Moreno. Quando estamos isolados uns dos outros ainda assim desempenhamos certos papéis, é claro, mas talvez eles sejam pouco apropriados, afastando-nos de uma abertura e de um calor necessários a nós mesmos e aos demais. Perceber o outro como alguém neutro obscurece em geral importantes informações sistêmicas — o *feedback* — que permite ao sistema ajustar-se continuamente. Precisamos de "coisas" em nossas vidas, bem como de "gente" (caso contrário ficaríamos rapidamente exaustos com a intensidade das coisas, ao executarmos o simples ato de comprar uma passagem de ônibus ou caminhar numa rua da cidade), mas, com freqüência, a "gente" de que precisamos de verdade e, portanto, os "eus" de que também necessitamos, transformaram-se em "coisas", e nossa resposta à vida se torna desnecessariamente empobrecida e sujeita a constrangimentos.

Cinco componentes de um papel

O psicodrama, enquanto terapia ou revelação, objetiva fazer velhos limites recuarem e ajudar as pessoas a penetrarem em território novo. Opera por meio de uma espécie de visão periférica, enriquecendo, distorcendo e, finalmente, transformando aquilo que o senso comum apresentaria de outro modo. Acredita-se que se pode confiar nos processos inconscientes do protagonista, transportando-os para cenas relevantes e permitindo que a própria encenação se antecipe à análise. Nem sempre isto acontece, porém. As dramatizações também podem ser caóticas, repetitivas, banais e sentimentalóides. A espontaneidade do protagonista precisa ser apoiada pela capacidade e pelo conhecimento do diretor, baseadas em uma análise dos papéis dos protagonistas, enquanto eles interagem com parceiros significativos.

A análise do comportamento geralmente oferece respostas a três interrogações: Em que a pessoa acredita? Qual é o estado de seus sentimentos? O que, na realidade, é dito e feito? Tal análise, mesmo que de grande valia, ainda assim poderá negligenciar o conceito de papel como sendo algo interativo. A visão sistêmica exige cinco, em vez dos três componentes tradicionais de um papel, a fim de levar adiante uma análise adequada do que seja um papel. Os componentes, na verdade implícitos na definição de Moreno, que se encontra no início deste capítulo, são os seguintes: contexto, comportamento, crença, sentimento e conseqüências. Uma análise baseada em apenas três componentes tende a produzir uma compreensão excessivamente intrapsíquica e não interativa, enquanto que uma análise baseada em cinco componentes conduz diretamente ao pensamento sistêmico. Os aspectos contextuais, comportamentais, de crença, afetivos e conseqüenciais de um papel são deduzidos através da própria representação e por meio da entrevista com o personagem. Embora o presente capítulo se concentre na entrevista verbal, devemos ter em mente que os cinco componentes de um papel com freqüência ocorrem "naturalmente" por ocasião da encenação. A apresentação dos cinco componentes através da representação e não por meio da entrevista será demonstrada amiúde em relatos posteriores.

Contexto

Conta-se que Konrad Lorenz atraía inadvertidamente uma multidão curiosa, quando costumava andar gingando como um pato e emitindo sons idênticos aos dessa ave. Seu comportamento sem dúvida parecia esquisito para aqueles que desconheciam que ele era um etólogo, que procurava se cunhar nos patinhos que o seguiam. A partir desse exemplo fica claro que a compreensão dos contextos de uma ação implica estabelecer diferenciações de um grau mais elevado do que meras descrições de uma ação. Por exemplo, "guiar um carro" é uma diferenciação de um grau mais elevado do que "girar a direção"; "uma partida de futebol" é uma diferenciação de um grau mais elevado do que "chutar um pedaço de couro inflado"; ou, "um exercício que permite aprender o que é a causalidade circular" é uma diferenciação de um grau mais elevado do que "empurrar uma cadeira em torno da sala e em seguida empurrar uma pessoa em torno dessa mesma sala". O exame do contexto da ação propicia estabelecer a ligação entre uma ação simples e, sob outros aspectos, inteligível, e a organização social que lhe confere sentido. Conforme Bateson (1979) observou, o contexto revela como se organizam no tempo as reações dos indivíduos frente às reações de outros indivíduos. Assim como se dá sentido ao ato de girar a direção através da diferenciação de grau mais elevado que é guiar um carro, assim a pessoa culpada adquire sentido quando se descrevem as relações de uma mãe com sua filha, ou seja, quando se faz uma dupla descrição.

Rastrear a seqüência de comportamentos em torno de um papel proporciona um entorno detalhado para que se possa compreender todas as ações e interações que se dão com o objetivo de criar conjuntamente esse papel. Investigar o contexto de um papel implica uma indagação inicial sobre o que os demais membros do átomo social fazem e dizem, quando o protagonista se encontra em determinada cena. Essa indagação freqüentemente revela as posições de coalizão dos outros membros. Por exemplo: o que o pai faz quando a mãe corre para seu quarto, debulhada em lágrimas? Aconteceram coisas inusitadas em casa, recentemente?

São perguntas que ajudam a delinear o contexto de um papel. Outras pistas valiosas no delineamento de um contexto podem ser dadas por perguntas que se referem ao estágio de desenvolvimento da família. A mãe pode correr em lágrimas para seu quarto porque todos os seus filhos deixaram o lar e agora ela terá de encarar unicamente seu marido como companhia, durante os próximos 25 anos. Se for este o caso, então o contexto é primordial para que se possa entender o papel da mãe chorosa.

Os diretores que pensam sistemicamente, de forma consistente, não só são mais perspicazes e eficientes, quando se trata de chegar ao âmago do sistema de construção da família, como também seu próprio trabalho tende a ser mais coerente, mais eficiente e dramaticamente mais satisfatório. A fim de evitar tediosas inversões de papéis e, ainda, manter uma orientação sistêmica, é necessário que se tenha uma visão geral dos personagens principais. Depois que as pessoas significativas forem identificadas, pode-se empregar para a entrevista um método de "fofocar na frente dos outros", antes da encenação. "Fofocar" exige que um membro da família comente o relacionamento de outros dois membros. Suponhamos que a cena ocorra na sala de jantar da família, quando o protagonista tem quinze anos de idade. O diretor poderá perguntar:

D: *O que está acontecendo nesta cena?*
P: *Quebrou o pau na família porque cheguei tarde em casa.*
D: *Com quem você está interagindo?*
P: *Com meu pai.*
D: *Quem mais é significativo nesta cena?*
P: *Minha avó, meu pai, minha mãe e meu irmão Andrew.*
D: *O que sua avó acha do relacionamento de seu pai com sua mãe?*

Esta última pergunta — o que a avó acha do relacionamento do pai com a mãe — é a que contém a fofoca. Semelhante forma de questionamento também tende a manter a ação desimpedida e, feita no tempo certo, não interfere no aquecimento do protagonista. Com efeito, as perguntas contextuais preliminares podem ajudar o protagonista a dar prosseguimento à cena, em vez de se precisar voltar atrás o tempo todo, a fim de se levantar detalhes relevantes. O componente da ação poderá ser prejudicado não somente por um excesso de material verbal inicial, que conduz à intelectualização e abafa o aquecimento do protagonista, como também pela escassez, que resulta em uma contínua necessidade de retorno à explanação contextual.

Os diretores não precisam explorar certos elementos comuns durante uma entrevista para um papel ou no aquecimento para uma cena. Não se pretende que a lista abaixo seja exaustiva ou que se recorra a todos seus itens, a cada momento. Às vezes basta um ou dois detalhes para estabelecer aquilo que é essencial.

1. *Localização no tempo: o ano, a idade da pessoa, a época do ano, o dia e a hora. O que vem acontecendo recentemente com essa pessoa ou com essa família? É a primeira vez que ocorre esse tipo de interação?*

2. *Localização no espaço: se a cena se passa no campo ou na cidade, dentro de casa ou fora dela. Qual é o meio ambiente imediato? O diretor pode induzir uma espécie de "transe atuante", ao fazer tais perguntas ao protagonista, de tal modo que objetos importantes nem sempre precisem ser determinados por perguntas diretas, mas possam emergir da ação e da própria encenação:*

   Agora entre nesse lugar. Vá até a porta. Feche os olhos. Qual é o objeto mais importante nesta cenário? Qual é a sensação que ele lhe dá, quando toca nele? Como é seu cheiro? Você é muito pequeno. Agache-se e pense na cena, a partir do nível em que se encontra.

3. *Consciência de si e de outras pessoas, em termos de peso, estatura, condição, modo de se movimentar e apelidos.*

4. *Identificação de outras pessoas que sejam significativas e revisão das relações que se estabelecem através de um papel. Quais são as alianças que se dão em torno do problema, no presente? Quem é mais/menos atingido pelo problema? Quem se sente mais desamparado, por exemplo? A quem essa pessoa recorre, quando se sente desamparada?*

Suponhamos que Dot esteja entrevistando Penny com a intenção de ajudá-la a perceber algumas das diferenças e mudanças ocorridas em sua vida, sobretudo quando elas aconteceram, e quem estava presente quando isso ocorreu. Dot está procurando a *matriz de identidade* dos atuais papéis de Penny (ver o capítulo anterior, p. 66).

D: *Você tem então seis anos de idade? Que espécie de menininha você é? É uma menina ativa? Gosta de trepar em árvores?*

P: *Não, mas gosto de me sentar no galho da árvore, lá no quintal de casa, onde ninguém pode me achar.*

D: *Hummmm. De quem você se esconde com mais freqüência?*

P: *De minha mãe e de meu irmão. Gosto de ouvi-los me chamar.*

D: *Se alguém a encontrasse, quem você gostaria que fosse essa pessoa?*

P: *Jesus, porque ele é meu amigo. Ele me compreende.*

D: *Alguém em sua família compreende você quase tão bem quanto Jesus?*

P: *Meu pai, mas ele já morreu.*

D: *(Muda de tática) Qual é sua altura? Mostre. Você vai à escola? O que está usando?*

P: *Meu uniforme de verão, meus sapatos marrons e uma mochila.*

D: *É mesmo? O que tem dentro dela? Abra e me mostre o que você carrega dentro dela.*

Nesta entrevista preliminar, Dot tenta criar uma noção de realidade vivida, bem como uma "regressão" apropriada, de modo que se determine o "eu" de Penny, aos seis anos de idade. Se a entrevista estivesse sendo realizada no contexto de um psicodrama, ela teria determinado aquilo que Moreno denomina o *locus nascendi*, o lugar onde tudo começou, o ambiente, o espaço. Dot descobriu também que Penny se esconde "com mais freqüência" de sua mãe e de seu irmão. Sabe que Penny pode falar com Jesus, seu "amigo" e que Jesus pode ser uma figura sábia, que pode ser útil mais tarde, por ocasião da dramatização, talvez para dar conselhos a Penny ou apoiá-la. O membro mais compreensivo da família é o pai dela, que já morreu. Dot também guarda essa informação. Provavelmente ela se tornará um tema de grande importância, que propicia o verdadeiro contexto para o fato de Penny se esconder.

As indagações terapêuticas podem se ater a esses detalhes práticos e terrenos. Por exemplo, Dot pode ir adiante, quando Penny menciona espontaneamente que se esconde de sua mãe e de seu irmão (Por que se esconde deles? E por que não se esconde também do padrasto e da irmã?) ou então pode seguir um roteiro preestabelecido, tal como detectar quais as crenças de Penny em relação a seu pai, ao longo de seus 42 anos, ou o conceito que tem de si mesma como uma pessoa meritória etc. Voltando a empregar termos próprios de Moreno, esse processo seria denominado uma investigação sobre o *status nascendi* — como algo brota e se desenvolve. A essência de uma entrevista padrão é, portanto, a determinação do lugar, do tempo e de outras questões relevantes.

Examinemos agora outro segmento de uma entrevista, que determina como dois papéis operam em uma única pessoa. A maior parte de nós possui vários papéis, que operam numa seqüência rápida, na medida em que nossa "conversa interior" oscila, indo do sonhar acordado à difamação e às estratégias que empregamos para conseguir lidar com algo. Di está entrevistando Patsy, que luta para manter seu sentimento de autoconfiança, em oposição ao sentimento de sentir-se rejeitada.

D: *Você tem consciência de quando é que essas coisas lhe acontecem com mais intensidade? Fale de um momento em que você sai da realidade.*
P: *Bem, é uma rotina que eu adoto, antes de sair da realidade.*
D: *Há alguém em casa quando você sai da realidade?*
P: *Não.*
D: *Isso acontece no quarto ou na sala?*
P: *No carro.*
D: *Qual é a marca do carro?*
P: *É um Chevrolet dourado, com janelas que se fecham automaticamente.*
D: *Troque de papel e seja o Chevrolet. Sinta o Chevrolet em seu corpo. Hummm. Que bela aparência!*

P: Sim, tenho listras vermelhas de cada lado e janelas que se fecham automaticamente. Sou "quadrado", tenho aparência bem profissional, mas sou elegante.

D: Quadrado, aparência profissional, elegante... Troque de papel. Que tal sentar-se em seu carro, Patsy?

P: Estou sentada no meu carro e, na outra pista, o trânsito está congestionado. Sinto-me inadequada, no sentido de me relacionar com alguém. Imagino que irei telefonar para um homem e convidá-lo para jantar... Ele está muito, muito longe... nem sabe que eu existo (suspira). De nada adianta esperar que as coisas aconteçam. Tenho de fazê-las acontecer (faz a mímica de telefonar). Oh, olá, Steve, que tal ir jantar lá em casa?

P: (No papel de Steve perde toda animação) (Solilóquio) Não estou acostumado com uma abordagem tão direta. Como é que vou sair desta?

D: Patsy, o que uma pessoa quadrada, de aspecto profissional, mas elegante faria numa situação destas?

P: Diria àquele merda ambivalente que desse o fora e não aparecesse mais na minha frente!

D: Qual é a diferença que existe entre uma pessoa quadrada, de aspecto profissional, mas elegante e você? Escolha alguém para ser essa pessoa. Dirija-se a ela e fale a respeito de suas diferenças.

Di determinou um contexto no qual Patsy se encaminha para a dramatização. Sabe que Patsy é solitária. Ainda desconhece quais são os alinhamentos e coalizões, em seu átomo social, que levaram-na a ser assim. Tem uma primeira compreensão do tipo de relações, a partir de vários papéis, que Penny tem consigo mesma e com um provável candidato a um encontro. Di determinou uma dupla descrição entre Patsy e uma pessoa de aparência profissional, mas elegante, e está a caminho de obter uma descrição do problema a partir dessa outra pessoa. Dessa nova descrição, que contrasta com a visão original de Patsy, ela criará novas diferenças, a partir das quais novas respostas podem desabrochar.

Comportamento

Até mesmo o componente mais óbvio de um papel — o componente comportamental — nem sempre é determinado pela própria encenação. Antes de uma dramatização, o diretor e o protagonista desenvolvem um entendimento comum do que poderia acontecer nela. Em vez de procurar generalidades, o diretor encaminha as perguntas para o que as pessoas diriam e fariam em relação ao problema. Uma informação detalhada sobre o comportamento poderá revelar importantes distorções ou contradições, essenciais para que se compreenda o funcionamento sistêmico desse comportamento. Especialmente quando recorre a métodos de ação referentes à interação entre duas pessoas, o terapeuta pode obter proveitos ao registrar, como se fosse em câmara lenta, os acontecimentos que conduzem ao problema focalizado, durante e após seu desenrolar.

Digamos que Perry, um membro de um grupo de terapia, se queixa de que, ultimamente, vem sentindo-se "desamparado". Após uma entrevista mais detalhada, parece que o desamparo ocorre especialmente quando sua namorada, Jan, passa muito tempo jogando tênis ou mergulhada nos estudos. Perry tem uma tendência a se expressar de modo muito genérico em relação a essa questão e é difícil prosseguir com uma cena na qual ele poderia "explodir" psicodramaticamente com Jan pelo fato de ela o deixar de lado. Talvez esse seja o procedimento correto, mas ainda há tempo e não será nada prejudicial segurar Perry mais um pouco, a fim de verificar se papéis antigos e disfuncionais não estão sendo reforçados. Com efeito, ao se aprofundarem as indagações, descobre-se que Perry sempre vai à casa de sua mãe, quando se sente desamparado, e Jan "tem de ir até lá pegá-lo, pois não dispõe de dinheiro suficiente para tomar um táxi e ir para casa". Jan "tem de" ir atrás dele e, além do mais, é vítima do opróbrio de sua futura sogra por se mostrar negligente.

Nos métodos de ação, a exemplo do que ocorre em quaisquer outros métodos de terapia, o terapeuta precisa ser persistente, quando se trata de detectar uma determinada seqüência comportamental. Qual é o contexto? Que comportamento se segue a qual evento? Quais são os sentimentos em jogo? A quem eles afetam? Quem faz o que, na seqüência? E então, o que acontece? Desse modo, o diretor dirige a Perry o tipo de perguntas que focaliza principalmente o que ele faz. O diretor está se concentrando no nível comportamental do papel e, inevitavelmente, em seu contexto.

D: *O que você faz quando se sente desamparado?*
P: *Não muita coisa. Eu me sinto tão... tão incapaz.*
D: *Quando foi a última vez que você se sentiu assim?*
P: *Oh, acontece o tempo todo.*
D: *Pense em um momento recente, em que você se sentiu realmente mal. Onde isso se deu?*
P: *No meu apartamento.*
D: *No seu apartamento. Quem mais estava lá?*
P: *Ninguém. Jan tinha saído, como sempre.*
D: *Há quanto tempo ela saiu?*
P: *Parecia um século. Eu sou sempre deixado para trás.*
D: *Seja Jan por alguns instantes e saia. (etc.)*

Assim, antes da dramatização, o diretor obteve informações relevantes que dizem respeito à pessoa que será um dos personagens e que se referem ao momento em que esse personagem surgirá. Então a dramatização poderá relacionar-se com os grandes dilemas da vida de Perry e tem

78

todas as probabilidades de ser mais profunda, do ponto de vista sistêmico, do que se Perry simplesmente extravasasse a raiva que sente de Jan. O diretor tenta compreender, respeitar, conectar e apresentar transações relevantes, que dizem respeito ao átomo social. Os próprios protagonistas nem sempre conseguem definir essas conexões, pois o prosseguimento de um comportamento familiar disfuncional pode, na verdade, exigir que eles não tenham consciência de tais conexões.

Quando a história completa acaba surgindo, o diretor poderá levantar a hipótese de que a função sistêmica do comportamento de Perry era a de que sua mãe não se sentiria sozinha. A função das repetidas idas de Jan à casa da mãe dele era demonstrar que jamais haveria outra mulher que se interpusesse entre o filho e a mãe. Tais hipóteses seriam testadas por mais dramatizações e mais análises do contexto, dos sentimentos, crenças e efeitos das ações, sempre que se referissem ao papel que estava sendo dramatizado. Os diretores correm o risco de se transformarem em "viciados em intimidade". Com efeito, a perspectiva de participar dos mundos íntimos de muitas pessoas pode freqüentemente atraí-los para a profissão. O perigo, para o cliente, é que o terapeuta acabe aderindo a seu sistema de papéis, sobretudo no nível emocional, em detrimento da mais simples investigação, quando se trata de saber quem fez o quê a quem e o que foi que aconteceu em seguida. Com freqüência os próprios clientes não conseguem estabelecer tais diferenciações, ao focalizarem os significados emocionais.

Relatemos outro fato que ilustra a importância de se descobrir "o que aconteceu". Philippa procura a terapia queixando-se de que seu marido, Paddy, "está sempre bebendo". Indagações sobre o alcoolismo de Paddy revelam que ele chega em casa à noite, inicia uma conversa com a mulher e em seguida vai para o bar. Perguntas mais aprofundadas sobre o que o casal diz e faz revelam que Phillipa, inicialmente, queixa-se com amargura do comportamento de Paddy e, em seguida, se retrai. Quanto mais amargamente ela se queixa/se retrai, mais ele parece inclinado a sair de casa. Quando lhe perguntam qual é sua hipótese sobre o comportamento de Paddy, Phillippa declara que, provavelmente, ela está sendo "mole demais" com ele e que precisa fazer com que seus sentimentos fiquem "mais claros" para o marido.

Do ponto de vista do diretor, é fácil perceber que a queixa/retraimento e a bebida talvez estejam inter-relacionados. No entanto, sugerir que as queixas ou o retraimento são a causa da bebedeira seria outra solução linear, tão linear quanto sugerir que é a bebedeira que provoca as queixas. Se os papéis do bêbado ou da queixosa são considerados como algo que está "dentro" de cada um deles, Paddy ou Phillippa poderiam ser tratados pelo fato de beber e de queixar-se. Se, no entanto, se cria uma dupla descrição, então Duke (o diretor) estaria mais inclinado a tratar o "sistema de relacionamento beber/retrair-se". A dupla descrição é de grau mais elevado do que uma simples ou até mesmo duas descrições simples, colocadas lado a lado. A prática da dupla descrição será descrita mais amplamente no capítulo 7.

Um terceiro fator torna-se evidente, a partir da entrevista contextual e comportamental. Quando Duke pergunta quando se iniciou o problema da embriaguez de Paddy, Philippa afirma que isto se deu após o nascimento de seu último filho. Ao longo da história do casamento, os filhos do casal ficavam muito assustados com as bebedeiras de Paddy e se aproximavam mais de Philippa, ao ponto de não se poder mais impedir que eles fossem embora de casa. Quando Philippa procurou a terapia, todos os filhos tinham saído de casa, com exceção do caçula, que ficou para "proteger" a mãe do pai bêbado e, a essa altura, verbalmente violento. Será esse o motivo pelo qual Paddy bebe? Talvez não, embora o fator que envolve o filho mais novo certamente alarga a definição do que é o sistema familiar. Qualquer "solução", no psicodrama, que não leve em conta esse fator não terá chances de ser muito bemsucedida.

Perceber todos os lados de um relacionamento, além das numerosas duplas descrições, é algo que pode ser justaposto, a fim de dar origem a uma noção do relacionamento como um todo. Parece que houve pelo menos um determinado momento, na história do sistema familiar, quando importantes coalizões (marido-mulher) passaram por uma mudança (o nascimento do primeiro filho; todos os filhos, com exceção de um, vão embora de casa). A conseqüente adaptação a essa mudança tornou-se problemática para a família. As duplas descrições que se requerem são muito complicadas. O terapeuta poderá procurar obter informações sobre as diferenças nos relacionamentos que a família vivenciou antes e depois do início do problema. A bebida, solução adotada pelo pai, liga-se à solução da mãe — o retraimento, que se liga com a solução adotada pelo filho — aproximar-se mais da mãe. As interações problema e solução estão recursivamente relacionadas. Quase toda essa informação foi obtida a partir de perguntas sobre o contexto e o comportamento. Detectou-se qual a seqüência, a partir do problema e indagou-se quando foi que o problema teve início e quais foram as soluções tentadas. É relativamente fácil obter-se esse tipo de informação e, na maior parte dos casos, vale a pena se dar esse trabalho.

Crenças

A capacidade de selecionar e reagir a informações relativas à diferença depende, em alto grau, das limitações do paciente, de sua "rede de pressuposições" que existe, em grande medida, fora da consciência. No entanto as "crenças" ou sínteses mentais pessoais, relativas a um papel, são os elementos que, com menor probabilidade, surgirão diretamente, através da dramatização. Às vezes sequer podem ser deduzidos da encenação. Afinal de contas, as pessoas raramente declaram diretamente suas crenças ou até mesmo pensam nelas como tal. Aquelas pessoas que vivem dizendo "Acredito que..." em geral são consideradas chatas, e com razão. Como a própria interação talvez não contenha informações suficientes sobre os modelos mentais dos participantes, com freqüência torna-se necessário uma entrevista verbal direta. As entrevistas em torno das crenças em geral acontecem quando se inicia uma relação e o contexto dessa relação começa a emergir. De pouco adianta interrogar as pessoas sobre suas crenças enquanto elas não estão aquecidas para desempenhar determinado papel, ao passo que o contexto e o comportamento podem ser definidos desde o começo.

O diretor deseja descobrir quais são os modelos mentais do protagonista e quais são os principais atores que encaminharam a vida desse protagonista para determinada direção. Modificar antigos códigos e implantar novas idéias é um dos objetivos principais, na terapia. A dramatização, a entrevista com o personagem e a própria terapia contribuem para a seleção e durabilidade de novas idéias no sistema terapêutico. Os diretores poderão perguntar a si mesmos:

> Quais são os empecilhos a uma mudança no sistema? Se o protagonista mudou de fato, seria ele desleal para com alguém que pertença ao átomo social, traindo-o ou traindo talvez um código pessoal? Se ele agisse de modo diverso, estaria indo contra uma injunção da família, no sentido de se comportar de certa maneira? Por exemplo, em determinada família, o fato de ficar deprimido é sinal de um caráter nobre, pois a depressão demonstra "sensibilidade"?

É apenas em nível da análise que os papéis se compartimentam em crença, afeto, comportamento, contexto e efeito. Na realidade, eles, evidentemente, se interpenetram. Papéis não são "coisas" e os componentes desses papéis também não. Os papéis são a construção de uma experiência, um modo de fazer com que dados complicados adquiram sentido, uma forma de diferenciação que transforma o comportamento em informação para o terapeuta. Analisar o componente "afetivo" de um papel é, portanto, um artifício, posto que as emoções sempre possuem um conteúdo, um contexto, um conjunto de crenças que lhes conferem forma e exercem um efeito sobre os papéis que outras pessoas assumem. Do mesmo modo, as crenças ou percepções raramente são neutras, no plano emocional. Nascem do comportamento ou conduzem a ele e sempre ocorrem em um contexto tanto cultural quanto pessoal. Tudo isso — as crenças, os sentimentos, os comportamentos, os contextos e os efeitos — não passam de diferenciações que se aplicam a um conjunto de experiências que, caso contrário, seriam ininteligíveis. São modos de ordenar a realidade e de reagir a ela.

Em um papel, o aspecto da crença é um dos fatores mais complexos que existem, quando se trata de avaliar esse mesmo papel. Os ciclos comportamentais nos indivíduos, famílias e grupos são governados por um sistema de crenças que se infiltra na maior parte dos aspectos da vida cotidiana e guia as pessoas em boa parte daquilo que elas fazem. Compõe-se de atitudes, suposições, preconceitos, convicções e expectativas. As crenças são a rede de pressupostos que "restringem" uma pessoa, impedindo-a de realizar qualquer outra ação que não a que ela empreende. Como se situam em grande medida fora do campo da percepção, torna-se muito difícil discerni-las e modificá-las. É por isso que somente de vez em quando os diretores acertam em cheio, em se tratando das crenças das pessoas, quando lhes perguntam diretamente: "Em que você acredita?".

Em uma organização estável, tal como a família, as crenças individuais das pessoas se entrelaçam, formando um conjunto de premissas que governam seus membros. A isto se denomina o "sistema de constructos familiais" (Procter, 1985). Ao lidarmos com todo o sistema, não são apenas as crenças individuais ou os pressupostos de seus membros que adquirem um caráter crucial, mas o modo como eles se entrelaçam a fim de formar as regras operacionais desse mesmo sistema. A mudança que, em geral, é aquilo que o terapeuta objetiva alcançar, exige um preço e suscita indagações em torno de quais serão as repercussões sobre o resto do sistema. Os sistemas não são necessariamente receptivos a mudanças em suas regras operacionais.

As crenças das pessoas em um determinado sistema constituem o principal motivo pelo qual esse sistema não pode mudar. Os seus membros são restringidos por seus constructos e crenças pessoais, de modo a não agir diferentemente do que lhes é habitual. Podem acreditar que estão fazendo a coisa certa, mas não com suficiente "empenho", conforme vimos ao abordarmos a questão do "comportamento", quando Philippa expressou suas opiniões a respeito de seu marido Paddy, que bebia demais. Os membros de uma família que procuram a terapia tendem a pensar que um membro, por eles designado, é culpado ou louco e que aquela pessoa precisa mudar, em vez de eles próprios passarem por uma mudança. Ocorre-nos novamente o exemplo de Philippa e Paddy. Cada um deles apresenta uma descrição muito própria de como se dá o funcionamento do sistema queixas/bebedeiras. A premissa é que o sintoma ou a pessoa é um "elemento estranho", fora do sistema, que pode ser modificado separadamente. Até mesmo o membro da família louco ou culpado acredita nisso. Portanto, se a bebedeira de Paddy pode ser "consertada", o sistema não terá mais problemas. O principal desafio, para o terapeuta, passa a ser não como eliminar o sintoma, mas descobrir o que acontecerá se ele for eliminado. Qual é o preço a ser pago, quem o pagará e será que valerá a pena? São indagações que apresentam relevância para a rede de pressupostos, seus constructos pessoais ou crenças ligadas a um papel, para o qual se pede uma mudança.

O aro de metal

Uma participante do grupo, Prue, queixa-se de que sofre de uma forte enxaqueca, como se tivesse, em torno da cabeça, um aro de metal comprimindo-a. De acordo com um procedimento padrão, o aro de metal é concretizado pelo diretor, que solicita a Prue escolher no grupo uma auxiliar, A, que representará aquela compressão. Prosseguindo com esse procedimento padrão, solicita-se uma troca de papéis e então Prue atua como o aro em torno da cabeça de A, que agora a representa. Quando Prue está exercendo a pressão de modo satisfatório, inicia-se a entrevista com o personagem "Pressão".

D: *Quem é você?*
Pressão: Sou a pressão na cabeça de Prue.
D: *Há quanto tempo você está aí?*
Pressão: Oh, há anos.
D: *Parece que ela precisa mesmo de você.*
Pressão: Com toda certeza. Eu impeço que ela se torne muito pretensiosa.
D: *É para isto que você está aqui?*
Pressão: Sim. De vez em quando ela dá o passo maior do que as pernas e eu preciso aparecer.
D: *O que ela precisa fazer para você ir embora?*
Pressão: Ela tem de sentar com as costas bem retas, ficar quieta e parar de paquerar.
D: *É assim que as garotas (sic) devem ser?*
Pressão: Sem dúvida. As garotas não contam. Elas têm de esperar, até serem notadas.
D: *Diga isto a Prue.*
Pressão: Você tem de sentar com as costas bem retas, ficar quieta e parar de flertar.
D: *Continue dizendo isso a ela (é o que acontece).*
D: *Troquem de papel.*

O papel da "Pressão" agora foi parcialmente delineado, no que diz respeito a uma crença central, que parece se referir ao modo como as mulheres são criadas. Duas perguntas diretas são feitas, em relação às crenças de "Pressão": "É para isto que você está aqui?" e "É assim que as garotas devem ser?". Note-se que a troca de papéis não ocorreu imediatamente após a entrevista, mas depois de uma breve dramatização. Os protagonistas que assumem um novo papel passam a contar com algo a que podem reagir, o que fará com que seus papéis emerjam com maior facilidade. No caso de Prue, a ego-auxiliar agora assume o papel de "Pressão". Assim, Prue poderá vivenciar este papel como algo que se situa "fora" dela e, através disso, cria-se uma dupla descrição.

Pressão: Você tem de ficar sentada com as costas retas, calar-se e parar
de paquerar.
D: Troquem de papel. Reaja a isto.
Prue: Ah, é horrível.
D: Continue. Reaja a essa pressão.

A essa altura é preferível estimular Prue a prosseguir com a dramatização, em vez de iniciar uma entrevista com o diretor, que tenderia a desviar a atenção dela de assuntos relevantes de seu átomo social para seu relacionamento com o diretor. Prue desenvolveria um conjunto de papéis em relação ao diretor diferentes dos que desenvolveria em relação à "Pressão". Nesse momento seu papel de entrevistada não possui relevância, embora ele seja ativado, caso o diretor volte a entrevistá-la. Falando de modo geral, a entrevista deveria ser apenas o suficiente para se obter um direcionamento, tendo em vista uma dramatização satisfatória.

Prue: É horrível. Não consigo suportar.
D: Fale diretamente com Pressão.
Prue: Por favor, vá embora e me deixe em paz (começa a soluçar).
D: Mais.
Prue: Vá embora, vá embora, vá embora.

Agora que o conjunto dos papéis de Prue começou a emergir (o papel principal seria o de vítima atormentada e impotente), é a hora de examinar qual é a resposta dada por "Pressão". O diretor solicita mais uma vez a inversão de papéis. Prue, agora no papel de "Pressão", continua sujeitando sadicamente a ego-auxiliar chorosa. Não há uma trégua, mas uma intensificação da tortura. Começa a emergir um tema.

Papp (1983, p. 4) define o tema como "uma questão específica, emocionalmente sobrecarregada, em torno da qual se dá um conflito recorrente". Temas como esse são encontrados em qualquer família ou grupo: dependência *versus* independência; responsabilidade *versus* irresponsabilidade; repressão *versus* espontaneidade; proximidade *versus* distância. Em uma díade complementar, habitualmente alguém assume o papel de pessoa responsável, e alguém assume o de pessoa irresponsável; alguém tentará obter uma proximidade, no plano emocional, e alguém a evitará. No caso de Prue e de sua pressão, digamos que o tema emergente é "controle *versus* soltura". Possivelmente tal dialética constituiu um tema familiar, quando Prue era bem menina, e agora os dois lados do conflito se encarnam em uma única pessoa — Prue.

Revisitemos Prue em sua minicena, que avançou um pouco mais. A "Pressão" identificou-se como o irmão mais velho de Prue. Semelhante fenômeno é bastante comum no psicodrama: uma sensação específica ("uma pressão, como se fosse um aro de metal") recebe forma concreta e é representada por um ego-auxiliar. Depois que a interação se desenvolve e após cuidadosa entrevista efetuada pelo diretor, uma figura pertencente à família de origem poderá ser identificada e um membro do grupo é escolhido para interpretar o papel daquela pessoa. A identificação de um membro da família apresenta mais uma oportunidade de escolha para o diretor: ou procederá à dramatização com o membro da família em uma determinada cena, reportando-se a um incidente específico ocorrido em um momento histórico, digamos quando Prue tinha 7, 12 ou 15 anos, ou então tentará resolver a dramatização como se fosse uma vinheta, sem uma cena ou momento determinado. Nesse último caso Prue simplesmente encontra-se com sua família em um espaço neutro e em um momento indeterminado, que, mais do que qualquer outra coisa, se assemelha ao presente. A história, mais do que recriada, é criada, já que ela ocorre no contexto de um psicodrama, no qual a questão do tempo e do espaço é levada em conta.

Não se chega à compreensão das crenças em um sistema (neste caso o relacionamento de Prue com seu irmão) e dos temas que se seguem unicamente através do questionamento direto, embora esse método tenha seu espaço, conforme vimos. A dedução de um tema e de uma crença baseia-se na observação da dramatização: ouvir a linguagem metafórica, detectar quais são as seqüências comportamentais e anotar declarações importantes, relativas a atitudes, tais como: "Você tem que..." ou "Vá embora e me deixe em paz". Aquela afirmação de que "as garotas não contam" pode ou não ser crucial. Foi feita por ocasião de uma entrevista com o diretor e não foi dirigida a Prue. Existe nela algo de convencional. Até mesmo um papel auxiliar (tal como o de "Pressão") pode levar o diretor a perceber um conjunto diferente de papéis, com uma percepção talvez maior do que a de Prue. "As garotas não contam" pode ser um tema familiar muito profundo e, talvez, o cerne do drama ou pode ser uma declaração feita com um olho nos espectadores e o outro na família, objetivando evitar a profunda dor que ela possa sentir, desviando essa dor para a política sexual convencional. O diretor simplesmente não sabe, até a interação se desenvolver mais amplamente.

Compreender o componente de crença, em um papel, é de suma importância para se poder chegar a uma definição ampla, capaz de permitir que o sistema de papéis se modifique. As crenças constituem as chaves para a compreensão das redes inconscientes de pressuposições, que geram os constrangimentos à espontaneidade e para novas ações. É uma falácia conceber a espontaneidade como uma forma estranha de se representar ou como simples liberação de um impulso. Moreno sugere que o aquecimento, tendo em vista se alcançar um estado espontâneo, leva a padrões altamente organizados de conduta e é esse seu objetivo. Ele observa que, com freqüência, se pensa erroneamente na espontaneidade como algo mais intimamente aliado à emoção e às ações do que ao pensamento e à inação: "A emoção pode estar presente em uma pessoa quando ela está pensando, bem como quando ela está sentindo, quando ela está repousando, bem como quando ela está agindo" (Moreno, 1964).

Sentimentos

No Capítulo 7 será sugerido que a mudança só poderá ocorrer quando a pessoa que estiver integrada a um determinado sistema sentir-se "definida" de maneira apropriada e muito precisa. É a partir disso que a percepção que elas têm do problema e a conseqüente percepção de sua solução começam a se revelar proveitosas. No trabalho psicodramático, alterar a percepção do problema possibilita o surgimento da espontaneidade. O novo mapa que se configura convida a novas soluções. Com efeito, se a dramatização for bem conduzida, a pessoa, muitas vezes, não necessita procurar soluções, uma vez que o novo modo de articular o problema oferece sua própria solução.

As experiências emocionais das pessoas precisam integrar essa nova solução, posto que as emoções constituem fontes primárias de informação em relação à experiência que alguém tem do mundo. Com efeito, a experiência afetiva é extremamente relevante, a ponto de muitas vezes passar por cima de outras informações. A emoção é a experiência direta do eu; é uma reguladora decisiva da ação e propicia a base da percepção daquilo que é importante para a pessoa. Pelo fato de ser tão predominante, a experiência emocional pode constituir um instrumento poderoso para se modificar as percepções e os significados. Uma "nova" experiência emocional pode propiciar uma estrutura organizadora e integrativa para a criação do significado, sobretudo de um significado que se refere a outras pessoas importantes no átomo social de alguém.

Fica portanto bem claro que o nível afetivo ou emocional de um papel é extremamente importante. É vital evocar e clarificar (definir) o componente de sentimento, presente em um papel, de tal modo que, uma vez detectado e reconhecido, ele poderá mudar (se acaso essa mudança for exigida). Conforme demonstraremos mais tarde, essa definição não implica perguntar a alguém: "Como é que você se sente?". O sentimento costuma ser sugerido ou sutilmente exprimido pelo protagonista e, em seguida, amplificado e dramatizado, com a ajuda do diretor. A dramatização do sentimento acaba finalmente por defini-lo e, por meio disso, desobstrui o caminho que leva à mudança. Uma entrevista objetivando o componente de sentimento de um papel tenta, ao mesmo tempo, tanto auxiliar a expressão direta quanto proporcionar informações ao protagonista. Na verdade, ambas podem ser a mesma coisa.

Pia, mulher de uns 40 anos de idade, queixa-se ao grupo de que o mundo, à sua volta, está desabando. Os negócios de seu marido estão indo de mal a pior e ela deverá enfrentar a quinta mudança em sete anos, caso seja decretada a falência e a casa seja penhorada. Seu marido não fala com ela, seus filhos estão dando demonstrações de angústia e, como se tudo isso não bastasse, Freddie, seu sogro, teve um derrame e está sob os cuidados dela. No segmento que vamos apresentar Pia já representou psicodramaticamente sua casa, a segurança financeira e os filhos. Os egos-auxiliares se encontram no palco, encarnando esses papéis.

D: E agora para onde vamos?
P: Vamos falar de Freddie. Ele teve um derrame muito sério e precisa de cuidados vinte e quatro horas por dia (dirige-se a Freddie). Queria que você morresse (chora).
D: Repita.
P: Queria que você morresse. Queria que você morresse enquanto estivesse dormindo e então todos nós poderíamos dar prosseguimento a nossas vidas (chora). Sinto uma culpa terrível.
D: A quem você precisa revelar essa culpa?
P: (ignora o diretor) Estou cheia de cuidar de você. É preciso dividir essa tarefa. Seu porco guloso, gordo, que comia o tempo todo. Você estava muito acima de seu peso. Você sabia! Você sabia!
D: Diga isso a ele.
P: Queria que esse derrame tivesse liquidado com você. Você deixa a gente louca. Você sabia! Você sabia!

Nessa relação com Pia, o diretor não teve de aprofundar muito a entrevista a fim de esclarecer quais os sentimentos que estavam presentes. Essa clareza surgiu pelo fato de a protagonista ter a possibilidade e até mesmo ser encorajada a se expressar, de tal modo que a raiva que ela sentia do sogro e o sentimento de que era vítima de uma profunda injustiça puderam aflorar. De vez em quando, este tipo de esclarecimento basta para ajudar a modificar as percepções e alterar a estrutura de papel de uma pessoa. O assim denominado "esclarecimento" é, na verdade, uma definição do componente afetivo do sistema de papéis de Pia. Sem que ele fosse reconhecido, é pouco provável que Pia pudesse ir adiante. O psicodrama é extremamente bem-sucedido quando se trata desse tipo de definição primária, que pode ser fértil e útil para as pessoas.

No entanto, poucos autores, incluindo aqueles que pertencem à própria tradição psicodramática (Moreno, 1964; Blatner, 1985; Kellerman, 1984) consideram que o esclarecimento seja, em geral, condição suficiente para uma mudança terapêutica. Certamente a posição estratégica leva em conta o desejo de expressão emocional, no contexto do interesse da pessoa pela terapia e procede a cuidadosas investigações para verificar se a expressão emocional não poderá fazer parte do problema, em vez de participar da solução. Aqueles pacientes que procuram a terapia com o propósito de obter esclarecimento e o fazem repetidas vezes acabam amarrando a própria terapia a esse problema. A expressão emocional constitui uma parte importante de uma pessoa ou da autodefinição de um sistema, mas a terapia precisa proteger o paciente, não permitindo que essa solução se torne algo restritivo.

Um psicodramatista sistêmico também leva em consideração a função dos sentimentos. Os sentimentos são sociais, bem como "internos" em relação à pessoa. Além de constituírem uma expressão do eu, existe neles uma certa política, mesmo que a arena política onde eles surgiram (a família de origem) há muito tenha deixado de existir. Eles são influenciados pelos outros e, por sua vez, tentam influenciá-los. Basta observar uma criança que cai e segura as lágrimas, até a mãe estar presente e reconhecer esse fato. Entretanto não existe nada de falso nessas lágrimas. Elas simplesmente fazem parte da complexa interação da criança com o outro, integram "os padrões que estabelecem uma ligação".

Antes ou durante a dramatização o diretor poderá fazer algumas perguntas a respeito das conexões existentes entre a situação do protagonista e outras pessoas em sua vida. As perguntas podem ser feitas em voz alta ao protagonista ou podem simplesmente fazer parte do pensamento do diretor e da formulação da hipótese sistêmica (v. Capítulo 5). Quais foram os estímulos para os sentimentos? Em direção a quem são dirigidos? Quem apresenta as maiores possibilidades de ser atingido por eles, nesse momento? Quem teve as maiores possibilidades de ser afetado por eles, na família de origem? Contar com alguém que nos ouça é vital e relevante para os sentimentos, até mesmo quando esse alguém já não se encontra presente há muito tempo. A maior parte das dramatizações, no psicodrama, tentam direcionar a expressão dos sentimentos para os alvos pertinentes e, assim, essas questões de modo algum são novas. No entanto, a dramatização e a entrevista sistêmica podem ser mais completas em sua investigação das origens e efeitos sociais, bem como as limitações ao protagonista seguir qualquer outra direção que não aquela que ele está seguindo.

Os sentimentos, com toda certeza, podem ser uma verdadeira bússola que aponta para a direção da ação espontânea. Constituem uma expressão autêntica do ser, uma fonte de descobertas, um agente de mudanças, uma tendência para a ação e, para a maioria de nós, podem ser até mesmo a razão que nos leva a viver. São, ao mesmo tempo, o meio e o barômetro de contato com os outros. Contudo, não são o único indicador de quem a pessoa realmente é e podem ocultar tanto quanto revelar o caminho para a mudança. Pelo fato de sentirem muito, as pessoas poderão se refrear, quando se trata de sentir o suficiente ou quando do se trata de efetivamente pensar e agir.

No plano ideal, a mudança ou um novo aprendizado fazem o cliente sentir-se melhor no final da terapia. O objetivo desta última, entretanto, não é que a pessoa se sinta melhor. Isto é possível de se alcançar sem que nada mude — por exemplo, submetendo-se a uma massagem ou engolindo uma pílula. Sentimentos intensos podem até mesmo interromper o andamento da terapia. Se, por exemplo, uma pessoa tentar iniciar o psicodrama enquanto se encontra muito perturbada, não haverá muita chance de que ela ouça as instruções, consiga proceder à inversão de papéis etc. Nesse caso os diretores precisam solicitar trocas de papéis desde o início e fazer com que o protagonista assoe o nariz, enxugue as lágrimas e se recomponha um pouco, antes de representar o novo papel. Podem também levar o protagonista a empenhar-se em ordenar todos os objetos que participarão da cena. O ato de concentrar-se nesses objetos pode servir como um aquecimento para a cena, caso a pessoa esteja deprimida, ou pode ajudar o desenvolvimento de papéis de observador e de condutor da história, caso a pessoa esteja por demais perturbada. O objetivo é fazer com que os protagonistas cheguem a um ponto no qual se afrouxe sua rede de pressuposições e se atenuem as restrições que pesam sobre suas potencialidades. A expressão muito intensa de um sentimento poderá auxiliar ou atrapalhar essa tarefa. Um sentimento muito intenso pode significar tanto uma resistência quanto a ausência de qualquer sentimento.

Abordemos agora o protagonista que parece estar sentindo emoções muito fortes, mas que não consegue descrever ou até mesmo dramatizar essa experiência para o diretor ou para os participantes do grupo. Um estado em que nenhuma palavra é pronunciada muitas vezes sugere que a pessoa, participante da cena, é muito "jovem" — possivelmente se encontra no estágio da pré-linguagem. A pessoa poderá estar em contato com sentimentos profundos, mas não possui "palavras que os exprimam". Em um estado de regressão, como esse, é muito difícil tomar decisões ou até mesmo delinear uma cena e um diálogo satisfatórios. Tais protagonistas habitualmente reagirão bem a um pedido de troca de papéis com outra pessoa confiável e prestativa, "que sabe tudo a respeito das garotas e dos rapazes". No papel dessa pessoa, eles poderão organizar a cena ou colaborar com os protagonistas nessa tarefa. Se o protagonista não desenvolveu papéis ligados à infância, apropriados a meninos e meninas naquela fase da vida, o diretor, empregando as técnicas necessárias, poderá trabalhar com o protagonista adulto, ensinando-lhe como é a criança que existe dentro dele. O diretor trabalha ativamente com ele, discutindo o que está acontecendo e delineando as duplas descrições. Não existe algo como um papel "adulto", apenas papéis adequados, espontâneos e criativos. As crianças e os adultos necessitam de tais papéis.

Em contraste com o protagonista perdido em seus sentimentos, outros pacientes não progridem na terapia porque não existe sentimento suficiente à sua disposição. Não é que eles não saibam como se exprimir, mas parecem possuir apenas as palavras e não sabem como se conectar. Como faltam os dados emocionais, parece que eles têm muito pouca idéia de onde suas ações se originam; são desprovidos de vida imaginativa e de ressonância com eles mesmos. Com semelhantes protagonista é preferível que os diretores assumam que os sentimentos são muito fortes, em vez de censurar a pessoa pelo fato de ela, de certo modo, ser limitada. Uma censura desse tipo costuma ser contraproducente, levando a pessoa a fechar-se em si mesma. Pessoas entorpecidas freqüentemente se encontram em um estado em que nada as afeta e que se segue a uma dor insuportável, a uma perda ou a uma privação, que podem ter ocorrido muito cedo, em suas vidas. Aprenderam a desligar-se e se esqueceram quem lhes ensinou a lição. O desenvolvimento suave e persistente dos sentimentos pode ser extremamente produtivo para pessoas como essas e elas adquirem uma sensação de proximidade com a humanidade que sofre e que ri.

D: O que está travando você? Escolha.
P: Não consigo. A responsabilidade pesa sobre mim e não consigo ver nada. Já nem sei mais há quanto tempo não consigo chorar. Sinto-me tão diferente das pessoas que estão aqui. Elas parecem tão emotivas, tão abertas.
D: Escolha alguém para ser a "responsabilidade" (a escolha é feita). Troque de papel e faça peso em cima de Perry.
P: Ui! Ai!
D: Para quem você está dizendo isto?
P: Não sei.
D: Se soubesse, quem seria essa pessoa?
P: Não sei.
D: Existe uma pessoa sensata em sua vida?
P: Sim, meu primo Emille.
D: Troque de papel. Emille, você é mais velho ou mais novo do que Perry?
E: Mais velho.
D: Qual é sua profissão?
E: Sou contador.
D: É mesmo? Sabe tudo a respeito dos números?
E: Claro que sim. É disso que eu vivo.
D: E sobre a vida, você sabe?
E: Sim, também sei algo a esse respeito.
D: Emille, para quem Perry está querendo dizer "Ui"?
E: Para seu irmão caçula. Ele sempre foi melhor do que Perry em tudo e seu pai gostava mais dele.
D: Obrigado, Emille. Troque de papel. Escolha seu irmão caçula (Parry faz a escolha, com a "responsabilidade" ainda montada em seu pescoço). Dirija-se a ele.

Perry tenta, mas acha difícil falar. O ego-auxiliar que ele escolheu para fazer o papel de Responsabilidade é pesado e quase o faz encostar no chão. Perry tenta livrar-se de Responsabilidade, que insiste. Ocorre então uma luta corporal. Até esse momento não foi feita nenhuma tentativa de desenvolver o papel de Responsabilidade, de se descobrir de onde ela veio, quando etc., embora isto pudesse ser uma boa alternativa. Finalmente Perry acaba sendo bem-sucedido em seus esforços e levanta-se. Está corado e, pela primeira vez, surge um brilho em seus olhos.

P: Quero falar com meu pai.
D: Pois então traga-o para cá.

O ego-auxiliar é escolhido e o pai é entrevistado enquanto personagem. Perry começa a chorar, tão logo vê seu pai representado psicodramaticamente. A dramatização se inicia. O "que" (no caso de Perry, a responsabilidade) tornou-se "quem" (irmão, pai) e conduziu à terapia interpessoal.

Esta dramatização reflete principalmente uma prática clínica psicodramática. A prolongada entrevista com Emille ilustra o longo caminho que algumas vezes precisa ser percorrido, em se tratando de um protagonista bloqueado, que só quando desempenha o papel de outra pessoa consegue indicar figuras relevantes de seu átomo social, as quais propiciam o aquecimento necessário à dramatização. Focalizar o sentimento, desde o início, pode ser algo requintado e preciso ou pode levar a uma auto-exploração narcisista e tediosa por parte do protagonista, o que costuma ser indesejável. A emoção explosiva, que habitualmente se libera em um psicodrama, é empregada como um veículo poderoso para um novo aprendizado e como um suporte memorável de novos papéis. Em geral ela define um ou outro sistema — freqüentemente a família de origem — e então redefine esse sistema em um novo padrão de organização. As dificuldades humanas surgem amiúde quando as emoções não são reconhecidas. A necessidade emocional é frustrada e, devido a isso, pode tornar-se dominante, fixa e rígida. O psicodrama pode ajudar as pessoas a vivenciar intensamente o eu subjetivo e, assim, recuperar a vitalidade necessária à mudança. Ele ajuda as pessoas a gerar novos meios de partir para uma vivência, os quais, anteriormente, foram refreados, no que se refere à percepção e às diversas possibilidades.

Conseqüências

Assim como os papéis nascem em um contexto, eles são destinados a exercer um efeito, muito embora não se possa predizer qual a exata natureza desse efeito. Se eu me mostro mal-humorado em relação a pessoas A e B, elas poderão reagir, fazendo indagações sobre meu estado emocional. No entanto, se mostro mau humor em relação a C e D, elas simplesmente poderão me dar as costas e se retirar, julgando-me "má companhia" ou "nada divertido". Feliz ou infelizmente, nos sistemas humanos, especialmente em sistemas fechados como as famílias, os efeitos de um papel podem freqüentemente ser previstos com mais certeza. Assim, o conhecimento do efeito de um papel pode levar a uma conclusão sobre a natureza do próprio papel, natureza que, de outro modo, não seria clara.

Como os papéis são interativos, aqueles que assumimos afetam os papéis que outras pessoas assumem e vice-versa. Freqüentemente o significado ou a função de um papel somente se tornam claros quando observamos qual é o resultado desse papel (na medida em que o resultado seja passível de observação). O significado do fato de uma pessoa assumir o papel de doente pode se tornar mais claro graças aos papéis que outras pessoas assumem em relação a esse doente (o de alguém que, solícito, se dispõe a ajudar; o de alguém que se mostra subserviente e culpado; o de amante frustrado). O papel de doente talvez não tenha emanado daquela pessoa, conforme presumiríamos habitualmente, mas pode ter sido criado por uma pessoa significativa, pertencente ao átomo social, e que sente a necessidade de atuar como um ajudante solícito. Para que a estrutura possa ser definida adequadamente, poderá haver necessidade de vários atos que comportem duplas descrições, até mesmo em se tratando de um papel aparentemente tão individual quanto o de "pessoa doente".

Voltemos para Prue e seu aro de metal. Não está ainda claro o sistema completo dentro do qual Prue desempenha seus papéis. Uma interação familiar entre duas pessoas em geral apresenta uma base inadequada de informações para que o diretor ou o protagonista possam avaliar "o que está acontecendo". A mãe de Prue e talvez até mesmo outras pessoas da família provavelmente estão envolvidos naquela interação. Por exemplo, a mãe de Prue deve estar envolvida pelo menos naquilo que se refere à sua potencialidade de modelo para um papel. Como é possível que ela não influencie seu marido e seu filho, em relação às opiniões que eles têm sobre as mulheres? Ela concorda com ambos? Como é seu casamento, a ponto de eles terem semelhantes opiniões sobre a passividade das mulheres? Talvez ela acredite que as mulheres são fracas e precisam ser amparadas pelos homens. O que acontecerá se qualquer membro da família modificar sua posição? O que aconteceria a Prue se ela não acreditasse que precisa ficar sentada com as costas e retas? O que essa crença está fazendo em seu benefício? O que essa crença — ou o contrário dela — fez a ela e a sua família, quando Prue era mais jovem?

O fato de Prue não ter ficado zangada com seu pai, no exemplo mencionado, talvez se deva a que ela desejava proteger sua mãe, impedindo-a de mudar, pois, caso isto acontecesse, ela poderia abandonar o marido. Esta é uma conseqüência habitualmente temida pelas crianças e elas farão o que puderem para evitá-la, chegando até o ponto de se tornaram doentes, delinqüentes ou anoréxicas. Assim seus pais ficarão juntos e cuidarão delas. Embora seja uma conseqüência temida, ela não precisa ser inevitável. Prue, entretanto, talvez esteja impedida de ver a realidade sob qualquer outro prisma. É aí que intervém a questão da crença em um papel, o sistema de construção de uma pessoa. Talvez este componente de um papel seja o que mais necessita uma modificação, conforme vimos. Em todo caso, Prue, ao deixar de ficar zangada com seu pai, a fim de proteger sua mãe, impedindo-a de mudar — o que teria levado à separação dos pais — assume o papel de filha que exerce funções paternais ou é protetora do casamento. Este papel de tamanha importância poderá não aflorar ao longo do desenvolvimento natural de um psicodrama, caso este não seja sistemicamente considerado.

As seguintes perguntas são úteis para os diretores, quando eles avaliarem as conseqüências de um papel:

1. Que função exerce a atual dificuldade (em geral revelada na entrevista inicial) no que se refere à estabilização do átomo social?

2. Como opera o átomo social a fim de estabilizar a dificuldade atual?

3. Qual é o tema central, em torno do qual se organiza o problema?

4. Quais serão as conseqüências da mudança?

5. Em vista disso quais são os dilemas que o protagonista terá de enfrentar?

No caso de Prue a cena — o que é muito significativo — se situa quando ela tinha 15 anos de idade, época em que as questões do controle e da liberação costumam ser turbulentas e importantes. Suas intensas dores de cabeça servem para estabilizar a família, no exato momento em que ela entrava na puberdade e sua mãe, mais uma vez, se viu obrigada a trabalhar fora de casa. Talvez uma erupção de sexualidade, na família, teria sido algo destrutivo, em se tratando do casamento dos pais de Prue. Com toda certeza a avó desaprovava o fato de a mãe ter de trabalhar fora de casa. A família atuava no sentido de estabilizar a dificuldade provocada pelas pressões que a avó exercia sobre a mãe, exigindo que ela ficasse em casa o tempo todo (a mãe acabara de se empregar). O tema central parece ser repressão *versus* liberação e é ilustrado de modo magnífico pela imagem do aro de metal. Em conseqüência da mudança, a mãe permaneceria em seu emprego, aprenderia coisas novas a seu respeito e se tornaria menos dependente do pai. A conseqüência mais temida é que eles poderiam separar-se, como resultado da independência da mãe. O dilema terapêutico consiste em como ser livre e leal ao mesmo tempo.

A pergunta circular é um modo de identificar outras pessoas significativas e examinar as conseqüências das relações que se estabelecem entre vários papéis. Por exemplo, poder-se-ia fazer as seguintes perguntas:

D: *O que sua avó acha do relacionamento de seu pai com sua mãe? (Prue responde)*
O que sua mãe acha de seu relacionamento com Andrew? (Prue responde)
O que seu pai acha do relacionamento de Andrew com sua mãe?

Este tipo de indagações, baseadas em experiências realizadas em clínicas de Milão (Selvini Palazzolli *et al.*, 1980), pode dispensar inversões de papéis desnecessárias e acelerar o aquecimento, tendo em vista a estrutura familiar. As perguntas intensificam a percepção que a protagonista tem dessa estrutura e podem impedi-la de passar por outro psicodrama que não avança, no qual ela começa sendo uma eterna vítima de um pai pouco compreensivo e acaba se revelando uma vingadora. Essa rotina não constitui grande perigo, em se tratando de dois ou três psicodramas, na fase inicial, mas, em seguida, pode adquirir essa característica, algo que será desenvolvido no capítulo seguinte.

O diretor poderá até mesmo solicitar à protagonista (Prue) que prediga qual será o desfecho de uma briga e relacionar essa previsão com a estrutura. Por exemplo:

D: *Se hoje você brigasse com seu pai quem teria mais probabilidades de a consolar?*
P: *Minha mãe.*
D: *Quem, na família, teria de se modificar mais, caso você realmente ficasse zangada?*
P: *Minha irmã.*
D: *Quem, na família que se encontra presente ou em sua família ampliada ficaria mais horrorizado, ao ver você trazendo-os para um psicodrama?*
P: *Todos ficariam horrorizados.*
D: *Mas quem especificamente? Cite duas pessoas.*
P: *Minha mãe e minha irmã.*

As perguntas não devem ser excessivas, devido aos motivos já sugeridos (atrapalhar o processo de aquecimento). Reações e crenças que possuem relevância aflorarão com maior proveito por ocasião da dramatização. Com efeito, qualquer uma dessas perguntas pode vir a fazer parte da dramatização, realizada pelo diretor. Ele poderá sugerir que as perguntas sejam retransmitidas diretamente a um dos participantes. Por exemplo, supondo-se que a resposta à pergunta "Quem, na família, teria de se modificar mais, caso você realmente ficasse zangada?"

seja "Minha mãe", o diretor poderá então dizer: "Diga isso diretamente a sua mãe". Depois de isto feito, ele sugerirá uma troca de papel com a mãe e um diálogo entre a mãe e a filha. Essa interação poderá se tornar o eixo da dramatização ou poderá se limitar a um ou dois intercâmbios no estágio do aquecimento.

Capítulo cinco

Psicodrama estratégico

Uma modificação da epistemologia significa transformar o modo como alguém vivencia o mundo.

Bradford Keeney

O psicodrama enquanto revelação/o psicodrama enquanto terapia

Embora Moreno praticasse uma espécie de terapia sistêmica desde 1930, é necessário dizer que somente nos últimos trinta anos os terapeutas *en masse* deram o passo, outrora revolucionário, de solicitar a famílias inteiras que participassem das sessões (Madanes, 1981). Hoje em dia é comum conceituar a terapia "individual" como um modo de intervir na família. O terapeuta simplesmente vê uma pessoa da família e não as demais, quando o cliente se apresenta para um tratamento. O indivíduo é a ponta de lança, o representante mais avançado do átomo social. Embora semelhante visão não seja ainda majoritária nos círculos psiquiátricos e psicológicos, certamente ela adquiriu considerável proeminência, a tal ponto que se elaboraram argumentos sofisticados (Braverman *et al.* 1984; Fisch *et al.* 1984; Weakland, 1983), para justificar aquela época em que um indivíduo poderia ser visto em si mesmo. Um grito distante, do tempo em que se tratava unicamente o indivíduo!

O psicodrama é um processo grupal, no qual as pessoas representam determinadas situações, em geral estressantes, conforme foi assinalado no capítulo 1. É uma terapia mais relacional e sistêmica do que a maior parte das terapias tradicionais, o que também já foi enfatizado, embora seu potencial sistêmico ainda não tenha sido desenvolvido ou explorado em profundidade. A maior parte das dramatizações são relacionais ou sistêmicas, no mínimo porque outras pessoas participam delas e porque a dificuldade do protagonista é considerada como algo interpessoal. No entanto esta concepção não corresponde a uma visão sistêmica completa, embora deixe espaço para ela. O fato de simplesmente povoar uma terapia com personagens não implica necessariamente em uma teoria do sistema. Nas dramatizações até agora descritas, muitas das cenas dizem respeito à família de origem; a "família" neles se encontra presente através dos egos-auxiliares. Ao encenarem seus dramas, os protagonistas freqüentemente encontram as novas soluções que procuram, entrando em um estado de espontaneidade e de novo relacionamento com as figuras que eles descrevem. Quando suas vidas são mostradas (definidas) de acordo com todas as conexões relevantes para eles, suas vidas podem prosseguir: eles retêm o aprendizado recebido do psicodrama e, de certo modo, mantêm vivo esse estado, no teatro da vida. Até aí, tudo bem.

Surgem, no entanto, algumas interrogações. O "choque psicodramático" aplicado durante a dramatização será suficientemente forte para impulsionar, por assim dizer, os protagonistas durante o resto de suas vidas, graças àquela espontaneidade armazenada durante uma sessão? Fica muito claro que não. É impossível fazer semelhante exigência à terapia e o próprio Moreno concebeu "o treino da espontaneidade" e "o treino para o papel" precisamente com a finalidade de manter um novo estado, que fosse funcional e que conduzisse seus clientes através dos conflitos e decepções da vida cotidiana. Para que uma terapia possa receber esse nome, o novo código introduzido pelo terapeuta precisa, de alguma forma, sobreviver ao código disfuncional que o cliente já emprega.

A terapia pode ter muitos significados. As pessoas podem dizer que fazer um trabalho de agulha é terapêutico, do mesmo modo que conversar com amigos, meditar, nadar, compreender um pouco mais seus processos internos, tornar-se mais "perceptivo", "individuar-se" ou desenvolver seu eu espiritual. Tais atividades, sem a menor dúvida, são benéficas e restauradoras. Contribuem para a riqueza, o repouso e a beleza do ser humano. Sugerir que não são terapia de modo algum as diminui ou as desvaloriza. Trata-se apenas de restrigir esse termo a certos processos. É uma tentativa de delimitar sua abrangência, de tal modo que o termo "terapia" não seja simplesmente colocado ao lado de "tudo aquilo que é bom".

Uma terapia não é algo que se processa através de ensaio e erro, mas uma intervenção deliberada na vida de um cliente. É um encontro entre dois sistemas — o sistema familiar e o sistema terapêutico, sendo que este último tenta influenciar o primeiro, tendo em vista um problema. Ele desencadeia uma mudança, mas não oferece necessariamente soluções. O que será proposto aqui, sob a denominação "psicodrama estratégico", são certos modos de conduzir o psicodrama e o trabalho grupal, baseados no propiciar uma nova definição, um novo código para os clientes, uma estrutura sistêmica sólida, no âmbito da qual a espontaneidade possa florescer.

Pessoas que foram protagonistas, treinandos e membros da platéia, em vivências psicodramáticas, não consideram necessariamente as lembranças de suas dramatizações como algo que tenha sido especificamente uma terapia, embora possam acreditar que essa dramatização lhes fez bem. O psicodrama é muito apreciado por suas qualidades épicas, por sua riqueza, por mostrar às pessoas o valor e a intencionalidade de suas vidas, por validar um ponto de vista, por conferir sentido a uma experi-

97

ência louca, por possibilitar a expressão de uma emoção reprimida, por proporcionar uma centelha, um momento de epifania, de intensidade ou de poesia. "Tento dar-lhes coragem de voltar a sonhar. Ensino as pessoas a fazerem o papel de Deus", escreveu Moreno (1972, p. 6). O psicodrama era o modo que Moreno encontrou de reunir momentaneamente os mortais com um mundo eterno, de plena espontaneidade (Kraus, 1984).

Na verdade o psicodrama talvez nem esteja em seus melhores momentos quando é aplicado como terapia, quando lhe solicitam "fazer" algo por uma pessoa, deixando de lado o fato de que ele proporciona às pessoas um cenário onde elas vivenciam a centelha divina. Do mesmo modo que a pintura, as peças de teatro e os romances não estão em seus melhores momentos quando se tornam didáticos ou políticos, tentando, com excessivo empenho, obter alguma melhora em seu público, seria o caso de se afirmar que o psicodrama deveria deixar a terapia em paz, contentando-se em possibilitar grandes momentos, plenos de celebração e de revelações, em vez de propiciar a mudança e a reforma? Deveria o psicodrama pertencer a si e ser para si, assim como a arte, entregue a um infindável autodeleitamento, é suficiente, no que se refere à sua própria capacidade de gestação?

Muitas terapias intensivas e "profundas" também incursionam no mundo da estética e do épico pessoal, o que pode explicar a devoção dos clientes ao método e ao terapeuta. Desconfiamos que boa parte da terapia é usada para revelações pessoais e para epifanias, em vez de ser direcionada para a "cura", embora o tratamento precise se auto-intitular como cura, a fim de legitimar o processo (e atrair os benefícios proporcionados pelos seguros de saúde). A terapia não é necessariamente um procedimento de grau mais elevado do que a revelação pessoal ou a teologia, muito ao contrário, mas embora a evocação da paixão e da revelação, efetuada pelo psicodrama, não esteja em questão, seu *status* enquanto terapia não é tão claro. Será que todos os métodos e princípios da "terapia para deuses decaídos" são apropriados a humanos decaídos, em uma clínica muito movimentada, ou para um grupo que se reúne a fim de superar distúrbios ligados ao excesso de peso, ou para uma criança que faz xixi na cama, ou para pessoas que, durante anos, participaram de grupos de psicodrama e que, no entanto, parecem regredir em suas vidas, em vez de progredirem? As pessoas que dispõem de sorte suficiente para fazer com que essa terapia funcione certamente podem ser consideradas como deuses decaídos, mas a questão consiste em saber como fazer com que elas voltem a funcionar.

Se os métodos de ação ou o psicodrama forem empregados como terapia, em vez de serem usados como revelação, teologia ou representação épica (usos perfeitamente aceitáveis para o psicodrama, mas não necessariamente para a terapia), talvez eles precisem levar em maior conta a natureza sistêmica da manutenção do problema e os modos graças aos quais novas soluções, incluindo a intervenção da própria terapia (Farson, 1978), podem provocar no paciente um problema maior do que aquele causado pelo problema original. A contribuição do psicodrama estratégico à teoria e à pratica psicodramáticas se dá especificamente enquanto terapia, e não enquanto epifania, história, literatura, teatro, comunhão com a humanidade sofredora ou enquanto modo de entrar em contato com a beleza existente na vida de uma pessoa. Tudo isso o psicodrama faz bem e talvez até mesmo melhor do que qualquer outro método, dado que a maior parte das pessoas não possuem (a menos que sejam ajudadas) a capacidade que o psicodrama tem de se representarem a si mesmas, de tal forma que consigam levar os outros ao nível da compaixão.

Sugerir algumas aplicações do psicodrama enquanto terapia estratégica não é advogar aperfeiçoamentos para a prática ou para a filosofia do próprio psicodrama da mesma forma que acrescentar alguns utensílios de cozinha destinados ao uso cotidiano: alguns pratos de louça bem resistente, um coador, uma ou duas facas bem amoladas, uma batedeira e uma grande tigela bem funda. Esses utensílios podem servir para que se mantenha em boa ordem o andamento de uma bela refeição, posto que as melhores aplicações do psicodrama podem surgir sob a forma de uma revelação do espírito, no que ele tem de mais íntimo. No psicodrama, assim como na terapia, o objetivo é manter a estética da mudança, isto é, um tipo de respeito, encantamento e apreço conjugados à pragmática da mudança, às técnicas específicas que a suscitem. A pragmática, sem a estética, pode ser algo feio e utilitário; a estética sem a pragmática, conforme observa Keeney (1983) "pode conduzir a um disparate ligado à livre-associação".

Assim, propor uma forma estratégica de psicodrama e de trabalho grupal não significa advogar um processo baseado em uma pragmática obtusa. Bateson (1972) encarava a comunicação como um processo estético, tentando mapear os padrões tal como eles se revelam através da metáfora. Allman (1982) alerta os terapeutas para os perigos de uma postura excessivamente pragmática, uma postura com técnica, que não abre espaço para a paixão. Os conceitos sistêmicos podem ser usados como um modo de manter os clientes e as famílias no seu devido lugar e de evitar a ruptura, o acaso e a espontaneidade que se acham ligados à busca contínua da unidade estética. O terapeuta e o cliente/protagonista precisam estar abertos para a espontaneidade da própria vida.

O psicodrama estratégico pode ser discreto e calmo ou então pode ser intenso, barulhento e divertido. A parte psicodramática propriamente dita do psicodrama estratégico pode freqüentemente parecer muito semelhante ao psicodrama convencional. Boa parte do trabalho estratégico acontece no grupo antes da dramatização, sobretudo na definição cuidadosa do que constitui problema, de quais são os objetivos mínimos de mudança e de como o protagonista ou qualquer outra pessoa pertencente a seu átomo social poderá notar que passaram por uma mudança. O questionamento estratégico também poderá ocorrer algumas semanas após a realização do psicodrama, quando as mudanças posteriores a ele já estiverem evidentes.

A terapia de grupo estratégica se diferencia do trabalho grupal e da sociometria tradicionais na medida em que adota técnicas para examinar a situação do problema, sua co-evolução e sua resolução, assim como as alianças e coalizões que o grupo estabeleceu em torno dele. O método toma então várias medidas, tanto sociométricas como psicodramáticas, para resolver o problema. É premissa da terapia estratégica de grupo que uma interação entre um membro do grupo e outras pessoas envolvidas, seja no interior ou fora desse grupo, é o mais primordial dos fatores, quando se trata de moldar e manter o modo como determinado problema se comporta. Em conseqüência, sua alteração influencia em alto grau a resolução desse mesmo problema. As situações presentes, por mais difíceis e angustiantes que possam ser, estão sendo constantemente refeitas ao longo do comportamento atual dos membros individuais de qualquer sistema (Weakland, 1983). A persistência do problema em um grupo ou átomo social, em termos das alianças e coalizões que se formam em torno dele, torna-se, assim, um foco de interesse mais relevante do que as próprias origens desse problema. Semelhante formulação implica em que aqueles que trabalham estrategicamente com grupos empreguem cuidadosamente seu tempo adotando métodos de ação tais como a sociometria grupal e examinem muito seriamente a condição dos problemas e das soluções que se tenta adotar, incluindo a solução da própria terapia.

Os psicodramatistas estratégicos propõem que, se a interação entre os membros de um sistema social constitui o principal fator de formação do comportamento, a alteração do comportamento de um membro de um sistema pode levar a uma alteração correspondente de outros membros do sistema. É factível, portanto, influenciar indiretamente o comportamento de outros membros do sistema, influenciando a pessoa com a qual se estabelece um contacto terapêutico. Se não fosse assim, então a terapia individual jamais alcançaria o menor sucesso, o que não é absolutamente o caso. No plano ideal, um terapeuta entra em contato com todos os membros relevantes de um sistema e essa é a prática habitual da terapia da família. Quando tais encontros não são possíveis, nem tudo estará perdido, contanto que se mantenha uma perspectiva cibernética do problema, no lugar de uma perspectiva linear. Nesse caso, o terapeuta sempre terá em mente que a natureza interativa dos papéis é de extrema importância. Por outro lado, os terapeutas podem *criar* um sistema significativo, tal como a terapia de grupo, e então procurarão influenciar o comportamento das pessoas no interior daquele sistema.

Os terapeutas estratégicos acreditam que a terapia deveria pelo menos tentar resolver o problema que o paciente traz. O terapeuta e o paciente, talvez após considerável negociação, deverão concordar que aquele é o problema a ser resolvido. Não existe incompatibilidade óbvia entre isso e a clínica psicodramática, nos estágios relativos à definição da preocupação central, ao contrato e às entrevistas. Os terapeutas poderão perguntar ao protagonista qual é o "objetivo mínimo" da terapia: "O que permitiria a você olhar para trás, para aquele momento em que teve esse tipo de problema e dizer: "Tive este e muitos outros problemas, mas hoje foi um bom dia?" A entrevista com o personagem pode abordar particularidades da vida cotidiana no átomo social, enfatizando os relacionamentos específicos que são encarados como algo problemático, isto é, as soluções que mantêm os problemas. Em tudo isto, o diretor está estruturando o modo como o protagonista enquadra o problema, preparando-o para novas definições e definindo a natureza do seu próprio relacionamento com esse mesmo protagonista (Coyne, 1986b). Se os protagonistas estão se encaminhando satisfatoriamente para uma definição do problema que não englobe as soluções que tentaram (e que fracassaram), então pode-se deixar o processo de aquecimento seguir seu roteiro tradicional. A terapia não é violentada, quando se trabalha um problema real, mas os pacientes também não ficarão bem servidos se forem ingenuamente encorajados a cavar cada vez mais fundo, as soluções que eles já tentaram encontrar.

É por isso que os diretores, na fase da entrevista, poderão fazer perguntas aparentemente esquisitas, tais como: "Como é que este problema constitui um problema?" ou "Se este problema permanecesse o mesmo, qual seria o membro de sua família que ficaria mais contente com isso?" Até certo a terapia estratégica deve ser considerada um fracasso caso o problema não seja resolvido, independentemente de quaisquer outras mudanças que ocorram (Hayley, 1976; Rabkin, 1977; Watzlawick et al., 1974). A entrevista estratégica não apenas permite um relato das crenças, sentimentos e ações do protagonista ou dos participantes do grupo; pelo contrário, o terapeuta e o cliente criam em conjunto essas crenças, sentimentos e ações no contexto terapêutico. O significado de uma situação é situado não como algo fixo e determinado "na cabeça do protagonista", mas, em vez disso, como uma interação com outras pessoas significativas. A indagação linear é a seguinte: "Há quanto tempo você está deprimido?", ao passo que a pergunta interativa é: "Quem está deixando você tão triste?" Um componente importante, naqueles clientes que apresentam seus problemas como algo insolúvel, é que eles persistem descrevendo seus problemas em termos abstratos, tais como "Preciso crescer" ou "Não nos relacionamos." Remediar problemas tão vagos é quase impossível, a não ser, talvez, que se recorra ao remédio de se fazer "mais terapia".

Nem todos os terapeutas concordam que a terapia deveria preocupar-se com problemas específicos, propondo, em vez disso, que ela é uma forma de educação geral e de reorientação em direção à totalidade da força vital e do espírito interior. Um terapeuta estratégico não levantaria objeções a esta opinião, contanto que, no processo da reorientação, o problema fosse resolvido. A estética e a pragmática, a paixão e a técnica devem estar presentes. A terapia estratégica, por focalizar um determinado problema, não é um procedimento comportamental estreito. Ela reconhece que, ao longo do processo de resolução de um problema, muitas outras mudanças podem se tornar necessárias, incluindo os mapas que as pessoas têm de si mesmas e de outras pessoas, mapas esses que apontam o tempo todo para o fracasso. No entanto, para resolver um problema, ela não entra em detalhes da vida de uma pessoa mais do que é necessário. Pelo menos, esta é a postura ideal. Em qualquer método existe um desperdício e a terapia pode ser prejudicada tanto por uma falsa economia quanto por ausência de economia. O psicodrama estratégico não está livre da retórica e de pontos mortos, assim como o psicodrama tradicional ou qualquer outra terapia possuem apenas uma visão parcial.

Dado que o psicodrama estratégico está voltado para um problema, ele tende a modificar seus métodos de acordo com o problema apresentado, embora conserve seu enfoque psicodramático. Este enfoque é necessariamente o da espontaneidade. Uma teoria sistêmica da espontaneidade poderia ser assim formulada: existem mudanças pequenas e grandes, graduais ou súbitas, através das quais todos os átomos sociais, como é o caso da família, devem passar (ver Carter e McGoldrick, 1980). Algumas dessas mudanças são uma resposta a transições de vida geradas internamente, tais como o namoro, o casamento, o nascimento de uma criança, a escolarização, a adolescência. Outras respondem a variações incidentais — perda de emprego, fim de um relacionamento, acidente, estupro, fracasso num exame etc. Nesses casos de mudança de padrão, o átomo social existente ou os modelos mentais pessoais são colocados sob pressão.

Fraser (1986, pp. 73-4) sugere que os participantes agora precisam "elaborar essas novas variações de padrões de tal modo que eles se adaptem a novos direcionamentos, ao mesmo tempo em que devem ser assimilados e abrigados sob um guarda-chuva suficientemente amplo, que possibilite a definição sistêmica geral de si mesmos como uma unidade em movimento". No entanto, se as pessoas encontram dificuldades nessas adaptações, devido ao fato de que seus átomos sociais são escassos, estreitos e rígidos, o modo segundo o qual elas se adaptam ao padrão que se modificou pode criar problemas ainda mais sérios. Neste caso, as pessoas tentam impor "modelos de constância" invariáveis a um sistema mudado e que está se modificando. Poderá ocorrer um ciclo vicioso, no qual suas soluções é que se tornam o problema. É necessária uma mudança em relação aos modelos mentais e aos padrões, sinônimo de espontaneidade. A tarefa da terapia consiste em inibir o emprego repetitivo e ineficiente de uma solução, a fim de que novos modelos mentais possam se desenvolver.

Variarão o tipo de intervenção ao nível da realidade suplementar, caso ocorra, a duração e a natureza da entrevista, a maior ou menor flexibilidade do contrato e a extensão do acompanhamento subseqüente. A questão central porém é que os problemas persistem porque os esforços do paciente e de outras pessoas com ele envolvidas, assim como as soluções que eles tentam, servem involuntariamente para manter ou até mesmo para reforçar o comportamento problemático. Se o casamento é tido como feliz e, na prática, ele não se revela exatamente assim, os pacientes poderão tentar resolver a situação, recorrendo talvez à bebida, ou tendo casos ou tentando outro casamento. Quando essas soluções não funcionam, então o paciente poderá sentir que seu comportamento ou o da outra pessoa é mau ou doentio. As soluções que ele tenta poderão fornecer as pistas para a "rede de pressuposições" que impedem o desenvolvimento da espontaneidade. As pessoas agem de um determinado modo porque estão impedidas de enxergar outras alternativas — esse enfoque será detalhado no capítulo 7. O objetivo do psicodrama e do trabalho em grupo consiste em evitar a repetição de seqüências disfuncionais e em introduzir no sistema do cliente mais complexidade e mais alternativas, isto é, espontaneidade.

Um psicodramatista estratégico quase sempre pensa em termos de sistemas, até mesmo tratando ocasionalmente uma pessoa como um "sistema" e estabelecendo uma estrutura dialética entre essa pessoa e um objeto "exterior" a ela, de tal modo que a diferença possa ser criada, em um processo denominado "dupla descrição" (White, 1986a). Um problema é um tipo de comportamento que normalmente "faz parte de uma seqüência de atos entre várias pessoas" (Hayley, 1976). Habitualmente refere-se aos mapas ou códigos de realidade de uma pessoa, no lugar da própria realidade. São esses mapas, objetos, papéis ou representações internas que se apresentam interpessoais em sua origem e é em relação às outras pessoas que eles são relevantes e para elas se dirigem. Embora seja muito útil e até mesmo preferível que as outras pessoas relevantes estejam presentes, a terapia pode realizar-se sem elas. Com efeito, nenhuma outra terapia é mais eficiente para invocar os mortos ou os ausentes do que o psicodrama. Seus métodos são inventados exatamente para preencher esses objetivos. A questão, portanto, não se coloca em termos de saber quantas pessoas estão envolvidas com um problema ou quantas se encontram presentes no psicodrama, mas quantas estão envolvidas com o modo como o diretor pensa a respeito desse problema.

O psicodrama e o trabalho grupal estratégicos focalizam privilegiadamente o contexto social dos dilemas humanos. Ele tenta modificar a organização do átomo social, de tal modo que o padrão disfuncional não seja mais necessário. Os psicodramatistas estratégicos utilizam a entrevista e a dramatização a fim de obter e propiciar informações sobre as seqüências comportamentais, para que aquelas que estão mantendo o problema sejam interrompidas. No trabalho em grupo, eles encaram as queixas dos participantes do grupo como um desejo de espontaneidade, mas também como algo que os envolve em um conjunto restrito de comportamentos, percepções e sentimentos. Quaisquer exceções às queixas (Lipchick e de Shazer, 1986) envolvem percepções, crenças e sentimentos que se situam fora das proibições do queixoso e, portanto, podem ser usadas como instrumentos para a construção da dupla percepção (ver Capítulo 7).

Um protagonista do futuro: o menino velho

A fim de ilustrar algumas das colocações feitas até agora, vamos adotar um procedimento pouco usual, que é apresentar um caso que um grupo de terapia familiar observou em em sua prática clínica. São apresentadas as questões presentes naquele momento, seguidas de um esboço de alguns meios de formação de hipóteses, típicos da terapia estratégica, e da sugestão de tipos de métodos de ação que poderiam ser usados quando a família se apresenta. Surge, então, uma dúvida — se é assim que os terapeutas agiriam naquele momento, agiriam de modo muito diferente se o paciente identificado, Ralph, se apresentasse num grupo de psicodrama dali a vinte anos? Isto é, deixando de lado algumas diferenças quanto à técnica (já que a família não se encontraria mais presente), dever-se-ia recorrer a princípios não sistêmicos quando um paciente adulto procura a terapia, trazendo questões relativas à família de origem e se deveria empregar princípios sistêmicos só quando a família inteira se apresenta com o problema que a aflige? Vejamos o que sucede no caso de Ralph.

A família Biggles é representada por Jane Biggles, mulher de 40 anos magra, deprimida, inteligente, acabada, que trabalha como pesquisadora social. É viúva de Simon Biggles, especialista em doenças tropicais, que morreu há dois anos em Bali, onde nasceram e cresceram os dois filhos do casal, Ralph, de 13 anos e Theresa, de 9. Após a morte de Simon, a família ficou apenas com os proventos de um pequeno seguro de vida e decidiu regressar a seu país de origem, Austrália, para que as crianças pudessem ter uma boa formação escolar.

Ralph é extremamente inteligente, simpático e esperto. Tem um ar de "velho" e discute com grande desenvoltura os problemas da família e os resultados de seu próprio comportamento. Distancia-se de si mesmo e daquilo que acontece com a família empregando termos tais como "uma pessoa" e "qualquer menino de minha idade". Entretanto, ele possui outros papéis, que parecem ser exatamente o oposto daquela pessoa um tanto superior que ele aparenta no espaço da terapia. Enquanto seu pai era vivo, foi um menino de trato fácil, embora um tanto re-

belde. No entanto, depois que a família voltou para seu país de origem, seu comportamento modificou-se completamente. No período de dezoito meses ele conseguiu ser expulso de uma escola e ter seu nome inscrito na lista de expulsão de outra escola. A Associação de Pais e Mestres local ofereceu à mãe a oportunidade de lhe dar um documento, mediante o qual o menino seria forçado a submeter-se a atendimento psiquiátrico, medida um tanto extrema, aliás.

Em casa o relacionamento também degenerou. Jane foi viver com os dois filhos na casa de seu irmão, mas lá também não havia paz. Ralph tinha brigas violentas com seu tio e, certa vez, quase arrancou a orelha dele a mordidas, quando ele estava repreendendo Theresa. O tio pediu que Ralph fosse morar em outro lugar e, como conseqüência, ele foi mandado para a companhia dos avós. Lá também seu comportamento tornou-se "intolerável". Certa ocasião ele conseguiu fazer funcionar um pequeno trator no quintal da casa dos avós e derrubou a cerca. Agora os velhos estão ansiosos para se livrarem dele.

Toda noite a sra. Biggles vai à casa dos pais dela para lavar a roupa de Ralph, supervisionar suas tarefas escolares e colocá-lo na cama, ficando a seu lado até que ele durma. Theresa, é claro, fica um tanto deixada de lado, mas, ao que parece, ela não se queixa. Nesse meio tempo a sra. Biggles procura uma casa onde possa morar com os filhos. No entanto, vê-se diante de um dilema. Mudar para uma região mais afastada, no subúrbio, onde terá condição de adquirir ou alugar uma casa, significa que precisará tirar as crianças das escolas onde estudam e passar a maior parte do dia dentro de uma condução, indo e vindo do trabalho. A família, porém, não tem meios de alugar ou adquirir um imóvel no lugar onde moram no momento, próximo ao trabalho da sra. Biggles e muito conveniente para que ela possa atender as necessidades dos filhos. Por outro lado, eles não têm condições emocionais de continuar morando com os parentes. É a essa altura dos acontecimentos que procuram a terapia.

Esta família se vê às voltas com inúmero problemas: lamenta a morte do pai; sente saudades do país que eles consideravam "seu lar"; perdeu-se a estrutura familiar; houve perda de *status* e de renda; a mudança para um novo país; a depressão e a baixa auto-estima da mãe; superenvolvimento entre mãe e filho; competição entre os irmãos pela atenção da mãe; rivalidade de Ralph com qualquer figura que possa substituir o pai; o comportamento de Ralph na escola; a falta de jeito da mãe em mostrar-se espontânea e amorosa, além de muitas outras dificuldades.

Quaisquer dessas questões que sejam estabelecidas como as principais, os problemas da família estão claramente inter-relacionados. Devido à estabilidade das dificuldades e de sua interconexão, não parece ser indicado o tratamento isolado de qualquer um dos membros da família. Por exemplo, embora a mãe pudesse muito bem beneficiar-se de uma terapia de longa duração, isto se torna quase um luxo, na situação que ela vive no momento. Ela está completamente desnorteada e precisa agir rapidamente. Algumas pessoas diriam que Ralph se beneficiaria muito se trabalhasse alguns de seus problemas, mas isto seria um processo lento, e que poderia ser frustrado pelas atitudes da mãe ou de Theresa, caso estivessem em jogo questões sistêmicas mais amplas. A interdependência da família em relação aos problemas e as soluções tentadas (por exemplo, colocar Ralph em uma multiplicidade de lares e de escolas), parece eliminar a hipótese de um trabalho pessoal por parte de qualquer um de seus membros, até mesmo por parte da mãe, que, de qualquer modo, não pode ser encarada como uma paciente — pelo menos enquanto e até que ela não desmorone de vez. O tratamento mais indicado é aquele que se aplique a toda a organização familiar. Os problemas estão por demais entrelaçados para que se possa partir para um trabalho individual, assim como as necessidades da família são por demais básicas e urgentes para que se recorra a uma terapia baseada em *insights*.

O terapeuta necessita de um conceito que o oriente, a fim de poder estabelecer uma ligação entre os dados apresentados: "Como é que os papéis que interagem servem à estrutura como um todo?" ou, vendo a questão sob outro ângulo, caso o foco esteja dirigido para Ralph: "O que os papéis de Ralph permitem que a família faça?" Por exemplo, Ralph pode acreditar que precisa ajudar a mãe em sua viuvez, chamando a atenção dela para os problemas que ele enfrenta ou então seus problemas poderão impedi-la de conhecer outra pessoa (seria a última coisa a passar pela cabeça dela!). Ou então esses problemas poderão manter a família mobilizada até que se torne necessário eles regressarem a Bali. A análise dos papéis familiares abrange cinco procedimentos.

1. *O terapeuta precisa compreender a história do problema, sobretudo no que diz respeito às alianças e coalizões e a quaisquer mudanças que possam ter ocorrido (contexto de um papel). Talvez seja necessário detectar a história do problema em gerações passadas e indagar quais são as tradições familiares em relação a esse problema. Por exemplo, quais são as tradições familiares em termos de mães e filhos, em termos do bom rendimento dos filhos na escola, em termos de ser uma família nômade?*

2. *O terapeuta gasta tempo detectando seqüências em torno do problema. Trata-se de um procedimento inflexível. Quando é que o problema ocorre? Quando não ocorre? Existem ocasiões em que ele se apresenta pior do que em outras? (Comportamento)*

3. *O terapeuta identifica crenças e comportamentos críticos que estabilizam o sistema. Por exemplo, a determinação de Jane em não sentir*

prazer na vida se expressa através de — sem o menor entusiasmo — estabelecer limites para Ralph. Seus dilemas constantes e em relação aos quais parece estar sempre perdendo, podem, na verdade, tornar-se uma forma de estabilidade. O fato de Ralph viver mudando de escola os estabiliza como uma família nômade, impede-os de se fixarem, mantém a atenção de Jane voltada para os problemas presentes e talvez a impeça de ficar deprimida demais. O que eles estão tentando realizar (crenças, conseqüências)?

4. *Em seguida o terapeuta conjectura a respeito de quais seriam as conseqüências da mudança. O mais importante: quais seriam as conseqüências negativas de uma mudança? Como resultado, aquilo que era implícito torna-se explícito. Obtém-se imediatamente um quadro de todo o sistema, em vez de referir-se a uma única pessoa. O objetivo não é a percepção interna, mas a percepção externa, o conhecimento de como os relacionamentos ocorrem (sentimento, crenças).*

5. *Indagações sobre as conseqüências da mudança levam à investigação das soluções que foram tentadas. O que se tentou até aquele momento? Quais são as restrições existentes em relação à mudança? A família é como é e os acontecimentos tomaram determinada direção não tanto porque foram levados a isso por determinada causa, mas porque foram impedidos de seguir caminhos alternativos. As restrições estabelecem limitações em relação à quantidade e ao tipo de informações com que Ralph, Jane ou Theresa podem lidar. Eles se encontram despreparados para reagir a certas diferenças ou distinções e, assim, são incapazes de ser espontâneos ou de enxergar as coisas a não ser sob o prisma de um dilema. Vivem repetindo as soluções que estão sempre tentando.*

Quais serão as possibilidades de métodos de ação enquanto técnicas auxiliares de terapia da família, no momento de apresentação dos problemas? Na verdade, a família Biggles apresenta maior campo de ação para um trabalho psicodramático do que costuma ocorrer. Maiores detalhes quanto às possibilidades psicodramáticas no trabalho com famílias serão vistos mais adiante (ver Capítulo 11). Do que se viu, no entanto, tornou-se evidente que poderá ser relevante esclarecer "questões pendentes" entre cada membro da família e o pai e marido morto, sobretudo como uma maneira de se verificar questões relativas à lealdade ao marido (de Jane) e ao pai (de Ralph e Theresa). Estariam eles suportando uma vida de infelicidade como um modo de demonstrar ao pai que precisavam dele, que não sabiam como enfrentar diversas situações sem ele? Que injunções transgeracionais estarão eles dramatizando? Acaso Jane acha que deveria ter sido cremada junto com seu marido?

O falecido Simon Biggles poderia ser representado por uma cadeira vazia e se pediria aos membros da família que se dirigissem a ele. O terapeuta poderia focalizar o diálogo com "Simon" sugerindo temas, tais como "a família antes e a família agora" ou "Como é que as coisas se passam, agora que você não está mais aqui?", procurando assim estabelecer distinções. Bali, que no passado significou tanto para a família, também poderia ser representada e seria possível relacionar-se com ela psicodramaticamente. A hipótese segundo a qual as dificuldades de Ralph são um modo de manter a família mobilizada até que não haja outra escolha que não a de regressar a Bali, também pode ser dramatizada, aqui e agora, na sala de terapia, com Bali de um lado e a Austrália do outro. Esta dramatização pode assumir uma forma sociométrica, solicitando-se à família que "fique em fila", em algum ponto situado entre a Austrália e Bali. Dessa forma poderá emergir um dos constrangimentos que operam fora da consciência e os impedem de agir diferentemente, limitando a visão que eles têm da realidade e das possibilidades. Outra hipótese, segundo a qual o comportamento de Ralph nasce de seu desejo de "salvar" a família e de fazer com que todos voltem para o lugar onde o pai está enterrado (uma referência positiva para o comportamento da família) também poderá ser sugerida, se for o caso, por meio de uma representação psicodramática do túmulo. A depressão de Jane, como maneira de mostrar a seu falecido marido que se importa com ele ou como meio de mostrar-lhe que ela também deveria ter morrido, podem igualmente ser encenados, contanto que existam sinais de entusiasmo em relação a essa idéia e contanto que o senso de oportunidade seja correto.

Talvez seja contraproducente "aquecer demais" a interação entre mãe e filho através do duplo, da inversão de papéis e da maximização: algumas das técnicas mais adotadas no psicodrama podem ser disfuncionais, quando se tem a família inteira presente. É preferível, pelo menos inicialmente, procurar consistentemente detectar as seqüências do comportamento de Ralph através de perguntas e de procedimentos sociométricos que esclareçam as diferenças (ver Capítulo 11). Um elemento estrutural intervém igualmente. A sra. Biggles precisa entender algumas dessas seqüências e necessita ser bem-sucedida, quando impõe limites ao filho, ao passo que este precisa da segurança de que ela vai fazer exatamente isso (ver capítulo 6). As dramatizações estruturais intervêm em ações que estabilizam o sintoma. Pode-se instituir para Jane uma seqüência de exercícios em que ela treine o papel de "mãe firme", inicialmente com Ralph fora da sala e e, em seguida, com ele presente. Até mesmo exercícios nos quais ela segure e contenha Ralph podem ser indicados. Tais exercícios podem dar a ela uma sensação de potência e de segurança e a Ralph uma noção de limites. Afinal de contas, aí está alguém que o contém, embora Ralph seja um tanto crescido para esse tipo de coisa e seu comportamento não apresente acessos de cólera que exijam técnicas de contenção (ver "A mãe cansada").

Se a sra. Biggles conseguir conter Ralph, seja fisicamente, seja analogicamente, quais serão as reações de Theresa em relação aos novos papéis que sua mãe desempenha em relação a ele? Gostará ou não dessa perturbação do *status quo*? Que novas alianças e coalizões se farão necessárias, diante dessa modificação na família, que faz com que Ralph, de "mau" que é, se torne "bom" e a mãe "fraca" se torne "forte"? Será que agora Theresa precisará ser "má"? As possibilidades suscitadas por esses dilemas (futura dramatização) podem ser encenadas pelos filhos talvez estabelecendo qual é o lado "mau" da sala de terapia e qual o lado "bom", de tal forma que as diferenças relativas ao tempo e ao estado poderão ser notadas. Mais tarde esses espaços poderão receber nova denominação ("amedrontado" e "seguro"). Mais uma vez será possível criar "diferenças" entre amedrontado e mau, amedrontado e bom, seguro e mau, seguro e bom etc.

Ao que parece, não há necessidade de que um conflito entre a sra. Biggles e seus filhos se intensifique, a ponto de irromper no nível dos sentimentos. Tudo indica que já existe bastante afeto na família. A tarefa do terapeuta consiste em propiciar uma estrutura onde esse afeto emerja naturalmente, em vez de omiti-lo no contexto terapêutico específico. "Mais comunicação" também é algo que não parece adiantar muito, caso essa comunicação repita as soluções já tentadas pela família. Não se trata simplesmente de uma questão de expressão entre a mãe e os filhos, no que se refere a seu relacionamento mútuo, embora, sem dúvida, se faça necessária uma expressão em termos de sofrimento em relação ao pai e marido que se foi e em termos de uma nova formação da unidade familiar. Simplesmente expressar "os sentimentos" entre os membros da família, ainda que seja possível se chegar a isto, provavelmente não ofereceria uma resposta nem alteraria a complexidade das interações e alianças que se desenvolveram nessa família.

A abordagem estratégica

Se não for proveitoso "tratar" qualquer membro da família agora, como será o tratamento vinte anos mais tarde, quando Ralph, na qualidade de adulto, for participar de um grupo de psicodrama? O pensamento terapêutico será muito diferente? O terapeuta já não precisará mais ser um terapeuta sistêmico? Assim como seria ridículo, naquele momento, entender os problemas de Ralph isoladamente do sistema no qual ele se encontrava, e seria irreal proporcionar-lhe terapia individual (e muitíssimo menos declará-lo insano e trancá-lo em uma instituição destinada a adolescentes), acaso o tratamento individual, no contexto do psicodrama, fará mais sentido, agora que ele se encontra na casa dos trinta e é muito infeliz?

Obviamente não sabemos qual seria o "problema" de Ralph dali a vinte anos. Os diretores teriam de trabalhar estrategicamente com isso em nível de grupo, em termos de soluções tentadas, de restrições, explicação negativa e causalidade circular. Podem iniciar o tratamento estabelecendo diferenciações, duplas descrições, definição e redefinição do problema (ver Capítulo 7) enquanto Ralph ainda se encontra no grupo. Se Ralph tivesse de dramatizar uma cena relativa a sua família de origem, os diretores poderiam conceituar seu circuito de interação no passado de modo semelhante ao que fariam caso Ralph e sua família se apresentassem, procurando ajuda. Levariam em conta os cinco componentes de um papel descritos no capítulo anterior. A análise do contexto, o comportamento, o afeto, a crença e as conseqüências conduzem automaticamente a uma visão co-evolucionária dos papéis envolvidos. Semelhante análise leva aos cinco modos pelos quais se pode chegar a um conceito orientador (já delineado neste capítulo, quando nos referimos a Ralph e a sua família): detectar as seqüências, alianças e coalizões, os comportamentos críticos que estabilizam o sistema, as conseqüências da mudança e as soluções que Ralph e sua família tentaram.

Como qualquer psicodrama, o psicodrama estratégico opera "analogicamente". A comunicação analógica possui muitos referenciais e nem todos podem ser expressos "digitalmente", por meio de palavras que representem com exatidão o que a pessoa quer dizer. Na comunicação digital apenas um referencial é possível. No caso de Ralph, seus "sintomas" significariam exatamente uma única coisa. Em particular, os relacionamentos entre as pessoas só podem ser expressos analogicamente, pois não existe, para eles, um referencial digital exato. O modo dramático é essencialmente analógico. Uma ação pode possuir muitos significados e só pode ser compreendida no contexto em que ocorre. Por exemplo, o ato de chorar pode exprimir alegria, dor, alívio ou muitas outras emoções. Uma enxaqueca é sempre uma dor na cabeça, mas poderá constituir também uma expressão e algo em relação a alguém — digamos relutância, raiva ou tédio.

Portanto, um problema é encarado, analogicamente, como o modo pelo qual uma pessoa se comunica com outra. O ato de Ralph morder a orelha de seu tio pode ser o modo através do qual o garoto se comunica com esse tio, com sua mãe ou até mesmo com o finado pai. Assim como um sintoma expressa metaforicamente um problema, ele também é uma solução, ainda que insatisfatória, para as pessoas nele envolvidas. A ação ocorre sobretudo em nível analógico e o mesmo sucede com uma intervenção em nível de dramatização. O comportamento e seu tratamento tornam-se comunicação em muitos níveis. Um sintoma considerado em nível analógico torna-se uma comunicação sobre a situação de vida de uma pessoa e, portanto, um referencial para muitas outras coisas que ocorrem fora dele. A apresentação e a solução analógicas dos problemas são demonstradas na dramatização "A dançarina de can-can", que será apresentada no Capítulo 6.

A essência de uma abordagem estratégica consiste no fato de que é o clínico quem toma as iniciativas em relação ao que acontece durante o tratamento e define uma determinada abordagem para cada problema (Hayley, 1973). Os terapeutas estratégicos assumem a responsabilidade de influenciar diretamente seus pacientes. Isso não significa que se requer um formato rígido, mas apenas que a terapia é concebida como um processo que implica uma influência interpessoal, em que os terapeutas apresentam ao paciente um conjunto de circunstâncias nas quais a espontaneidade muito provavelmente acontecerá. Os diretores podem ou até mesmo devem exercer uma ação intencional, pois influenciam os rumos da dramatização, independentemente do que fizerem, conforme vimos em "O dilema de Dale" (p. 52) e como poderá ser assinalado em qualquer das dramatizações relatadas neste livro ou em qualquer relato de terapia, presente nesta publicação ou em qualquer outra. O menos "diretivo" dos terapeutas não conseguirá evitar exercer influência sobre seus pacientes e, na realidade, é pago para isso. Parece mais prático e realista os terapeutas afirmarem que é isto o que eles estão fazendo e assumirem a responsabilidade de o fazerem bem.

Como os tipos mais comuns de intervenção no psicodrama são estruturais, as intervenções estruturais que se dão em nível da realidade suplementar constituem o enfoque do próximo capítulo. Até mesmo a apresentação de uma figura sábia num psicodrama convencional, tal como em "Saindo dos trilhos" (p. 9) ou em "O dilema de Dale" (p. 52), é uma intervenção estrutural, embora não do tipo sistêmico-familiar. Na terminologia sistêmico-familiar a terapia estrutural se ocupa com hierarquias, limites e subsistemas. Como tais conceitos são, em essência, metáforas espaciais, eles desembocam muito facilmente em métodos de ação, que são mais bem-sucedidos quando lidam com o espaço, o tempo e a geografia. As intervenções estruturais não são apenas compatíveis com a abordagem estratégica (Stanton, 1981), mas, freqüentemente, se identificam com ela. Com efeito, Jay Hayley, talvez a figura mais destacada no campo da terapia estratégica, deixou seus colegas do Instituto de Pesquisa Mental (IPM), onde atuava desde 1962 e, em 1967, foi trabalhar com Minuchin, na Clínica de Orientação Infantil de Filadélfia. De lá, ele saiu em 1976, com sua esposa, Cloe Madanes, para fundarem seu próprio instituto de terapia da família em Washington.

As sobreposições das escolas de terapia familiar são extremamente complexas e não servirá muito ao objetivo deste livro proporcionar ao leitor mais uma visão de conjunto delas. Caso já fossem conhecidas, tal exame poderia ser insuportavelmente tedioso. Caso não o sejam, uma simples menção é insuficiente. São necessários muitos meses de leituras e de trabalho para que as diferenças sejam melhor percebidas. Rohrbaugh e Eron (1982) sugeriram que "a terapia breve, focalizada em um problema" (Bodin, 1982; Fisch *et al.* 1982), "a terapia estrutural de família" (Minuchin e Fishman 1981), "a terapia estratégica de família" (Hayley, 1976; Madanes, 1981) e a "terapia sistêmica de família" (Selvini Palazzoli *et al.* 1980), são todas "estratégicas", "sistêmicas" e "breves'' e que pelo menos duas delas são "estruturais''. Em conjunto, elas podem ser denominadas "terapias estratégicas de sistemas''. Como este é um título um tanto comprido e como Michael White (1983, 1984 e 1986), outro autor de destaque que influenciou o direcionamento do psicodrama estratégico, também foi identificado como um "terapeuta estratégico'' (Munro, 1987), "terapia estratégica'' será o título empregado com mais freqüência para identificar o tipo de trabalho que preconizamos.

Parece existir suficiente similaridade, em nível de objetivos (espontaneidade) para que se possa adaptar alguns dos métodos da terapia estratégica ao psicodrama e ao trabalho grupal, nos quais um protagonista acaba sendo escolhido. Alguns dos métodos permanecerão incompatíveis, ao passo que em outros não parece haver motivos para que não se beneficiem, ao adotar procedimentos de outras escolas sistêmicas, por ocasião do estabelecimento do contrato terapêutico — a entrevista para o papel — da fase da realidade suplementar do psicodrama, da entrevista com o grupo no trabalho grupal, nos métodos de ação na sociometria e no próprio psicodrama.

Aplicando uma hipótese sistêmica ao psicodrama

No interior de um sistema familiar tal como o de Ralph, os indivíduos são ligados entre si por fortes lealdades e vínculos emocionais. No psicodrama, ou no decorrer da própria terapia de família, tais laços podem se revelar até mesmo nas famílias mais puritanas ou culturalmente destituídas. Essas lealdades proporcionam riqueza emocional e ajudam a unidade familiar durante as mudanças que conduzem à maturidade e durante as crises inesperadas. Mesmo quando os filhos crescem e os pais morrem, os laços continuam a influenciar os membros da família por várias gerações. Um pai morto pode ser mais exigente do que um pai vivo.

O psicodrama estratégico focaliza esses vínculos, ou as lealdades invisíveis criadas por uma família ou por outro sistema; ele tenta alcançar uma definição mais abrangente do sistema do que tinha sido possível anteriormente, de tal modo que esse sistema, uma vez definido com maior amplitude, tenha espaço para se movimentar. Os obstáculos à mudança que impedem novos mapeamentos e movimentação espontânea são basicamente interpessoais: o desejo de ajudar alguém, a falta de intenção de magoar alguém ou a compulsão de obedecer alguém, mesmo quando esse "alguém'' está morto há muito tempo. A nova definição que permite a espontaneidade é obtida principalmente pelo fato de que o diretor ajuda os protagonistas a estabelecerem distinções que poderão desemaranhar a rede de lealdades invisíveis. Quando estas se apresentam em toda a sua plenitude, os protagonistas poderão seguir novos caminhos.

A visão estratégica postula que nada há de mais "humano" do que ver as pessoas nas ligações que estabelecem entre si. E mais ainda: as ligações das pessoas com os outros são uma das coisas mais humanas e tocantes que existem nelas. Se algo está "errado", isto em geral significa que o vínculo é sentido como algo errado. Em vez de reduzir uma pessoa a um ser solitário, que funciona de modo insatisfatório, que não expressa suas paixões e apresenta uma individuação incompleta, a terapia sistêmica encara as pessoas como seres sociais e a riqueza de suas vidas deve ser vista em sua totalidade. Os psicodramatistas estratégicos tendem a privilegiar uma visão interativa e circular da causalidade, que os dispensa de censurar quem quer que seja, quer se trate do protagonista, quer se trate da mãe dele. Eles tentam identificar as lutas e o desespero de todo o sistema e levam em conta o sofrimento e a frustração criados por suas tentativas fracassadas de mudança. No prefácio que escreveu para o livro de Cloe Madanes sobre a terapia estratégica da família, Salvador Minuchin faz a seguinte observação:

> Os membros de uma família podem magoar-se mutuamente ao viverem em um espaço confinado, interpessoal, mas sua motivação básica é ajudar uns aos outros. Com efeito, eles, provavelmente, não poderiam agir de outra maneira, já que, como membros de um organismo maior, eles reagem a sinais de dor que se manifestem em qualquer parte desse corpo.
>
> (Madanes, 1981, p. xvii)

Os psicodramatistas são treinados para detectar nas pessoas as fontes do verdadeiro espírito e a conduzi-las ao processo de aquecimento. Nesse processo várias técnicas psicodramáticas, tais como a concretização, a montagem do cenário, a entrevista com o personagem, são utilizadas para produzir e desenvolver interações com os outros ou com "partes" do eu. Dessa produção e do intercâmbio dramático nasce a análise essencial do papel, que pode levar a uma hipótese sistêmica. Quando os diretores observam o que os protagonistas dizem e como se comportam em relação a outras pessoas, na dramatização, eles acabam obtendo não apenas uma idéia dos papéis desses protagonistas, mas também dos papéis das outras pessoas em relação a esses mesmos protagonistas. A hipótese sistêmica, baseada na análise do papel, nasce tanto da produção da cena quando da entrevista com o personagem. A dramatização é uma diagnose e uma terapêutica em nível analógico.

A vibração presente no processo psicodramático facilita a superconcentração nas relações do protagonista com outras figuras-chave, na dramatização, como se o protagonista fosse o eixo de uma roda e como se toda a energia emocional contida no sistema fosse dirigida para ele. Afinal de contas, os protagonistas são os narradores da história e a simpatia das pessoas tende a se dirigir para suas experiências subjetivas, tão rudes e, algumas vezes, tão heróicas. A aceitação da hipótese linear do protagonista em relação "ao que aconteceu" pode, no entanto, levar a informações adicionais pouco proveitosas, produzidas no sistema, as quais poderão confirmar as informações restritivas a partir das quais esse protagonista já pensa, sente e age. Caso o protagonista se sinta "muito reprimido", por exemplo, essa crença, embora talvez justificada, poderá lhe dificultar seguir determinados caminhos que, de outro modo, estariam abertos. Se ele quiser "crescer", até mesmo essa crença (a queixa) já faz parte do sistema restritivo e, portanto, mais impede do que ajuda a espontaneidade, que é o estado que ele está procurando. No entanto, isto faz parte da definição que o protagonista tem de si e, antes de tudo, precisa ser confirmada como uma crença que pertence ao protagonista (e não como algo "verdadeiro", é claro). Essa crença é que proporciona o ponto de partida para a entrevista com o grupo, para a entrevista com o protagonista ou para a dramatização, que poderá então ser desenvolvida num espaço no qual a percepção da rede de pressuposições (o sistema de construção mútua da família e do protagonista) torna-se mais relaxada e a espontaneidade é possível.

Uma hipótese sistêmica leva em conta os papéis interativos de todos os membros relevantes do sistema, tenta determinar quais são os contrangimentos que estão agindo sobre a mudança e por que é improvável que qualquer integrante desse sistema aja de modo diverso daquele que lhe é habitual.

> "Quem você acha que será o primeiro a notar que você cresceu? O que essa pessoa notará? Se você se tornasse independente e parasse de usar drogas, como poderia assegurar-se de que as pessoas ainda se importariam com você? Como saberia que ainda se importa com seu pai?"

As restrições do protagonista costumam basear-se em uma forma de amor, fidelidade ou lealdade para com algum outro membro da estrutura familiar. Ao sustentarem uma hipótese sistêmica, em vez de uma hipótese centrada na pessoa do protagonista, os diretores não tentam convencer os protagonistas de qualquer coisa em especial ou propiciar-lhes um *insight* do sistema no qual se acham inseridos. Eles estabelecem um novo código, paralelo ao do protagonista, de tal modo que os protagonistas podem formular distinções entre os dois e, portanto, produzir informações para si mesmos, a partir das quais podem agir.

Os protagonistas precisam ser apoiados pelo diretor de tal modo que possam estabelecer um sistema dramático (e mais tarde, ao que se espera, um sistema baseado na "vida real"), que seja menos restritivo do que aquele no qual atuam no momento. As restrições e os mapas inadequados assumem a forma de restrições, quando se propõem a efetuar pesquisas baseadas no ensaio-e-erro, à procura de novas idéias que poderiam levar a novas soluções. A solução, por mais óbvia que seja para alguém que não apresenta as restrições do protagonista, não pode ser vista e a ação apropriada não pode ser executada. Afrouxar restrições implica muito mais do que simplesmente propiciar uma "atmosfera de liberdade", pois esta só apresenta essa característica para um protagonista se puder ser percebida enquanto tal. Existe um limiar a ser transposto, mesmo para se ver aquilo que é a liberdade, isto é, o afrouxamento de uma tensão implica em um procedimento mais cuidadoso do que simplesmente proporcionar uma atmosfera liberal, onde vale tudo. Torna-se necessária a criação de um contexto destinado à aventura e à descoberta (White, 1986), não simplesmente porque esse contexto é divertido, mas porque contribui para a capacidade do protagonista de reagir a novas informações.

As hipóteses sistêmicas são formuladas a partir da entrevista com o personagem e da análise de papel, efetuadas durante a dramatização. A análise do papel não se apóia necessariamente em uma entrevista formal com o personagem, como notamos repetidas vezes. Algumas vezes a própria montagem escancara o sistema de tal forma que podem ser construídas hipóteses satisfatórias sem necessidade de entrevistas verbais prolongadas. Diferentes linhas de ação se descortinam, em meio a um contexto estrategicamente destinado à aventura e à descoberta. Esses diferentes modos de agir no sistema sem dúvida levarão a diferentes modos de pensar nele, mas tal procedimento é realizado a partir "de dentro", por assim dizer. Tendemos a pensar em nossas famílias ou em nossos amigos de maneira diferente, caso uma pessoa se comporte conosco de modo diferente ou caso modifiquemos nosso comportamento em relação a ela. No nível mais simples, a modificação de uma ação pode preceder uma mudança no pensamento. O psicodrama habitualmente recorre primeiro à modificação da ação e deixa o pensamento emparelhar-se com ela.

Vamos tentar agora resumir algumas das crenças relativas às pessoas inseridas em um sistema, recorrendo a termos operacionais. Uma hipótese sistêmica não é apenas uma hipótese centrada num protagonista e apresenta as seguintes vantagens:

1. Ajuda a pessoa a "decifrar" o ciclo. Em vez de focalizar a natureza desconfortável ou angustiosa do problema, o diretor faz um tipo diferente de pergunta: O que este sintoma permite a cada participante do sistema fazer? Como é que este sintoma constitui uma manifestação de amor e lealdade no interior do sistema? Esse tipo de perguntas sugere uma conotação positiva que não é um estratagema ou um truque, mas, na verdade, deriva do modo como o terapeuta compreende a situação.

2. Explica o problema partindo de algo que é "interno" para alguém e direcionando-se para algo que acontece entre as pessoas. Quaisquer que sejam os motivos de uma dificuldade, seus efeitos são quase sempre relacionais e interativos. São as regras do sistema, mais do que

as necessidades, impulsos ou traços de personalidade de um indivíduo, que no mais das vezes, determinam o comportamento entre os parceiros. Essa explicação de problemas, que formula suas definições a partir de padrões de interação, constitui um conceito essencialmente batesoniano.

No trabalho "ao vivo" com as famílias, essa reconstrução é operada por meio da obtenção da descrição (por exemplo, o motivo que leva Tony a roubar carros) a partir de fontes múltiplas, tais como os outros membros da família. Um processo semelhante pode ocorrer no psicodrama, ainda que os membros da família sejam representados pelos egos-auxiliares. Obtém-se um novo conjunto de descrições a partir do comportamento do protagonista, quando este troca de papel com cada membro do átomo social.

D:	*Papai, qual é sua explicação para o fato de Ted ser expulso da escola?*
R (no papel de pai):	*O que ele quer é sair da escola.*
D:	*E que explicação você dá para essa atitude?*
R:	*(como o pai): Eu... não sei. Imagino que ele tem medo.*
D:	*(Troque de papel e seja sua mãe.) Você concorda com seu marido? (etc.)*

3. Uma hipótese sistêmica proporciona maior flexibilidade para ações e intervenções posteriores, liberando o terapeuta do fardo de trabalhar no interior do sistema afetivo de uma pessoa. Sustentar que o protagonista é apenas a vítima do sistema deixa de ser uma linha defensável de pensamento: evitam-se automaticamente a terapia repetitiva e o psicodrama grosseiro que reforçam tal crença.

a) Os diretores podem trabalhar em outra parte do sistema que não diretamente com o protagonista: por exemplo, com a mãe de Ralph Biggles, em vez de só com Ralph, embora seja ele o protagonista. A forma de trabalho pode ser aplicada a vários setores ao mesmo tempo, posto que o sistema como um todo é que é o foco, e não a participação de uma única pessoa apenas.

b) O momento relevante que deve ser dramatizado é sugerido pela hipótese. Esta nos leva a uma interrogação simples: "Quando foi que esse problema começou e como ele se apresentava anteriormente?" No caso de Ralph, o momento óbvio é aquele da morte de seu pai.

É claro que os protagonistas poderão, freqüentemente, ir "inconscientemente" ao momento relevante de aquecimento para o papel, mas a hipótese sistêmica pode ajudar a direcionar a dramatização para aquele momento, no átomo social, em que o próprio sistema se alterou. A mudança crucial de papéis pode não se ter originado necessariamente no protagonista ou nem mesmo em qualquer outra pessoa diretamente relacionada com ele. Pode ter começado com duas ou mais pessoas outras, pertencentes ao sistema.

c) Sugere-se mais a causalidade circular, do que a causalidade linear. O protagonista se vê aliviado de seu fardo. Uma mudança em um ponto qualquer do sistema implica uma modificação no sistema inteiro. Ralph poderá desistir de seu hábito de reforma que já dura 23 anos. Pode-se definir uma nova "realidade", um cenário de relacionamentos familiares adequado, no qual os protagonistas terão a possibilidade de vivenciar aquilo que eles são.

d) A configuração da realidade suplementar pode ser sugerida a partir da hipótese sistêmica, embora essa configuração possa nem sequer ser levada em consideração pelos protagonistas, tão enredados no sistema eles estão. Isto quer dizer que os diretores podem formular o padrão requerido pelo átomo social original ou atual e podem "intervir" elaborando a questão e apresentando-a ao protagonista. No caso de Ralph, pode ser a mãe que estabelece limites, ou a mãe que expressa dor pelo marido morto ou simplesmente uma família desestruturada, que agora passa a cooperar.

A importância da hipótese sistêmica é ilustrada na dramatização da "Mãe cansada". O problema de Polly é reconstruído não a partir de algo que acontece com a protagonista, mas a partir de algo que ocorre entre a protagonista e outra pessoa. O diretor opera "em outro lugar" do sistema (isto é, atua em relação a Polly e seu marido) e o momento oportuno para a dramatização é sugerido pela entrevista estratégica. A configuração da realidade suplementar é influenciada por uma compreenso sistêmica do problema.

A mãe cansada

Polly, a protagonista desta dramatização é uma mulher corpulenta, forte e tem cerca de quarenta anos de idade. Procurou Dot, a diretora, por ocasião de uma vivência psicodramática, que durou um dia, realizada em uma grande cidade do interior. Nem Polly, nem os demais participantes do grupo haviam tido uma experiência anterior com o método. O tema dela era o "cansaço". Parecia estar cansada quase o tempo todo. O grupo — 90% mulheres — tinha tido alguma experiência relacionada com cansaço e mostrou-se extremamente interessado pelo tema. Ofereceu a Polly total apoio para que fosse a protagonista.

"Há quanto tempo o cansaço vem sendo um problema?", perguntou Dot por ocasião da entrevista inicial. "Há cerca de nove semanas", respondeu Polly, em um tom que denunciava fadiga. "E o que estava

acontecendo há nove semanas? Havia algo inusitado ocorrendo em sua vida, naquele momento?" Polly contou a Dot que, naquela ocasião, havia assumido um novo emprego. Dot continuou a fazer perguntas. Algo na voz de Polly, talvez a ausência de inflexões, sugeriu que prosseguir com um interrogatório estratégico poderia iluminar melhor o processo de aquecimento, tendo em vista a questão do cansaço.

Teria sido um procedimento corriqueiro e bastante legítimo, aliás, reportar-se imediatamente à cena em que Polly começou a trabalhar, desenvolvendo-a e deixando que a própria ação se tornasse o diagnóstico. Se o novo emprego não fosse o fator mais relevante, a cena em breve se esgotaria e a protagonista se aqueceria para uma segunda cena, mais relevante. Quer dizer então que todos os caminhos conduzem a Roma? Será que sempre chegamos à cena primordial, não importando que o procedimento se dê por meio da entrevista estratégica ou fazendo o protagonista atuar e penetrar em todas as "camadas", até que se chegue ao ponto psicologicamente relevante? É difícil dizer, mas provavelmente esse tipo de opinião seja demasiado "místico" e não dê espaço suficiente para que ocorra um efeito interativo entre o protagonista e o diretor enquanto, juntos, criam a história e traçam uma cartografia do problema. Em todo caso, Dot opta por adotar uma estratégia:

"Quer dizer então que o cansaço começou naquela época e antes você não se sentia tão cansada". Polly revela a Dot que, na verdade, ela já estava cansada antes de começar a trabalhar no novo emprego. "Há quanto tempo?" indaga Dot. "Oh, talvez umas seis semanas antes", declara Polly. "E o que estava acontecendo naquele momento? Havia algo diferente em sua vida?" 'Bem, naquele momento eu estava tendo alguns conflitos com minha filha", responde Polly. "Hum... Vamos ver você em uma cena de conflito com sua filha. Onde é que ela acontece e quem se encontra presente?"

Polly não está fugindo. Provavelmente não associou "cansaço" e conflito com a filha. Talvez somente com a ajuda de Dot conseguirá estabelecer diferenciações importantes. Monta uma cena, que se passa na cozinha de seu sítio. A filha Sarah, de 14 anos, prepara-se para ir à escola. Quando ocorre a inversão de papéis, Polly, no papel de Sarah, mostra-se muito perturbada e irritada. Guarda a louça no armário com gestos bruscos. Está zangada com sua mãe pelo fato de esta ter passado o fim de semana fora. Foi a primeira vez, em seis anos, que ela ausentou-se. Polly tenta consolá-la e, ao mesmo tempo, quer afirmar seu direito de passar o fim de semana fora, em visita a amigos em uma localidade vizinha. Seus esforços são inúteis, pois, a essa altura, Sarah entrega-se a um estado de raiva, rejeita e sente-se rejeitada. Afirma que Polly "é igualzinha a suas duas outras mães — elas também me abandonaram". O sentimento de angústia e de culpa, em Polly, aumenta durante a discussão. Finalmente Sarah acaba indo para a escola.

Dot entrevista Polly em relação às circunstâncias da adoção de Sarah. Fica sabendo que Sarah foi abandonada por sua mãe biológica e, em seguida, por duas mães adotivas. Faz perguntas sobre o relacionamento de Polly com Sarah, durante os anos em que a menina morou com ela e com seu marido, Bill. Também quer saber como foi o relacionamento entre as duas, desde o incidente na cozinha. Polly diz que tudo se acalmou, mas que o conflito voltou a explodir depois que ela foi levada a passar uma semana fora de casa, dessa vez em um acampamento de estudantes do curso pré-universitário que ela freqüentava.

A segunda cena é breve: Bill e Sarah vão à estação ferroviária encontrar-se com Polly, quando ela volta do acampamento. Bill leva as malas de Polly até o carro. Sarah recusou-se a sair do carro e está sentada no banco de trás, emburrada. Polly tinha receado muito aquele momento e se esforça por estabelecer um relacionamento harmonioso com Sarah. Não dá certo e a família volta para casa em meio a um silêncio tenso. Desde então o relacionamento foi apenas "cordial".

A cena final e mais importante da dramatização se dá no quarto de Sarah, dois dias após a volta de Polly. É uma cena muito longa, que requer a participação da diretora, a introdução de uma nova ego-auxiliar, uma conferência com o marido a respeito de como se tratar um filho e a demonstração de uma técnica que permita estabelecer limites. Polly levou para o quarto de Sarah uma pilha de roupas acabada de passar. Contempla o quarto, que se encontra em completa bagunça e pede a Sarah que o arrume. Sarah tem uma explosão de raiva e arranca a roupa das mãos de Polly. Grita com ela, diz que é uma filha da puta, igualzinha a todos os assistentes sociais e a suas outras mães, que não prestavam para nada e que a abandonaram. Inicialmente Polly tenta argumentar, em seguida procura explicar-se, mas sem grandes resultados. No meio da discussão ela desanima e se abate. Sarah renova o ataque. Está berrando e perde o controle. Polly não tem nenhuma autoridade sobre ela, sente os joelhos bambos e se retira, diante das acusações de Sarah e da iminência de uma agressão física.

Dot escolhe uma pessoa do grupo como ego-auxiliar para atuar como uma adversária alternativa de Polly. Faz com que a ego-auxiliar empurre Polly. Esta reage da mesma maneira. Dot pede à ego-auxiliar que intensifique os empurrões, mas, por maior que seja a força que ela empregue, Polly é muito mais forte. Na vida real, Polly certamente não parece ser desprovida de força ou de capacidade de lutar. No entanto, quando lhe é solicitado que utilize essas potencialidades em relação a Sarah, não consegue nada. Assim que Sarah começa seu discurso, que induz Polly à culpa, esta última desmorona. Dot vem em seu auxílio, fazendo-a recorrer à respiração diafragmática e solicitando, em seguida, que se ajoelhe como um "samurai", de tal modo que consiga sentir seu poder. Esses procedimentos de nada servem, porém. As acusações de Sarah fazem Polly sentir-se "cansada" e ela desiste de lutar.

Neste ponto, Dot poderia seguir vários caminhos. Um raciocínio psicoterapêutico convencional recomendaria conjecturar que Sarah não poderia despertar culpa em Polly, a menos que houvesse nela, Polly, uma predisposição para sentir-se culpada, predisposição essa possivelmente existente em sua família de origem. De acordo com essa lógica, deveria ter acontecido uma dramatização ligada à família de origem, confrontando Polly e sua mãe ou seu pai. Na verdade, Dot pesquisou essa hipótese, perguntando a Polly se esse sentimento de impotência culposa a fazia lembrar-se de alguma outra cena de sua vida, talvez quando era criança. Polly afirmou que não.

Outro procedimento óbvio seria entrevistar Sarah, enquanto personagem, com maior profundidade. Afinal de contas, o tema das "mães múltiplas" constituía uma revelação de partir o coração, no contexto do drama. Talvez Dot pudesse ter explorado mais amplamente o papel de Sarah, aprofundando a compreensão de Polly no que dizia respeito a sua rejeição e às decepções que ela sofrera na vida, utilizando uma prolongada inversão de papéis. Parecia, entretanto, que Polly já tinha plena consciência de tudo aquilo por que Sarah havia passado e fazia um esforço exagerado, no sentido de compensá-la. Dot sabia muito bem do perigo que corria, ao solidarizar-se demais com Sarah, ausente, e ao se tornar influenciada pelo drama existente na vida desta última. Acreditava que, possivelmente, haveria linhas de ação mais frutíferas a serem seguidas, relativas à manutenção do problema no aqui e agora.

Dot decide aprofundar sua compreensão da dificuldade e reporta-se ao sistema familiar. Pergunta a Polly qual foi a atitude de Bill, em relação à disputa entre ela e Sarah. Polly responde que Bill conseguia "enxergar ambos os lados" do conflito. A partir de seu interrogatório sistêmico, Dot não recolhe provas de que o comportamento de Sarah seja uma reação a uma desarmonia conjugal ou tenha o objetivo de desviar para sua pessoa quaisquer tensões presentes no casamento. Não parecia também que Polly ou Bill estavam procedendo a uma operação triangular com Sarah, tentando desviar-se do mal-estar que o conflito lhes provocava. Conforme veremos, talvez seja o que acontece na dramatização "Priscilla e o mingau" (Capítulo 6). A criança que representa, como um meio de unir pais em conflito, é uma hipótese clássica, de primeira linha, entre os terapeutas de família, mas nem sempre ela é confirmada. Freqüentemente é algo excessivamente simples e, outras vezes, não é suficientemente simples. Entretanto, neste exemplo, Sarah conseguiu dividir os pais no que dizia respeito a uma questão básica — a do controle — e de tal modo que os tornou impotentes. Quanto a ela, tornou-se incontrolável.

Dot organiza um encontro psicodramático entre Bill e Polly enquanto "pais", exatamente como faria se estivesse procedendo a uma terapia, em uma clínica destinada a tratar de questões familiares, e com todos os membros da família à sua disposição. Sua fala tem o efeito de uma ordem e o casal deve trabalhar em conjunto, desempenhando exclusivamente seu papel enquanto pais, tendo em vista os cuidados e a proteção que devem ser dispensados a um jovem ser.

Sarah é o objeto da discussão do casal. Bill apóia Polly, mas sua atitude para com Sarah é um tanto ambivalente. Dirigida por Dot, Polly consegue deixar aflorar parte de sua ambivalência e culpa por sempre querer controlar Polly e por necessitar da ajuda de Billy para poder agir assim. Ela acaba declarando que precisa do auxílio de Billy, enquanto pai, para controlar o comportamento de Sarah. Na inversão de papéis, isto lhe é prometido. Em seguida ela volta para a cena que se passou no quarto. Como antes, Sarah está praguejando, acusando, brigando e mostra-se assustada. Dessa vez Polly luta com toda a sua força. Ao trocar de papel e atuar como Sarah, ela opõe uma resistência feroz e continua a acusar Polly de ser mãe que pouco se importa com ela e que a abandona. Polly volta a ser ela mesma, domina sua filha e, após muita luta, a faz cair no chão, segurando-a pelos ombros. Sarah resiste e lhe dá pontapés. Polly chama Bill para ajudá-la e pede-lhe que sente nas pernas da filha, o que ele faz. Ambos seguram Sarah, que passa por estados de raiva, choro, súplicas, promessas de mudança etc., contanto que a soltem. Eles não a largam, porém. Finalmente, ao trocar de papel, Sarah relaxa e, aparentemente, entra em um estado de profunda paz. Ela e seus pais começam a conversar.

A cena final documenta, de modo surpreendente, a capacidade do psicodrama de expor a "verdade psicológica" das pessoas, pois o efeito da técnica de contenção na dramatização, foi incrivelmente semelhante ao efeito da técnica de contenção na terapia de família, praticada com uma família "de verdade". A dramatização também foi notável na medida em que o sentido da briga não é aquele, habitual no psicodrama, de expressar raiva ou alcançar o estado da espontaneidade através da evocação de uma emoção, mas, na verdade, o de estabelecer um controle e um limite. Nesse caso, os limites são físicos. Jay Hayley refere-se a um caso parecido, em *Terapia não-convencional* (Hayley, 1973), no qual Milton Erikson orienta a mãe de uma criança que abusa, a repreendê-la severamente durante um dia inteiro. Desde a publicação desse livro, vários procedimentos foram sugeridos, na terapia de família, a fim de que os pais possam refrear fisicamente uma criança aterrorizada, que receie não haver limites e que por isso mesmo, em conseqüência, que não exista segurança. A criança atua cada vez mais e torna-se cada vez mais medrosa, caso não seja contida. A cena é também inusitada, no sentido de que a mãe que, com tanta freqüência, é uma figura persecutória ou acusada, nos psicodramas, pelo menos uma vez "está certa". Sua atitude para com a filha é apoiada pelo peso do psicodrama (e por seu próprio peso, nada negligenciável), em vez de ser sutilmente minada por insinuações de psicopatologia, relativas à culpa e a sua própria família de origem.

Dot escolheu expandir dramaticamente a definição do problema, a partir do superenvolvimento entre Polly e Sarah, ao introduzir a participação inconsciente do pai na manutenção desse problema. O problema não é visto como algo que pertença a Sarah ou a Polly, mas como uma questão recorrente, que diz respeito a toda a família. A "solução" consiste em desenvolver os papéis de Polly, não tanto enquanto indivíduo, mas como esposa e mãe. Isto quer dizer que somente após ter sido capaz de expor claramente suas necessidades a Bill é que ela poderá começar a lidar com Sarah. Depois disso, ela conseguiu dominar Sarah, fazendo-a cair no chão. Antes, porém, ela era impotente. Bill envolveu-se somente quando a batalha quase havia chegado ao fim. Poder-se-ia dizer que, pelo menos, ele não estava agindo contra Sarah enquanto pai. Sua antiga ambivalência não indica necessariamente "problemas no casamento" — um tema antigo, favorito da terapia — mas, na verdade, uma perturbação nas regras e na função da família. O foco da questão continua a ser direcionado para a menina, mas a participação do pai no subsistema parental é aumentada de modo a separar a díade mãe/filha, que se encontra em um processo de extremo envolvimento (Minuchin e Fishman, 1981). Ao apoiar o subsistema parental, a distância psicológica entre a mãe e a filha aumenta e a distância entre os cônjuges diminui, na medida em que se atribuem a eles tarefas comuns, enquanto pais.

No decorrer da dramatização Dot desafiou a epistemologia de Polly de várias maneiras. Já não existe mais um "paciente identificado" na família — Polly — mas pelo menos dois e, possivelmente, três. Quer isto dizer que, para que haja mudança ao nível do problema, todas as interações que ocorrem na família precisam mudar. Em segundo lugar, agora Polly dificilmente acreditará que um membro da família — ela ou Sarah — está controlando o sistema, em vez de cada um deles servir como um contexto para o outro. O papel de Sarah — o de filha acusadora e rejeitada — só poderá ser mantido se Polly adotar o papel de mãe culpada, que rejeita e vice-versa: Polly somente poderá adotar esse papel se Sarah "concordar" em ser a filha rejeitada e abandonada. Além do mais, Billy poderá ajudar Polly a desenvolver seu papel de mãe culpada dividindo-se ele mesmo entre as duas. Caso ele tivesse adotado outro papel em relação a Polly e Sarah, os papéis delas também teriam de mudar.

O sistema de papéis, na família, não é aquele clássico de perseguidor/salvador/vítima, mas, na verdade, um sistema complicado, no qual a "patologia" ocorre quase que por acidente ou por negligência do senso de responsabilidade de cada pessoa em relação a si mesma. Ao se tornarem excessivamente responsáveis pelos outros, os dois adultos, na realidade, furtam-se a essa responsabilidade. Eles, de modo algum, podem ser considerados doentes. É que simplesmente não sabem o que fazer. Bastou a Polly desenvolver o papel de mãe colaboradora e decidida para deixar de lado o papel de culpada, indicando que nem sempre é necessário agir diretamente sobre um processo intrapsiquíco tal como o da culpa. A culpa é interpessoal e é evocada por contextos específicos e por outras pessoas que a despertam ou que lhe propiciam condições adequadas. A dramatização seguiu o rumo que seguiu devido a uma leitura mais sistêmica do que "linear" do ciclo da interação. Foi uma criação conjunta, um novo mapa, produzido ao mesmo tempo por Polly e Dot.

Capítulo seis

Intervenções estruturais no psicodrama

O casamento é um estado horrível
e a única coisa pior do que isso é ser solteiro.
Whitaker

Na década de 1970 a terapia estrutural despontou como uma das abordagens mais conhecidas no campo da terapia de família. Até mesmo pessoas relativamente pouco familiarizadas com a terapia de família podem ter ouvido falar de Minuchin e podem identificar a terapia de família com esse psiquiatra de origem argentina. A popularização da terapia estrutural também pode derivar de seu quadro de referência claro, que introduz ordem nas maneiras poderosas, embora imprevisíveis, pelas quais os membros de uma família se afetam mutuamente. Ela descreve as famílias como algo que possui uma organização subjacente, utilizando conceitos que propiciam pautas inteligíveis para o diagnóstico e o tratamento.

As fronteiras e coalizões, os sistemas e subsistemas que, segundo se diz, constituem a estrutura da família são abstrações, da mesma forma que os papéis, no psicodrama. No entanto, constituem instrumentos que nos ajudam a notar as diferenças. Por exemplo, empregar o conceito de estrutura familiar introduz uma diferença, para os terapeutas, e os capacita a intervir de modo sistemático e organizado. As diferenciações estruturais também são valiosas quando se trata de intervenções psicodramáticas. Realizar uma intervenção estrutural ao nível da realidade suplementar é uma maneira de organizar os dados que o protagonista apresentou e de criar em conjunto uma nova realidade, na qual a espontaneidade se torna possível. A terapia familial estrutural tem por objetivo liberar as famílias de seus hábitos rígidos, criando oportunidades para que despontem novas estruturas. As intervenções estruturais no psicodrama objetivam algo semelhante, embora, dessa vez, a "família" seja internalizada, presente unicamente nas construções pessoais do protagonista.

Qualquer sistema é definido por seus limites. É assim que sabemos que se trata de um determinado sistema e não de outro. Sua pele é um limite. Você também tem uma linha que contorna seu cônjuge e seus filhos, a que denomina "família", para distingui-la daquilo que "não é a família". No interior dessa família, existe uma delimitação em volta de você e seu cônjuge — "o subsistema conjugal" — e mais outro em torno dos filhos — "o subsistema filial". Do mesmo modo, quando os terapeutas se encontram com os pacientes, outro limite é estabelecido e eles concordam em denominá-lo o "contexto terapêutico". Estes são exemplos das miríades de limites em nossas vidas, barreiras invisíveis que rodeiam os indivíduos e os subsistemas, regulando a quantidade e o tipo de contato que estabelecemos com os outros.

Os "limites" representam o perímetro do sistema, mantendo juntos os componentes que constituem esse sistema, e controlando o fluxo de matéria, energia e informação que se dirige ao sistema e dele sai. Os limites protegem e regulam. Mantêm intactos e coesos os elementos que integram o sistema, mas também precisam ser permeáveis, permitindo ao sistema trocas apropriadas com o exterior. Se os limites forem excessivamente permeáveis, o sistema perde sua integridade e identidade, mas, se forem fechados demais, o sistema carece de informação e "alimento". Os limites rígidos são demasiadamente restritivos e permitem pouco contato com sistemas externos, resultando em afastamento, por exemplo, entre pais e filhos. Subsistemas "emaranhados", por outro lado, embora proporcionem considerável apoio mútuo, podem reduzir a independência e a autonomia de todos que deles fazem parte.

A estrutura familial é determinada em parte por fatores universais e, em parte, por fatores específicos de uma certa família. Por exemplo, todas as famílias possuem algum tipo de estrutura hierárquica, na qual pais e filhos possuem diferentes graus de autoridade. No interior da estrutura familial cada pessoa pode apresentar um conjunto de papéis — provedor, o consolador, o desamparado, o organizador etc., os quais se originaram de padrões transacionais, de tal modo arraigados que sua origem é esquecida e agora eles passam a ser encarados como algo necessário e não como algo opcional. Os padrões de interação, perpetuados, formam uma estrutura que se torna resistente à mudança. Os papéis tornam-se rígidos.

A maior parte das famílias operam por meio de "regras", em geral não explicitadas e que se situam fora do campo da percepção. Tais regras facilitam a vida em termos de economia decisória, mas também impedem os membros da família de utilizarem uma ampla gama de comportamentos que, de outro modo, poderiam estar a sua disposição, sobretudo quando esses membros se vêem diante de uma crise em seu desenvolvimento, tal como o nascimento de um filho, o momento em que os filhos saem de casa ou o fato de a mulher aceitar um emprego remunerado fora de casa. Algumas regras são necessárias e outras restringem desnecessariamente a espontaneidade. Uma compreensão das regras que organizam as interações ajuda a entender como a família define as suas. A estrutura familial é o padrão organizado, no qual os membros da família interagem. Ele descreve seqüências previsíveis, repetidas, que estabeleceram padrões duradouros. A terapia estrutural da família se direciona para a alteração da estrutura familial, de tal modo que a família possa resolver seus problemas. Como o objetivo da terapia é a mudança estrutural, a resolução de um problema torna-se um subproduto dessa mudança.

Conforme temos observado, a estrutura familial envolve um conjunto de regras ocultas, que governam as transações que se dão na família. Modificar tais regras pode ou não afetar a estrutura, mas mudar a estrutura quase certamente afeta as regras. Modificar a estrutura, no âmbito da realidade suplementar, é um dos conceitos mais fáceis de se realizar e de se entender. Razão pela qual este capítulo aparece antes dos conceitos sistêmicos mais difíceis, que serão descritos no próximo. Na verdade, a maioria dos psicodramas envolvem uma modificação de algum tipo de estrutura existente na realidade suplementar. Por exemplo, Peta mudou a estrutura da família em "A dama da Espanha", p. 39, e Polly modificou a estrutura de sua família em "A mãe cansada", p. 114. Na dramatização que será apresentada em seguida, a mudança da estrutura ocorre em termos dos limites da família. Ao alterar os limites e realinhar os subsistemas, o diretor muda o comportamento e a experiência de cada um dos membros da família.

As intervenções estruturais são particularmente adequadas ao método psicodramático, na medida em que ambas as formas empregam a dramatização, por ocasião das sessões, a fim de reenquadrar o problema e sua solução. Todas as psicoterapias recorrem ao reenquadramento. Os pacientes ou os participantes do grupo trazem sua própria visão do problema e o terapeuta oferece uma visão diferente e potencialmente construtiva. O que é peculiar à terapia estrutural é observar e modificar a estrutura das transações familiares, no contexto imediato da sessão (Nichols, 1984). Seeman e Weiner (1985) mostram com bastante precisão algumas das diferenças existentes entre a dramatização, na terapia de família, e a dramatização, no psicodrama. As percepções dramatizadas, que são a base do psicodrama, não constituem uma imitação ou reflexo da realidade, conforme já vimos em "O dilema de Dale", p. 52. Do ponto de vista da cibernética de segunda ordem, eles são uma exteriorização dos sentimentos e percepções do protagonista quando se une com os sentimentos e percepções do sistema terapêutico — isto é, o diretor e o grupo. No entanto, quando tais sentimentos e percepções dizem respeito à estrutura da família, eles podem ser alterados ou satisfeitos por meio de uma alteração posicodramática das estruturas familiais, na medida em que as novas definições sejam adequadas.

A mulher que não conseguia ser aceita

O aquecimento para esta dramatização parte do sentimento habitual de Pat de ser excluída dos grupos, sob a alegação de "incompetên-

cia". *Quando lhe foi perguntado em relação a quem experimentava tais sentimentos com maior intensidade, respondeu que isto ocorria com sua sogra. A primeira cena retratou uma conversa telefônica entre Pat e sua cunhada, Anna. Anna diz a Pat que sua mãe está um pouco "aborrecida", no momento, devido ao fato de Pat não ter tido a atenção de convidá-la, em uma ocasião muito especial. A cena parece não ter muito mais "combustível", além desse fato, embora Pat tenha ficado muito zangada com Anna devido a suas insinuações um tanto capciosas. Intensificar a raiva que ela sentia significaria partir para um psicodrama cansativo, melodramático, que causaria pouca mudança no funcionamento global de Pat.*

A segunda cena acontece na cozinha da casa de Pat e tem como tema uma tentativa de confronto entre Pat e Andrea, a sogra. Pat acusa Andrea de fazê-la "nervosa e desajeitada" e de que nada do que ela faz "é suficientemente bom". Esta cena também não parece chegar a lugar algum. Faltam informações vitais sobre a estrutura social da família, embora o aquecimento de Pat se refira diretamente a Andrea. Duane solicita a Pat que "nos mostre como é estar nesta família". Pat, com certa falta de entusiasmo, começa a elaborar um mapa da família, recorrendo a egos-auxiliares. Duane se dá conta de que o jogo adquire mais vida quando Pat está no papel de Andrea e sugere que ela troque de papel com esta última, organizando a família tal como ela a vê. Andrea dá conta do recado com uma espécie de energia esfuziante. Não tem dúvidas e, ao lado dela, coloca Anna, sua filha. Do outro lado, mas a uma distância maior, coloca seu marido, Ern. Mais longe de sua filha fica Peter, seu filho, marido de Pat. A uma pequena distância dele está Louise, a primeira mulher de Peter. Pat e seus filhos são colocados fora deste círculo.

Durante a entrevista com o personagem, as convicções de Andrea receberam o máximo de atenção. Ela acreditava firmemente que havia estabelecido a unidade familiar essencial e que Pat não pertencia "verdadeiramente" à família, embora tivesse dado dois filhos a Peter. Para ela, família era a família original e não havia o que discutir. A questão era estrutural. Não importava quão agradável, prestativa, atraente, bondosa e competente Pat fosse. Ela estava de fora e sempre seria um elemento de fora. Peter, independentemente de todos os pecados que cometeu ao se divorciar e ao casar novamente, era "de dentro", o mesmo acontecendo com Louise, primeira mulher de Peter.

Após avançar de maneira convencional, a dramatização chegou a um beco sem saída. Aconteceram diálogos prolongadas (não relatados integralmente aqui), que envolveram um confronto entre Andrea e seu marido e entre Andrea e Pat. Parecia não haver muito sentido no fato de Pat reclamar ainda mais dessa mulher ou de seu triste destino, ou querer afogar todos eles no mar ou então recorrer a algum outro fado horripilante, ao qual submeteria sua própria família e outros persegui-dores. É claro que Pat agora "compreendia" o que estava acontecendo com muito maior clareza. No entanto, aceitar sua própria versão do mito familiar também implicava aceitar os rígidos limites familiares, bem como aceitar os laços essenciais que uniam Peter a sua mãe, mais do que a ela e aos filhos do casal.

O diretor solicita a Pat que organize mais uma vez o mapa da família, mas dessa vez ela deve fazê-lo em termos de gerações, em vez de definir quem é de dentro e quem está fora. Ela coloca Andrea e seu marido em uma das extremidades, põe Peter e ela mesma em um plano e, mais distantes, Anna e Louise, a primeira mulher de Peter. Atrás delas estão as crianças, a próxima "geração". Pat, ao que tudo indica, ficou muito surpreendida com essa nova configuração.

Acontece mais um confronto com Andrea. O diretor sugere que, na verdade, Pat conta com alguém para ajudá-la, isto é, seu marido, Peter. Ela se aproxima dele e pega sua mão, enquanto dirige a palavra à mãe dele. Após algumas trocas de papéis, fica claro que ela e Peter formam uma unidade e que se for necessário definir os limites da família, eles podem estabelecer um núcleo composto por eles dois e seus filhos. Ser aceita por Andrea seria "bom", mas ela se dá conta de que Peter, na verdade, fez novas alianças e que eles estão com ela. A dramatização termina com Andrea examinando esse mapeamento da família refeito. No acompanhamento, durante várias semanas e muitos meses mais tarde, a imagem daquela linha que atravessa o tempo e não o círculo que a exclui continua sendo algo muito forte, para Pat. Os relacionamentos familiares, segundo seu depoimento, são excelentes.

Nesta dramatização que se desenrola em tom menor, os procedimentos adotados por Duane representam, em relação aos exercícios psicodramáticos tradicionais, mais uma extensão do que um afastamento radical. A questão principal da dramatização tornou-se o fato de se redesenhar explicitamente os limites da família, um procedimento abertamente introduzido pelo diretor, aliás. Parte do problema parece ter sido o super-rígido desenho de limites em torno da "família", obra de Andrea, e a incapacidade de Pat em demarcar limites adequados entre ela e a família de origem de seu marido. Quando ela teve uma idéia mais clara dos limites adequados à sua própria família, a questão em torno da qual se desenvolveu o aquecimento, isto é, a "exclusão", foi resolvida.

Quando os protagonistas são solicitados a montar uma cena da família, não como ela se deu, mas como gostariam que ela fosse, eles, com freqüência, organizam uma estrutura familiar que parece sólida. Criam sua própria forma de terapia estrutural da família. Algumas vezes, porém, os protagonistas não conseguem sequer conceber estruturas adequadas. Podem estar envolvidos demais com seu próprio papel no sistema para serem capazes de introduzir em suas relações um novo pensamento, isto é, a espontaneidade. Então pode ser pertinente que o diretor sugira uma nova estrutura familiar ao lado da "velha família" e observe como o protagonista reage à diferença. Se a ação perde o ímpeto e torna-se destituída de vida, os diretores precisam encarar esse fato como prova de que a intervenção foi pouco apropriada ou realizada no momento errado. As intervenções estruturais funcionam quando se abrem padrões alternativos de interação familiar que possam modificar a estrutura da família. Habitualmente tais intervenções não criam novas estruturas, mas ativam as que se encontram adormecidas. Se, uma vez ativadas, as seqüências adormecidas se mostram funcionais, a pertinência da intervenção se refletirá na vibração e na clareza da resolução do drama.

Um sistema pode ser descrito mais apropriadamente como um círculo do que como uma roda com eixo (sendo esse eixo o protagonista). Os protagonistas sentem-se eixos, mas na verdade não o são. Um psicodrama que focalize a estrutura enfatiza a totalidade, os limites e a organização como princípios unificadores. "Totalidade", na literatura sistêmica, significa que nenhum sistema pode ser adequadamente compreendido quando seus elementos componentes são decompostos. Portanto, no exemplo de "A mulher que não conseguia ser aceita" nem o comportamento de Pat, nem o de Anna, de Andrea ou de Peter podem ser entendidos separadamente. Isso porque os elementos jamais funcionam independentemente — "o estado de cada um deles é restringido pelo estado de todos os demais" (Goldenberg e Goldenberg, 1985, p. 29).

Ao trabalharem com estruturas, os diretores ajudam a diferenciar os subsistemas de limites de vários membros, caso estejam emaranhados, ou os ajudam a se aproximarem, caso se mostrem excessivamente rígidos. Eles podem enfatizar as diferenças das crianças em relação a elas mesmas e em relação a seus pais. Podem ajudar os pais a fazer exigências apropriadas à idade. Podem estabelecer limites protetores em torno dos subsistemas conjugais e dos subsistemas filiais. Podem auxiliar os pais a se separarem emocionalmente dos filhos (e vice-versa), quando esses filhos foram induzidos a assumir papéis pouco apropriados, de cônjuge, amante ou pai. Uma intervenção estrutural na realidade suplementar permite que os protagonistas vivenciem como seria uma família (a família deles) caso ela funcionasse de maneira apropriada e que liberdades e fronteiras existiriam no interior dessa estrutura. Eles, por assim dizer, poderão refazer seu próprio desenvolvimento, como filhos que foram um dia.

Terapia analógica *versus* terapia digital

Enquanto produtores, os diretores de psicodrama precisam assegurar que a dramatização seja adequada. Ela necessita ser esteticamente agradável e deve seguir os princípios básicos da encenação. As formas analógicas de comunicação — o "feeling" dos relacionamentos — tem precedência sobre as formas digitais (conteúdo) ou sobre as palavras que alguém emprega nos relacionamentos (Watzlawick *et al.*, 1967). Tele é o termo empregado por Moreno que engloba parte desse conceito, mas não ele inteiro. Assim, uma intervenção estrutural em psicodrama também precisa ocorrer nesse nível relacional ou analógico, assim como as intervenções na terapia da família operam principalmente nesse nível, embora a investigação possa se ter realizado no nível digital (conteúdo). Na dramatização, os indivíduos não apenas se "comunicam" como se tornam parte da comunicação. Eles vêem, ouvem, cheiram, provam o gosto, sentem, agem, comentam e fofocam. Não descrevem a comunicação: participam dela.

Toda comunicação possui um conteúdo e um aspecto relacional. Esses dois modos de comunicação se complementam em toda mensagem. Quando os diretores atuam como investigadores sociais, eles lidam com a expressão verbal (digital) de um até então vago conhecimento da relação. O material da mensagem digital, embora possuindo um grau de complexidade, visibilidade e abstração muito mais elevado do que o material analógico, em última análise é desprovido de um vocabulário adequado às contingências do relacionamento. "Falar" a respeito de um relacionamento requer uma tradução adequada do modo de comunicação analógico para o modo de comunicação digital. Na dramatização, o relacionamento é expresso diretamente. É por isso que, algumas vezes, tudo que se necessita para um psicodrama familiar satisfatório é que o diretor amplie a produção até onde ela possa chegar e até que a estrutura tenda a endireitar-se. A dramatização intitulada "A dançarina de can-can" ilustra esta colocação.

A dançarina de can-can

Paulina é uma moça de 28 anos, atraente e cheia de vida, que ainda mora com os pais. É filha única. Seu tema, no drama que será encenado, refere-se a seu desespero em conseguir, algum dia, estabelecer relacionamentos satisfatórios com os homens.

Por ocasião da entrevista inicial com o diretor, ela diz a Dot que, na sua opinião, isto se deve às "relações deterioradas" que seus pais mantêm entre si. Ela jamais foi bem-sucedida e feliz com os homens porque seu pai se relaciona muito mal com sua mãe. A mãe "é infeliz há trinta e cinco anos."

Dot não está preparada para a dramatização e vê o tema de Pauline como algo que, provavelmente, será melhor dramatizado como uma vinheta. Pauline é convidada a conversar com os pais, o que acontece com dois egos-auxiliares, mas sem que uma cena seja montada. A essência desse diálogo é a acusação que ela faz ao pai: "Ao não amá-la (a mãe de Pauline), você não me ama, pois eu faço parte dela."

Que passos Dot deveria dar, após uma declaração tão surpreendente? A próxima intervenção deveria ser endereçada ao pai ou à mãe? Na verdade, tais perguntas são enganosas. Embora Pauline reivindique uma identificação com sua mãe que, no mínimo, seria problemática, e ainda que possa ter formado uma coalizão com sua mãe, de vítima queixosa, em relação ao pai — é cedo demais para se ter certeza disso — a interação, a essa altura, será melhor conduzida abordando todo o sistema familiar.

O papel de produtora, de Dot, pode ser primário, pois, ao que tudo indica, a investigação social e a teorização em torno dos sistemas serão bem abordados no decorrer da própria dramatização. Ainda é muito cedo para ser terapeuta. Em conseqüência, Dot pergunta a Pauline se ela se recorda de uma cena que evoque vividamente os sentimentos que ela experimenta em relação a seus pais. A cena trazida por Pauline ocorre no final de uma refeição familiar (quantas cenas de grande importância, no psicodrama e na vida, acontecem em torno de uma mesa!), quando ela tinha cerca de quatro anos de idade (e quantas dramatizações, com inúmeros diretores e protagonistas, advindos dos mais diversos meios, apresentam a cena primordial quando o protagonista tinha três ou quatro anos de idade! Essas indicações serão discutidas mais adiante, no presente capítulo).

Do modo como Pauline coloca os egos-auxiliares, parece que o pai e a mãe constituem um casal frio e alienado. No tempo real da dramatização eles estão tendo uma discussão, durante a qual o pai, enraivecido, empurra o bule de chá para fora da mesa e queima a mãe. Esta começa a chorar e Pauline a imita. A ação prossegue e Pauline ataca o pai, que tenta fazer com que ela se sente. Para um observador, ele pode parecer estar agindo "sensatamente", dada a natureza da situação. Ele empurra a filha em direção à cadeira, mas sem usar de muita energia. Pauline volta-se para a mãe, chorando, e esta intervém, colocando-se entre a filha e o marido.

Aqui, obviamente, existe espaço para a terapia estrutural da família. Afinal de contas, os limites geracionais estão se tornando difusos e a filha parece fazer parte de uma batalha triangulada. A autoridade paterna está sendo minada por um bem-sucedido apelo da filha, que joga o pai contra a mãe. Uma intervenção estrutural, a essa altura da dramatização, poderia consistir, ao nível da realidade suplementar, em fazer com que o pai e a mãe tivessem um diálogo sobre o tipo de educação que dão a Pauline, após o que ambos estabeleceriam os devidos limites. Outro tipo de intervenção estrutural seria aprofundar a briga entre o pai e a mãe, deixando Pauline de fora. Seria um modo de marcar os limites entre as gerações, deixando bem claro para Pauline que aquilo que seu pai fez com sua mãe não faria com ela.

Apesar de essas possibilidades serem defensáveis, Dot não as escolheu. Embora ainda não tivessem sido atendidas as exigências para que o drama pudesse ser encenado, ainda era possível que os limites entre as gerações pudessem operar, sem uma intervenção explícita por parte do diretor. Se uma intervenção estrutural, em se tratando de um problema, ocorre cedo demais, a "lição" poderá ser simplesmente intelectualizada. A informação introduzida no sistema pela dramatização, ocorrida ao nível da realidade suplementar, poderá ser redundante. O sistema não conseguirá absorvê-la porque não se acha preparado para isso. Colocando a questão de outra maneira: ainda há muita informação analógica por vir e é desnecessário traduzir digitalmente o que está sucedendo. Ao encorajar a dramatização dos acontecimentos na família de Pauline, Dot espera uma resolução analógica, no misterioso nível do próprio relacionamento, para o qual não existem palavras adequadas.

Dot sugere que Pauline aprofunde o assunto com seu pai. Ela não precisa mais do que um pequeno aquecimento e é tomada por uma explosão de raiva. Movimenta-se de um lado para outro e para frente e para trás, diante do pai. A raiva se intensifica cada vez mais. Pauline avança para ele (foi colocada uma almofada na barriga do ego-auxiliar que interpreta o pai) e lhe dá socos e pontapés. Isso dura algum tempo até ela ficar exausta. No entanto, cada vez que ela pára, faz um movimento estranho com os pés, diante do pai. Quando fala com ele, apóia-se ora em um pé, ora no outro.

Dot sente dificuldade em entender o que tais movimentos significam. Talvez Pauline esteja dançando diante do pai; talvez ainda pretenda dar mais pontapés ou, quem sabe, trata-se de um tipo estranho de procedimento (aproximação-evitação), que esteja sendo simbolizado. Dot decide adotar a primeira hipótese, confiando em que ela será imediatamente rejeitada, caso não se revele precisa ou pertinente.

A exemplo do que ocorre com freqüência no psicodrama, é difícil saber com exatidão quando o protagonista está sugerindo algo ao diretor ou quando a sugestão se dá ao contrário. Talvez seja melhor considerar que se trata de um sistema de influência mútua, no qual suas imaginações ativas se fundem, por assim dizer. Moreno refere-se a um "co-inconsciente" e esse tipo de terminologia parece descrever com extrema precisão o modo como os diretores e protagonistas trabalham em conjunto. O psicodrama é uma terapia altamente "diretiva" e, no entanto, a liberdade de que os protagonistas dispõem para organizarem seus próprios mundos, viverem e agirem neles, parece não ter paralelo. Quem sabe isso constitua um paradoxo.

Os movimentos de Pauline — para frente e para trás — sugerem uma espécie de dança. Tal sugestão é reforçada pelo material que surgiu na entrevista inicial: ela ainda mora em casa; seu pai "arruinou" seu relacionamento com outros homens; ao não amar sua mãe de maneira apropriada, ele também não amava a ela, Pauline, adequadamente. Trata-se apenas de pistas e de sugestões, a partir dos dados apresentados, mais do que "conclusões" clínicas (pensando bem, tais pistas e sugestões não podem mesmo passar disso). A "hipótese" segundo a qual Pauline é a "dançarina" de seu pai poderá ser confirmada ou rejeitada, caso seja devidamente encenada.

Agora Dot precisa criar um ambiente apropriado para que a encenação avance mais. Solicita ao grupo que cantarole uma música de cancan. Pauline começa a dançar lentamente, de maneira mais formal, intensificando os movimentos para frente e para trás, que fizera antes. Parece extremamente desamparada, à medida que age. Diante do pai, que está sentado, executa uma verso do can-can, levantando a perna e dando ponta-pés. Ao trocar de papel com o pai, "rege" o coro, fazendo com que ele cante mais alto e num ritmo mais vertiginoso (o grupo estava começando a esmorecer). A cena tem um clima trágico e histérico. Finalmente, após viver o quase insuportável, Pauline começa a chorar. Dessa vez ela enfrenta de verdade seu pai, que está atuando como um maestro, no poço de uma orquestra. Ela não se mostra tão violenta, como nas cenas iniciais, em que dava pontapés, mas, por outro lado, agora já não existe mais muita ação. No final, ela declara ao pai que os dias em que dançava para ele chegaram ao fim. No enfrentamento final, ela já não se apóia mais em um e outro pé. O início da separação entre Pauline e seu pai parece convencer o diretor e os espectadores, que suspiram aliviados.

Os protagonistas estão acostumados há muito tempo com um determinado roteiro que lhes é familiar. Precisam de ajuda para transformar esse roteiro, para modificar seu significado e para introduzir outros elementos que mudem a estrutura original. Com a ajuda do diretor, eles apreendem a distribuição e tomam consciência de como são distribuídas e quais as características das funções recíprocas da família, isto é, como os papéis interagem. No palco psicodramático o protagonista fornece muitos dados verbais e não verbais que podem levar a uma compreensão dos papéis em jogo. Tais elementos são percebidos pelo diretor sob a forma de uma configuração global, na qual se baseiam os esforços para que o protagonista redefina a situação. É claro que o diretor sempre age assim, mas no caso de diretores que se baseiam na terapia estrutural de família, eles observam com especial atenção a posição que cada pessoa assume na família e podem tentar utilizar isso.

Ainda que Dot tenha intensificado os elementos na dramatização, ela o fez com base numa avaliação prévia das posições relativas dos protagonistas. Organizou ativamente os elementos fornecidos pela família a fim de delinear uma nova estrutura, gradualmente construída no decorrer da dramatização. No início, tinha-se a impressão de que o relacionamento de Pauline com sua mãe era de importância fundamental. À medida que a cena foi avançando, surgiram indícios que permitiram supor que a "individuação" que ela precisava realizar poderia ser mais bem-sucedida — pelo menos naquele estágio — caso ela entendesse sua separação, em relação ao pai.

Uma teoria sistêmica do psicodrama não apenas percebe o protagonista em seu sistema, mas também leva em conta a interação entre diretor e protagonista. A dramatização, portanto, não era apenas uma co-produção de Pauline e Dot. Pauline e Dennis ou Pauline e Duane, Duke, Dean, Di ou qualquer outro diretor mencionado neste livro teriam produzido uma dramatização bastante diferente. Não era, em hipótese alguma, inevitável que Pauline terminasse como uma dançarina de can-can diante de seu pai; o drama do sistema é, em si, parte de um sistema no qual os espectadores também influem.

Os diretores precisam, enquanto produtores, ser cautelosos, quando se trata de reforçar a visão que o protagonista tem da família tal como ela era ou até mesmo como deveria ser. Assim, eles poderão reproduzir o mapa da família do protagonista, ou influenciar a produção, no estágio inicial, recusando-se a passar para cenas que destacam os membros da família, encarados pelo protagonista como figuras centrais do problema. Ao serem levados a evitar sua visão tradicional da realidade, os protagonistas estão sendo ajudados no sentido de reavaliarem afetiva e cognitivamente sua experiência com a família. Guldner (1983) sugere que os protagonistas são remetidos para novas percepções, isto é, para a espontaneidade.

Em vez de introduzir elementos "estranhos" no roteiro familial, os diretores baseiam a produção no material que emerge concretamente das transações dos membros da família uns com os outros, com o protagonista e com o diretor. Eles podem reestruturar os elementos oferecidos, colocando em primeiro plano fatores despercebidos e relegando para um segundo plano elementos aparentemente relevantes. Imagens perdidas no meio da cena poderão ser ressaltadas e a família pode ser convidada a comentá-las ou a interagir com elas. O diretor procura não apenas uma catarse, mas um novo conhecimento, novas estruturas e uma modificação das regras da família. Até mesmo essas novas regras e a nova estrutura precisam ser instáveis e provisórias, caso contrário a conserva cultural retorna. Os protagonistas são estimulados a fazer escolhas livres de modelos rígidos, mesmo daqueles modelos que estabeleceram para si mesmos em psicodramas anteriores.

É comum que a própria produção e sua passagem para a realidade suplementar tenham impulso próprio e carreguem suas próprias mensagens terapêuticas. Nessas ocasiões costuma emergir uma nova configuração do padrão familiar como parte integrante da dramatização. A reestruturação explícita torna-se então desnecessária; a terapia, por assim dizer, cuida de si mesma.

Em outros momentos um reforço extra não parece necessário. A postura ativa, preconizada nas páginas que se seguem, é oferecida como um conjunto de alternativas mais do que como uma receita. Os terapeutas se assemelham a diapasões: aprendem a ressoar o sistema do protagonista de modos diferentes, em diferentes estágios do processo terapêutico. Baseados em uma avaliação sistêmica ou estrutural, os diretores podem propor diferentes versões do roteiro da família, no estágio da realidade suplementar, na dramatização. Este é, aliás, um dos principais estágios terapêuticos. Tais intervenções podem ser efetuadas de acordo com procedimentos que se encaixam perfeitamente no repertório psicodramático "tradicional", posto que o psicodrama é preponderante relacional e, portanto, numa certa medida, estrutural e sistêmico.

Função e desenvolvimento

Os psicodramas que enfatizam a estrutura investigam mais a função e o desenvolvimento do sistema social que está sendo retratado do que propriamente os conflitos intrapsíquicos. Vejamos agora que espaço existe para se focalizar o estágio de desenvolvimento no qual o drama está sendo representado. Quais serão as tarefas, ligadas ao desenvolvimento, que precisam ser dominadas e talvez ainda não o tenham sido e quais são as estratégias relativas à adaptação que se requer? Uma dramatização cujo tema é a família de origem, quando o protagonista tem determinada idade, pode indicar que a família inteira está impedida de avançar e sente dificuldade em se movimentar para a fase seguinte de seu ciclo vital. Assim, a familia da "dançarina de can-can" se vê tanto diante de uma determinada fase do desenvolvimento de Pauline como do desenvolvimento da família como um todo. Mais tarde, iremos examinar alguns psicodramas, tais como "O filho do relojoeiro", nos quais o estágio de desenvolvimento em que a cena se situa é crucial para que se compreenda a dinâmica central.

Um dos objetivos da terapia estratégica da família é ajudar as pessoas a atravessar uma crise e caminhar para o estágio seguinte da vida em família (Hayley, 1973; Madanes, 1981). De acordo com a visão estratégica, a espontaneidade inadequada (comportamento disfuncional) é encarada mais como um produto do conflito entre as pessoas do que como o resultado de forças conflitivas existentes dentro de um indivíduo. Relacionamentos diádicos ou triádicos precários tendem, portanto, a se tornar o foco da atenção do diretor e a intervenção do psicodrama pode ajudar todo o sistema a alterar seu padrão transacional. O esforço terapêutico objetiva produzir (definir) os padrões de relacionamento mútuo, característicos de todo o sistema, tanto na forma analógica quanto na digital. Os diretores que pensam estruturalmente possuem regras diferentes, que utilizam para dar um sentido àquilo que estão experimentando, e diferentes linguagens para conceituar e interpretar a informação. Trata-se do modo como eles agem a fim de obter informações e chegar a conclusões a respeito do mundo. Em outras palavras, sua epistemologia é diferente da epistemologia do terapeuta tradicional ou até mesmo da de um psicodramatista.

A narrativa do psicodrama que se segue, "Priscilla e o mingau", segue, na verdade, uma linha convencional. Reporta-se, mais uma vez, à infância, e é apresentada junto com algumas especulações a respeito do que poderiam ter sido alguns dos elementos desenvolvimentais, estruturais e funcionais daquele momento e a respeito de como esta ou outras dramatizações poderiam ter sido dirigidas a partir de um ponto de vista sistêmico. A dramatização de Priscilla, proporciona, portanto, uma introdução a algumas das possibilidades do psicodrama no qual a terapia estrutural pode ser enfatizada. Por outro lado, faz o trabalho preliminar de familiarizar-nos com algumas das possibilidades desse tipo de intervenção no psicodrama. É feita uma tentativa no sentido de correlacionar o comportamento do protagonista no grupo com a narrativa e a estrutura da dramatização.

Priscilla e o mingau de aveia

Priscilla tem 35 anos, é extremamente inteligente e participa de um grupo de formação. É casada e tem três filhos. É uma teórica muito competente e demonstra grande poder de conceituar, desde que isto não se refira à sua pessoa. É também um excelente duplo, gostando de ligar-se às pessoas e de "tornar-se" elas. No seu trabalho como psicóloga, seu ponto forte é a empatia básica, mas sua capacidade de conduzir um caso é limitada e seus casos tendem a tornar-se "intermináveis".

Priscilla exige tempo e compreensão do grupo, através de muito choro. O tempo que ela solicita é para explicar (ou para que lhe expliquem) um acontecimento ou uma observação. É como se ela não compreendesse exatamente onde é que ela "termina" e onde é que os outros "começam". Na verbalização, ela parece sentir dificuldade em inverter papéis, em ver-se de fora, por assim dizer. Parece não saber exatamente quando as pessoas a estão incluindo e quando elas querem mudar de assunto.

Em conseqüência, ela se torna ansiosa e pouco receptiva à espontaneidade das outras pessoas, quando elas realmente passam para outros assuntos. Essa reação provoca nas pessoas um grande afastamento, o que contribui para tornar Priscilla ainda mais ansiosa. Desencadeia-se um ciclo de infelicidade. Nos seus primeiros dias no grupo ela polariza- va as reações das demais pessoas: aceitação significa total e inesgotável aceitação da pessoa dela. A menor rejeição também é total e dá lugar a muitas queixas. A maior parte do discurso de Priscilla, no grupo, gira em torno de pequenas estórias que narram como alguém de fora do gru- po (em geral seu marido ou sua supervisora) ou do grupo foi desleal com ela.

Em geral, o grupo dá a Priscilla o tempo que ela solicita, embora, ao agir assim, todos fiquem cada vez mais irritados com ela. Priscilla se torna cada vez mais chorosa. A essa altura costuma haver uma pola- rização no grupo. Alguns gostariam que ela se mantivesse em silêncio e outros reagem a ela com compaixão, lealdade ou interesse autêntico. Pelo menos um de seus amigos assume um papel de liderança, reconfortando-a e enfrentando a pessoa irritada, censurando sua "falta de sensibilidade", caso Priscilla seja criticada.

Por ocasião da dramatização, Priscilla reportou-se a uma cena na qual tinha quatro anos de idade. Na cena, sua mãe mandou-a retirar-se da sala de jantar para o quarto. O crime cometido: Priscilla derramara um prato de mingau de aveia no chão da cozinha. Ansiosa, ela aguarda no quarto a volta do pai, que vem almoçar. Quando ele chega, ela ouve vozes altas na cozinha e, em seguida, os passos de seu pai no corredor. Sua mãe encarregou-o de castigá-la. Ele entra no quarto, tira o cinto e começa a surrá-la. A mãe permanece na cozinha, ouvindo os gritos de Priscilla. A surra é violenta e o grupo reage, horrorizado. Na reali- dade está mais horrorizado do que a própria Priscilla.

O abuso de crianças, em suas formas mais brandas ou mais extre- madas, é um tema freqüente no psicodrama. Reações a surras ou até mesmo a correções alojam-se vividamente nas lembranças das pessoas e, quando psicodramaticamente encenadas, provocam estados extremos de pânico, raiva e indignação, tanto no protagonista quanto nos demais membros do grupo. Castigos físicos em internatos ou a crueldade prati- cada por professores, inclusive membros de ordens religiosas, constituem, com freqüência, o tema de um aquecimento para o papel, refletindo em parte a forte impressão que semelhantes experiências com a violência provocam nas pessoas. Tais fatos também refletem — esperemos que seja assim — o grupo etário das pessoas que participam de psicodramas na década de oitenta e que freqüentou a escola anos nos cinqüenta e ses- senta, quanto tais formas de disciplina eram mais comuns do que hoje. É possível que, na década de noventa, não surjam tantas dramatizações como essas. Ou talvez elas sejam arquetípicas e representem *qualquer* experiência de intrusão e violência, seja ela verbal ou física, que todo mundo sofre inevitavelmente em algum momento de sua vida.

Vamos deixar de lado um pouco essa dramatização, para especular quais seriam as questões relevantes que surgiram até agora na apresentação de Priscilla, deixando de lado o sentimento de raiva ou de revolta que a violência em relação aos jovens torna a estimular. Uma dramatização pode ser conduzida em diversos níveis e ser examinada em outros tantos. Vamos começar pelo plano do desenvolvimento. A ambivalência de Priscilla em relação a seu pai (que será sugerida mais tarde, no decorrer da encenação) e o ódio que sente pela mãe, quando tinha quatro anos de idade, sugerem questões edipianas na família, naquele momento. Em termos sistêmicos, questões edipianas provavelmente digam mais respeito a alianças e, em última análise, ao amor do que ao sexo propriamente dito. Aos quatro anos de idade Priscilla pode amar seu pai excessivamente; pode recear que sua mãe não ame suficientemente a ela ou a seu pai; pode desejar afastar-se um pouco de sua mãe e penetrar um pouco no mundo do pai. Sua mãe talvez não goste ou não compreenda sua rebeldia e seu afastamento e poderá tentar estabelecer uma aliança com o marido em torno dessa questão.

Pensando em termos "desenvolvimentistas", poderíamos dizer que esta família está enfrentando dificuldades com a individuação, quando Priscilla tem quatro anos de idade, e que tais dificuldades se manifestam por meio de determinadas alianças. É até mesmo possível que os pais de Priscilla tenham uma individuação problemática a partir de seus próprios pais. Carter e McGoldrick (1980) sugerem que o comportamento disfuncional nos indivíduos relaciona-se com fatores "verticais" e "horizontais", causadores de pressões, no sistema familiar. Os fatores verticais inluem padrões de relacionamento e funcionamento, transmitidos de uma geração a outra e os fatores horizontais são aqueles acontecimentos causadores de ansiedade, vivenciados à medida que a família atravessa seu ciclo vital: crises de maturidade bem como crises inesperadas e traumáticas. Até mesmo um pouco de tensão, ocorrida no plano horizontal — por exemplo, uma criança que derrama a comida no chão — pode provocar grande perturbação em uma família na qual o eixo vertical já contém muita tensão. Carter e McGoldrick sugerem que quanto maior a ansiedade experimentada por gerações precedentes, em qualquer momento de transição, tal como o nascimento do primeiro filho, mais difícil esse momento se tornará para a geração atual.

Podemos também notar que o conflito se dá em torno de alimento, do ato de comer e do desmazelo. As dificuldades relativas ao alimento e ao ato de comer indicam freqüentemente brigas que objetivam o controle, o que, mais uma vez, evoca a questão da individuação. Portanto, até aí, o tema da dramatização poderia ser encenado ao nível dos sentimentos sexuais, da perda do amor, das alianças, do controle, da individuação ou de rejeição daquilo que é enfiado goela abaixo de alguém. A violência, a raiva, a indignação, o amor frustrado e a ausência de poder também estão presentes. À medida que a família encara novas tarefas e aprende novas técnicas de adaptação, ela também enfrenta novos riscos de disfunção familiar.

Ou quem sabe Priscilla não gostasse de mingau de aveia e sua mãe, naquele dia, estivesse desanimada, cansada de repreender a menina, imaginando que poderia conseguir do marido que ele, pelo menos uma vez, desse uma demonstração de força. Talvez isso tenha acontecido, mas, nesse caso, por que Priscilla se lembraria tão vividamente dessa cena e a representaria trinta anos mais tarde, no primeiro psicodrama de que participou? Uma hipótese afirmativa não combina com a intensidade do aquecimento e com a tensão existente nas três pessoas retratadas na dramatização.

Poderíamos igualmente examinar o drama de Priscilla a partir do ângulo um tanto mais incomum da função: como a família se organiza para cuidar, proteger e educar os filhos. Se focalizarmos os limites e a autoridade na família, a dramatização revela que a autoridade dos pais, no caso da família de Priscilla, é casual e imprevisível; a violência, ao que parece, surge não se sabe de onde. Embora o pai cumpra os desejos da mãe, ele age um tanto contra a vontade. Em um nível simples, parece haver falta de consenso entre os pais em questões ligadas à educação da menina. Semelhante ausência de consenso pode resultar em uma "triangulação" danosa ou em uma total confusão para a criança. Em termos de terapia estrutural da família, o conflito sugere um "pequenino orifício" paterno inadequadamente formado. Um "pequenino orifício" é um buraco separado, dentro de um buraco maior. Em uma família ocorre o mesmo: existe um orifício que se refere aos pais e um orifício que se refere aos filhos. Na família de Priscilla parece existir um subsistema conjugal fraco, com limites inadequados em relação ao subsistema dos filhos, representado por Priscilla (neste caso, os limites parecem ser muito difusos, embora em outras famílias os limites inadequados possam ser excessivamente rígidos).

Bowen (1966; 1972) desenvolveu a noção de "triângulos" como um conceito útil, quando se discute o relacionamento. Afirma ele que o menor formato de um relacionamento estável é triangular e inclui três pessoas intimamente associadas. A terceira pessoa, mais disponível ou vulnerável, é convocada para baixar o nível de ansiedade e a tensão existente na díade. Assim que ela se faz presente os indivíduos poderão sentir-se ansiosos ou tensos, mas o sistema como tal é mantido. Em uma família, é claro, talvez não haja apenas um único triângulo, mas vários, que se entrelaçam. Seu método de desfazer a triangulação reflete uma abordagem estrutural e dinâmica, em terapia de família, muito difícil de se obter no psicodrama. O terapeuta exclui das sessões subseqüentes o indivíduo mais vulnerável e encontra-se com os demais membros da família. Uma vez excluido esse membro, o terapeuta espera que a triangulação seja removida da família, a qual, então, seria suportada e investigada pelo terapeuta.

A solução adotada por Priscilla, no psicodrama, consistiu em procurar uma retribuição imediata. Naquele momento a solução pareceu ao diretor ser correta, sobretudo por se tratar do primeiro psicodrama de Priscilla. Em um assomo de vibrante liberação, primeiro ela agrediu e, em seguida, reconciliou-se com seu pai. A platéia psicodramática está familiarizada com este ciclo de raiva catártica que leva a expressões de unidade e de ternura. No entanto, o verdadeiro obstáculo de Priscilla, no psicodrama, era sua mãe, em relação a quem ela demonstrou sua raiva e em quem cuspiu, durante alguns momentos. Essa raiva era mais fria e não levou à reconciliação. No término da dramatização Priscilla foi dar uma longa caminhada, sozinha, conversando com vários animais da floresta. De um ponto de vista psicodramático, esse final foi bastante satisfatório, sobretudo em se tratando de uma primeira dramatização.

A solução encontrada por Priscilla, na cena, é bastante semelhante à solução que ela adota no grupo, isto é, sentir-se culpada-retirar-se. Sua "briga" no grupo, entretanto, era habitualmente mais velada e englobava uma coalizão hostil, na qual ela e seu aliado se tornam vítimas. Pelo menos na dramatização a briga é declarada e ela se torna animada e bastante clara. Não se deve interpretar como um fracasso da dramatização ou da terapia o fato de que, a essa altura, as soluções adotadas por Priscilla, na cena e no grupo, contenham semelhanças, já que sua persona psicodramática era mais vigorosa, "honesta" e lúcida do que aquela que ela apresentava ao grupo. Psicodramas repetitivos desta natureza todavia podem ser mais disfuncionais em termos do ciclo do problema e da solução.

Examinemos agora outras possíveis iniciativas que cabem a um diretor. Uma "nova solução" óbvia é a solução funcional. Por exemplo, o diretor poderá sugerir que a Priscilla adulta dirija os pais da menina que ela foi, aos quatro anos de idade, no sentido de que eles cheguem a um acordo básico sobre questões ligadas à educação de uma criança e a um equilíbrio entre o controle e a autoridade, apropriados à idade que ela tem naquele momento. A abolição total de limites nunca é uma solução psicodramática satisfatória, embora, durante algum tempo, o protagonista possa sentir a necessidade de agir interpretando o papel de Deus, de alguém que transcende limites, que vence seus inimigos e reconcilia-se com seus verdadeiros amores. Em geral os "inimigos" e os "verdadeiros amores" da protagonista são as mesmas pessoas, é claro: seus pais.

Em inúmeros psicodramas que envolvem pais, a resolução apresentada parece ser aquela segundo a qual o protagonista está brigando por sua liberação. A briga pode significar "expulsar aquelas forças", que se traduzem por injunções personificadas nos pais e foram somatizadas sob a forma de dores nos ombros, nas costas etc. De vez em quando a briga pode transformar-se em uma luta de verdade, quando a pessoa se liberta dos pais psicodramáticos, caçoa deles, urina neles, desfere-lhes golpes e lhes diz certas verdades. O resultado imediato é um afluxo de espontaneidade no protagonista e um sentimento de regozijo. Essas vitórias sangrentas costumam ser aplaudidas pelo grupo e é assim que deve ser. O inimigo, com freqüência, é um dos pais e não os dois e é aquele que aplicou mal, com fraqueza ou com excesso, sua força paterna ou materna. A espontaneidade liberada pela batalha geralmente resulta em um diálogo de coração para coração com o genitor, agora reformado e dócil. Uma vez que as camadas da raiva e do temor se tornam conhecidas e são exprimidas com verdadeira espontaneidade, a camada do amor poderá aflorar. O fim do psicodrama poderá ser a realidade suplementar, na qual o pai ou a mãe, outrora "mau", se torna "bom". Agora eles sabem lidar com o papel de pai e de mãe, com amor e bom senso.

Boszormenyi-Nagy e Spark (1973) introduziram na literatura terapêutica termos como "herança" e "lealdade", com o intuito de enfatizar que os membros da família adquirem inevitavelmente um conjunto de expectativas e um código de responsabilidade uns em relação aos outros. As famílias mantêm uma espécie de "livro de contabilidade familiar", um sistema contábil multigeracional de quem, psicologicamente falando, deve o quê a quem. Sempre que ocorrem injustiças, existe uma expectativa de uma restituição ou de um pagamento posterior. Os problemas nos relacionamentos se dão quando a justiça se faz muito lentamente ou em uma quantidade por demais pequena para satisfazer a outra pessoa. Visto desta perspectiva, o comportamento disfuncional, em qualquer indivíduo, não pode ser compreendido sem que se observe a história do problema e sem que se examinem contas que não foram ajustadas ou devidamente anotadas. O tema da dramatização de Priscilla poderia ser simplesmente o da justiça, o ajuste de contas.

As intervenções terapêuticas eficazes, declaram Boszormenyi-Nagy e Krasner (1981), devem apoiar-se na convicção do terapeuta de que a fidedignidade é uma condição necessária para que se proceda a avaliações ligadas ao conceito de herança e para permitir que os membros da família sintam que têm o direito de contar com relacionamentos mais satisfatórios. É o que todos os nossos heróis e heroínas psicodramáticos fizeram, em diferentes contextos e por diferentes motivos. Os autores sugerem que se compreende melhor as famílias em termos de lealdade — quem está ligado a quem, o que se espera dos membros da família, como a lealdade se expressa e o que acontece quando as contas relativas à lealdade estão desequilibradas. Sua "terapia contextual" ajuda a reequilibrar as contas registradas nos livros invisíveis de contabilidade da família. A dramatização transgeracional de Peta ("A dama da Espanha", p. 39) ilustra esse ponto, chegando até seus avós. Cada membro da família é encarado como alguém que faz parte de um padrão multigeracional, no qual os registros contábeis precisam ser equilibrados através de reavaliações, expressão e perdão. Assim, Portia poderá voltar para os trilhos (p. 9), Phyllis não mais precisará viver limpando a pia (p. 28) e Pansy não terá mais que sentir medo de ver cobras (p. 34). Afinal de contas, talvez "justiça" seja a palavra-chave dos psicodramas que se referem à família de origem.

Quais são outras possibilidades, fora essa de zerar as contas transgeracionais? O psicodrama preocupa-se em dizer algo sobre a vitalidade e a pulsação da vida nas pessoas. Essa intenção não fica prejudicada e, ao contrário, pode ser intensificada, ao se prestar atenção às estruturas que efetivamente impedem que aquela vitalidade emerja e se mantenha. Assim, tentamos ainda outro processo. Suponhamos que as relações de Priscilla, levadas ao palco, originem-se de questões entre os pais que não foram resolvidas. Priscilla pode até mesmo ter pouco a ver com este conflito de tão grande importância, mas os esforços que ela faz para sobreviver poderão contribuir para a intensificação desse conflito ou para desviar os pais do fato de que têm de lidar profundamente um com o outro. Nada sabemos sobre a vida íntima e sexual dos pais de Priscilla, mas é provável que sua família contenha uma "hierarquia que funciona mal" (Hayley, 1976), na qual o pai e a mãe não se relacionam como parceiros e cada um exerce uma função executiva na família.

Assim, o comportamento de Priscilla pode exercer um papel de grande importância na deficiente resolução dos conflitos existentes entre seus pais, por meio do "desvio" (uso do filho pelos pais, a fim de evitarem a tensão conjugal) ou através da triangulação, quando os pais solicitam à criança que fique ao lado de um deles contra o outro. O fato de se apoiar um dos pais é tomado pelo outro como um ataque, levando à paralisia ou a uma "coalizão estável". Nesta, um dos pais alia-se ao filho, em uma coalizão rigidamente delimitada, que abole as fronteiras das gerações e se opõe à outra parte (Minuchin, 1974). Ao empregar o termo "coalizão", Hayley (1976, p. 109) tem em mente um processo de ação conjunta contra uma terceira pessoa. Priscilla, de fato, formou semelhante coalizão com seu pai e sua mãe fez tudo o que estava a seu alcance para miná-la. Talvez seja por esse motivo que a mãe fez com que o pai surrasse Priscilla. Em todo caso, o exercício da autoridade por parte dos pais, na família de Priscilla, é acidental e se alterna com castigos e agrados. Embora os pais pareçam extremamente potentes e Priscilla surja como vítima indefesa, é igualmente válido encará-la como alguém que, de algum modo, controla a família, a partir de seu papel, que se assemelha ao de uma vítima. Este papel, é claro, não proporciona a Priscilla ou a seus pais muito prazer nem constitui um modo muito satisfatório de viver a vida.

A questão presente no psicodrama de Priscilla não é necessariamente o fato de que ela seja uma vítima impotente do ódio de sua mãe ou da complacência de seu pai. Se Priscilla "triunfar" repetidamente nos psicodramas, ela poderá reivindicar sempre o papel de parte agredida. Sua

142

agressão em relação à mãe, que aflorou durante o confronto físico com ela, constitui, na verdade, um novo papel, aliás valioso para Priscilla, já que ela exprime abertamente seu próprio poder e sua agressividade, duas outras facetas de sua personalidade muito negadas. Ela também se livra de alguns "rótulos destrutivos" que podem estar perseguindo a família há várias gerações, conforme vimos ao nos referirmos a Boszormenyi-Nagy e seus colaboradores. Mas possivelmente o aprendizado possa ser levado um pouco mais adiante em termos funcionais: Priscilla precisa crescer e tornar-se independente sem excessiva interferência por parte dos pais, mas contando com limites adequados, que proporcionem sentimentos de segurança e a segurança física efetiva de que ela necessita, enquanto criança. Uma intervenção psicodramática mais ampla, em certos casos, pode se dar ao nível do pai com a mãe, em vez de ocorrer no nível dos pais com os filhos. O diretor poderia gastar algum tempo fazendo com que Priscilla trocasse de papéis, primeiro atuando como o pai, em seguida como a mãe e discutindo as questões ligadas à paternidade e maternidade, conforme Polly e Bill fazem em "A mãe cansada" (p. 117).

São estabelecidas diferenciações que identificam a hierarquia social de um sistema perturbado, pelo menos em termos de diferentes gerações. O aquecimento de Priscilla e seu problema começam a ser encarados como parte de uma seqüência mais ampla de ações em um contexto social. O objetivo de uma dramatização que toma emprestados procedimentos da terapia estrutural de família, pode ser o de realizar uma reparação do vínculo dos pais, inicialmente enquanto cônjuges e, em seguida, enquanto pais. A realidade suplementar poderá incluir o fato de Priscilla testemunhar a existência de subsistemas adequados, relativos a pais e cônjuges, em sua família, e observar como é estar em uma família na qual o vácuo que existe entre os pais é preenchido. Ela vivencia relações adequadas enquanto criança, em vez de simplesmente experimentar a euforia decorrente da vitória psicodramática. A dramatização de Priscilla, acima de tudo, preocupou-se com a recuperação da espontaneidade e com a questão de ela livrar-se de um rótulo destrutivo. Se dramatizações subseqüentes repetissem incessantemente esse tema, correriam o risco de levar a um beco sem saída, e então poderiam ser necessárias novas intervenções na realidade suplementar, conforme já sugerimos.

Capítulo sete

A natureza sistêmica dos papéis

Recorrer a uma epistemologia de bolas de bilhar para abordar os fenômenos humanos é sinal de loucura.

Bradford Keeney

O palco psicodramático simplifica e reduz as complexidades da vida ao que elas têm de mais essencial. Os protagonistas se aquecem para uma experiência, intensificam-na e deixam de lado aquilo que não é pertinente à sua percepção, agora mais viva. É um processo de seleção, que não deixa de oferecer semelhanças com o de um artista, que pinta não uma paisagem, mas uma seleção dessa paisagem, não o nu, mas uma versão e seleção do nu. No psicodrama, o protocolo dramático garante que os acontecimentos e as reações comecem e terminem no limite do tempo que lhes é destinado. As arestas são aparadas com muita precisão, ao contrário do que sucede na vida. Em poucos minutos passa-se por vários anos, da mesma forma que um momento significativo pode ser isolado e ser encenado em duas horas. O tempo é reduzido ou intensificado, suprimido ou expandido. Remover as complexidades e as nuanças que normalmente envolvem uma vida provoca um efeito liberador, à medida que as percepções do protagonista tornam-se lúcidas e menos desordenadas. As intuições e as emoções, normalmente vivenciadas como algo fragmentário e dissociado, tornam-se psicologica e dramaticamente interligadas e os momentos significativos da vida são iluminados.

No psicodrama estratégico, a exemplo do que ocorre com o psicodrama convencional, a realidade é reduzida a proporções nas quais os protagonistas conseguem exprimir a experiência essencial de suas existências. Nos limites da situação terapêutica, suas vidas finalmente adquirem unidade e se completam, além de alcançarem uma inteligibilidade que substitui a incoerência, e uma validade que substitui o cinismo e o desespero. Os psicodramas estratégicos acionam a imediatez e a vibração do método psicodramático, mas alargam sua orientação sistêmica. O comportamento disfuncional de um membro do átomo social é encarado como se fosse um "espião", que observa as dificuldades da família em evoluir. Um problema é identificado, dramatizam-se as soluções que foram tentadas, em relação ao átomo social, e o protagonista opera tendo em vista novas soluções, por meio de novas informações.

Na verdade, a tradição psicodramática já possui uma orientação sistêmica, mas ela é embrionária e subutilizada. A prática e a teoria psicodramáticas, que tanto fizeram para enriquecer outros métodos terapêuticos, agora talvez tenham de se apropriar de determinadas teorias a fim de sobreviverem, ainda que minimamente, enquanto terapia sistêmica. Neste livro tenta-se uma nova síntese, na qual se confere um "nível" clínico ao psicodrama e ao trabalho de grupo. No psicodrama como tal, tal nivelamento se aplica sobretudo à entrevista com o personagem e à realidade suplementar. No trabalho grupal, tema de *Forbidden agendas*, livro que complementa este, é dispensada considerável atenção à recursividade da interação entre o líder e o grupo, assim como à análise das alianças e coalizões que se estabelecem em torno de um determinado problema, enquanto algo que ajuda a resolvê-lo. Antes de uma dramatização, o diretor focaliza o problema como tal, os objetivos mínimos tendo em vista sua resolução etc., conforme foi enfatizado no Capítulo 5. Decorrido algum tempo após um psicodrama, diferenças no funcionamento do protagonista são ressaltadas e a "rotina da melhoria" (Brennan e Williams, 1988) pode ser inteiramente executada. O objetivo do psicodrama estratégico, assim como o objetivo do próprio psicodrama, é a espontaneidade, mas a espontaneidade envolvida é mais sistêmica. A "queixa", no grupo, é tratada como uma mensagem a respeito de relacionamentos.

Conforme já notamos, na medida em que a teoria e a prática, na terapia da família, incluem muitas filosofias e muitas escolas, não existe um processo único ao qual possamos denominar terapia da família. As principais influências, que têm sido aproveitadas para desenvolver uma forma estratégica de psicodrama, podem agora ficar mais claras, graças às citações de autores que aparecem neste livro: a equipe do Instituto de Pesquisa Mental (MRI), composta de nomes como os de Watzlawick, Fisch etc.; um terapeuta de família australiano de nome Michael White (1986a), enormemente influenciado por Bateson, e o grupo de Milão: Selvini Palazzoli, Boscolo, Cecchin e Prata. O pensamento de Bateson e de White será particularmente notado neste capítulo.

Enquanto experiências dramáticas e artísticas, psicodramas bem conduzidos são valiosos em si, não necessitam de recursos extras. Os protagonistas, ao lembrarem-se deles, os consideram algo que constituiu um dos momentos mais ricos de suas vidas, como uma época em que eles estiveram repletos de presença de espírito e em contato com a grandeza da própria humanidade e da humanidade dos outros. Foi um momento em que a ligação entre todas as pessoas e entre toda realidade tornou-se aparente, um tempo de intensa beleza e nobreza, ainda que em meio a um intenso sofrimento, um momento em que a perspectiva de um coração verdadeiro foi confirmada. Descrevi anteriormente os méritos desse procedimento e denominei-o "o psicodrama enquanto revelação".

Faz-se muito bem em venerar essas espécies de experiências epifânicas e elas se situam naquilo que a vida tem a nos oferecer de melhor. O mundo da estética e a regra do espírito liberado pertencem às regiões mais elevadas de nosso ser. O contato com esse mundo pode ser "terapêutico" no sentido mais amplo do termo, mas esse mundo, em si, não é terapia e talvez nem deveria ser reduzido a uma função, tendo em vista algo mais. Ele é absoluto, categórico e existe por si só, em vez de ser apenas um instrumento que nos faz sentir melhor ou que nos cura. No entanto, enquanto modalidade clínica que diz respeito a essa espécie de mundo, o psicodrama pode agir tanto para o bem quanto para o mal. Dramatizações reiterativas, que perseguem a cura em lugares em que ela não se encaixa, podem tornar-se parte do problema, mais do que parte da solução, conforme veremos no próximo capítulo.

Os psicodramas estratégicos enfocam problemas. Recuperam a espontaneidade que existe no sistema, ajudando a redefini-lo em todas as suas conexões relevantes, suas "lealdades invisíveis". A exemplo da terapia das escolas estratégico-sistêmicas, esse método tenta impedir uma repetição de seqüências disfuncionais com as quais uma pessoa (ou uma família) está envolvida e procura abrir seus sistemas para mais complexidades e mais alternativas. Ele recorre à capacidade da psicologia de abolir o tempo, evocar o espaço e ocasionar uma intensa redução da complexidade, de tal modo que os dados de vida de uma pessoa se adaptem ao contexto terapêutico. A capacidade do psicodrama de dirigir a experiência emocional para sua essência combina-se com o pensamento sistêmico, a fim de abrir novos domínios. A experiência emocional é encenada em todas as suas conexões relevantes com outras pessoas. Ele emprega a análise sistêmica do papel, apresentada no Capítulo 4, a fim de focalizar o contexto interpessoal dos papéis e a recursividade da interação entre as pessoas.

Cl: Tenho anorexia nervosa.
Th: O que ela significa para você?
Cl: (Não responde)
Th: O que ela significa para sua mãe? Que tipo de problema é para sua irmã?

O terapeuta aescobre que a paciente acha que sua mãe é infeliz por causa dela, que o pai é infeliz por causa dela e que a irmã afirma ser infeliz também por causa dela. Essa espécie de poder, ainda que agradável por um lado, sempre apresenta conseqüências paradoxais. A pessoa é poderosa, mas não consegue o que deseja.

Pergunta-se então à paciente se a mãe pode ser infeliz, devido a qualquer outro problema; se ela acha que jamais parecerá tão boa quanto sua irmã; se, acaso não fosse anoréxica, seus pais usufruiriam mais ou menos o relacionamento deles e se gostariam mais ou menos dela do que de sua irmã; se sua irmã "se apagaria" caso ela ganhasse peso. Ao fazer tais perguntas, o terapeuta está, potencialmente, conseguindo informações, mas também as transmitindo por meio de sugestões indiretas, a respeito de uma boa aparência, de relações agradáveis, do fato de cuidar dos outros, das conseqüências desastrosas para outra pessoa caso adquirisse peso normal etc.

Moreno começou pela idéia de que a matriz espontâneo-criativa poderia tornar-se o foco central do universo das pessoas, não apenas como fonte subjacente, mas como a própria superfície de sua vida real. O psicodrama estratégico sugere uma abordagem mais funda da espontaneidade, baseada na cibernética. A espontaneidade é a capacidade de assumir papéis novos e adequados, em um sistema. Ela se torna possível quando a pessoa ou todo o sistema tem acesso a certos tipos de informação, certas definições de si mesmo que se tornam "sinais de diferença". Algumas vezes um psicodrama "padrão" será adequado para propiciar essa nova informação, conforme vimos nos Capítulos 1 e 2. Outras vezes o terapeuta necessita criar estrategicamente contextos mais inusitados para a aventura e a descoberta, de tal modo que se possa chegar à nova definição.

Já que o psicodrama com um protagonista é essencialmente uma terapia sistêmica de um indivíduo, os diretores trabalham com indivíduos a fim de ajudá-los a fazer uso da própria energia e da própria entidade, ao interagirem com os outros. Torna-se uma questão de como encontrar maneiras de soltar a energia de tal modo que, se for necessário, os indivíduos possam utilizar a si mesmos como terapeutas potenciais no sistema familial ou em seu átomo social imediato. Lembremos que um átomo social compreende as pessoas que são essenciais para o protagonista no aqui e agora. Habitualmente, mas nem sempre, os membros da família seriam incluídos, da mesma forma que os colegas de trabalho, os amigos e até mesmo as organizações. Para serem agentes de mudança em seu próprio sistema, os protagonistas podem necessitar de uma nova forma de pensar e de ser, a fim de "verem as diferenças" que foram criadas no psicodrama.

No exemplo de Anna, a anoréxica, o terapeuta acredita que as regras secretas do sistema social dela formam uma rede de pressuposições que a impedem de ver a realidade de qualquer outro modo que não aquele segundo a qual ela a enxerga no momento. Essas limitações, que atuam principalmente a partir de uma percepção consciente, ajudam Ana a formar a consciência e a ditar seu comportamento em termos de tornar mais provável que ela faça certas coisas e menos provável que faça outras, devido ao modo como ela "vê" a realidade. Um terapeuta sistêmico se propõe a destrinchar as regras sociais e culturais que os pacientes aceitam ou desafiam, e as limitações que os impedem de agir de outro modo ou de considerar diferentes alternativas. Essas "regras" sociais são compostas por conjuntos de significados, ocultos em sua maior parte. Ao remover algumas das limitações, abre-se o caminho para a espontaneidade e para a descoberta de novas soluções.

As perguntas que o terapeuta fez a Anna disseram respeito sobretudo à diferença, sobretudo a diferença dentro dos relacionamentos. Em famílias muito patológicas, saber que existe uma diferença torna-se algo perigoso. A ausência de reação à diferença pode assumir a forma de caráter e de ação. Se uma irmã é inteligente e a outra medíocre, esta se tornará brilhante e aquela, menos sagaz, de modo que não haja mais diferença. Todos sentirão dificuldade em fazer algo uns para os outros. A anoréxica da família é, freqüentemente, excelente cozinheira: alimenta os outros membros da família e morre de fome. Anna está mais próxima a sua mãe do que a outra irmã, mas ela se pergunta se isso acontece porque a mãe a ama realmente ou porque ela é doente. O terapeuta reflete sobre tais questões internas e as torna explícitas:

Você é muito forte, muito persistente, mas sua mãe não confia em você. Quando ela confiar realmente em você, quem sabe poderá parar com esse seu comportamento anoréxico. Mas, mesmo que sua mãe confie de fato em você, ainda assim você poderá entrar em crise. Talvez sua teimosia seja mais forte do que você.

O terapeuta utiliza implicitamente uma epistemologia sistêmica pela forma das perguntas: "Você age assim e o que sua mãe faz quando você age assim?" Todos nós quase sempre funcionamos seguindo padrões de causalidade circular. A forma da pergunta ou da terapia tem o propósito de fazer aflorar essa circularidade. A direção da terapia consiste em propiciar ao paciente a consciência de uma diferença, não apenas no que diz respeito aos relacionamentos na família, mas até mesmo entre a pessoa e sua teimosia, que é exteriorizada. Portanto, estabelece-se uma diferenciação artificial, que se torna a base de uma dupla descrição entre a pessoa e sua teimosia. Esta forma de trabalhar no grupo e no psicodrama será ilustrada na dramatização "A influência relativa do Monstro de Peggy" (p. 155). Primeiro, porém, precisamos discutir o que poderá ser uma "causa", em se tratando de uma interação humana.

A causalidade em sistemas vivos

Explicação negativa

Os terapeutas tentam ajudar seus pacientes a efetuar mudanças em suas vidas. Alguns terapeutas acreditam que se simplesmente propiciarem as condições "necessárias e suficientes", os clientes mudarão por si mesmos. Outros esperam "causar" a mudança adotando determinadas estratégias. No entanto, a noção de causalidade, em sistemas vivos, é um tanto complexa. A maior parte de nós tem uma noção de causalidade que se assemelha a um jogo de bilhar: dê uma tacada na bola com precisão e ela cairá na caçapa. Essa é uma "explicação positiva". De acordo com essa explicação, os acontecimentos seguem seu rumo porque são levados ou impulsionados a isso. Pode-se predizer o que acontecerá se se souber o suficiente em relação às condições — a força da tacada, o ângulo no qual a bola é atingida etc. As explicações positivas são satisfatórias para o mundo inanimado tal como bolas de bilhar ou pilhas de tijolos.

Entretanto, nos sistemas vivos, sobretudo nos sistemas humanos, necessita-se de um tipo diverso de explicação. Experimente fazer a seguinte experiência: pegue uma cadeira e empurre-a pela sala. Ela vai mais ou menos para onde você a empurra, não é mesmo? Você pode prever aproximadamente para onde a cadeira irá, levando em conta sua força, o peso da cadeira, a superfície do assoalho etc. Você é a causa e ela é o efeito. Agora tente empurrar três pessoas pela sala, uma após a outra. A pessoa n. 1 cai no chão, a pessoa n. 2 vai com você e vocês fazem um trenzinho. Então ela se torna a máquina e você, o vagão. Vocês dão a volta na sala, fazendo barulho. A pessoa n. 3 não gosta de ser empurrada. Ela reage e também puxa, com mais força do que você empregou. As três pessoas agem de modo muito diferente uma das outras e essa diferença não depende unicamente do fato de serem gordas ou magras ou de haver ou não um tapete ou um assoalho encerado sob seus pés.

Examinemos agora a pessoa que caiu no chão. É um homem. Você se curva e pergunta se ele está bem. Inicia-se um diálogo. Você se sente culpado por tê-lo empurrado e lhe diz isso. Ele assume um tom acusador e um pouco triunfante. Você se torna ainda mais culpado e a coisa caminha por aí. Será que você causou a queda dele? Não, pelo menos do jeito que você "causou" o movimento da cadeira. Se você foi o causador da queda, por que as duas outras pessoas não caíram? No entanto, você as empurrou com idêntica força. Depois que ele caiu, a pessoa n. 1 foi "causa" de você se inclinar e expressar a culpa que sentia? Não exatamente, pois outra pessoa poderia não se inclinar de modo algum, cuidar de sua própria vida, passar por cima do homem caído no chão, jogar confete nele, também cair ou qualquer outra coisa do gênero.

Assim, se a causalidade do jogo de bilhar não se aplica aos acontecimentos humanos, então como explicaremos que alguma coisa possa acontecer? Não podemos oferecer uma "explicação positiva" (eu empurro/a cadeira se movimenta) e, assim, somos forçados a recorrer a uma "explicação negativa". Quando eu empurro, a outra pessoa faz uma seleção, a partir de uma gama de possíveis comportamentos, e executa um deles — cai no chão. As duas outras pessoas selecionaram e executaram papéis diferentes. Uma delas continuou empurrando e transformou-se em um trenzinho, a outra reagiu, empurrando também. Poderíamos dizer que a pessoa que caiu no chão agiu quase como se estivesse impedida de selecionar outros comportamentos. O impedimento não é absoluto. Essa pessoa poderia ter agido diferentemente. É uma questão de probabilidade ou de tendência. É aqui que a noção se torna útil à terapia (não cair no chão é um comportamento particularmente disfuncional que precisa ser modificado, mas, no momento, nos restringiremos a este exemplo). Se puderem ser encontrados modos de suprimir os impedimentos, poderão ser criadas as oportunidades de surgimento da espontaneidade. Se a pessoa não estivesse impedida de perceber que outros tipos de resposta eram possíveis e adequadas, se não estivesse ofuscada por essas limitações, então ela teria condição de selecionar outros conjuntos de respostas que se podem considerar como algo mais enaltecedor de seu ser.

Voltemos a esta questão durante alguns momentos. Embora o exemplo seja simples, as idéias podem iludir muita gente e não se adequam com exatidão a nossos estilos normais de pensar. Uma pessoa é como é, um átomo social é como é e os acontecimentos seguiram o rumo que seguiram não tanto porque foram levados a isso devido a uma causa, mas porque foram ''impedidos'' de seguir caminhos alternativos (Bateson, 1972, pp. 399-400). Tornar-se consciente de que o comportamento é como é através da análise do impedimento ou da explicação negativa, possibilita pensar diferentemente sobre o problema e sobre a análise direta da causa. As restrições estabelecem limitações relativas à quantidade e o tipo de informação com que uma pessoa ou um sistema podem lidar. Assim, cada um de nós se encontra no limiar da percepção das diferenças ditadas por impedimentos que se situam, em grande parte, fora da consciência. Os impedimentos tornam as pessoas (nós) despreparadas para reagir a certas diferenças ou discriminações. As pessoas são impedidas de efetuar aquela procura na base de ensaio e erro, necessária à descoberta de novas idéias e ao desencadeamento de novas respostas (White, 1986a, p. 171). Relativamente falando, elas não conseguem pensar ou agir de outra maneira. Não conseguem nem mesmo enxergar que existem outras possibilidades. As velhas idéias resistem, novas informações se diluem, a espontaneidade se perde.

Notando as diferenças

Precisamos de um outro conceito, o de informação. A causalidade das partidas de bilhar, nos sistemas vivos, é inadequada não só devido ao ciclo de um efeito que se torna uma causa, que se torna um efeito, que se torna uma causa etc. (Eu empurro/ele cai/Eu me torno culpado/Ele se torna triunfante, eu empurro/ele...) e não apenas por causa de uma explicação mais negativa do que positiva, mas porque os acontecimentos que se dão entre os seres vivos, incluindo os animais e até mesmo as plantas, são mais determinados pela informação do que por forças físicas brutas. Aquele que empurra e aquele que cai reagem mais à informação do que à física. Eles possuem informações relativas ao ato de empurrar, mas também informações (obtidas de seu próprio sistema de construção pessoal) relativas ao que "devem fazer" se alguém os empurrar. Isto quer dizer que eles conferem um sentido ao acontecimento da melhor forma que estiver a seu alcance. O modo como eles conferem sentido aos dados e os transformam em "informações" se dá quando eles conseguem estabelecer discriminações.

Sabemos apenas que algo é "quente" por distingui-lo do "frio" ou até mesmo do "morno". Sabemos que algo é "vermelho" por ser diferente do azul, do amarelo ou do marrom. Conhecemos o "bom" por distingui-lo do cruel ou do indiferente. Até mesmo fisicamente nosso corpo atua baseado na informação, transpirando por exemplo, quando sentimos calor e produzindo cascas de ferida quando sangramos. Se nosso corpo atuar a partir de uma informação errada ou se fizer distinções errôneas — por exemplo, produzindo células quando não fomos machucados — então teremos de enfrentar um grande problema. Os sistemas, incluindo o sistema de nossos próprios corpos, operam através da informação.

Existem milhões e milhões de discriminações que estabelecemos todo dia. Elas constituem a base de toda ação, do menor dos gestos, do menor dos passos que damos. Somente algumas são transformadas em idéias duradouras, somente algumas constituem o objeto da terapia. O mapa da realidade de uma pessoa ou sua rede de pressuposições, proporciona um contexto para as limitações que passará a operar quando houver necessidade de novas informações e novas discriminações. A informação sobre os acontecimentos que ocorrem no mundo (por exemplo, eu empurro/o homem cai) é transformada em descrições, sob a forma de palavras, figuras ou quadros. A informação torna-se uma "história" através da explicação que eu lhe dou e essa explicação depende de minha própria rede de pressuposições. É "por isso" que eu me curvo sobre o homem que caiu em vez de jogar confete nele ou cair junto com ele. Construí minha própria história em relação ao que aquele acontecimento significa. Sua queda atuou como uma informação para mim. Como surge essa "notícia" (a da queda) depende de como ela se encaixa com minha rede de pressuposições.

A maior parte de minha rede de pressuposições é moldada pelos outros, sobretudo por minha família de origem. É aqui que eu adquiro minhas crenças básicas sobre o mundo — por exemplo, o conceito de que devo inclinar-me quando alguém cai no chão. No entanto, as velhas idéias são muito resistentes e, assim, as novas idéias devem apresentar a mesma resistência. Uma rede nova e proveitosa deve ser constituída de tal modo que resista mais do que as alternativas. As pessoas com problemas procuram a terapia após haver tentado algumas soluções para suas dificuldades. Contudo, tais soluções e até mesmo uma terapia prévia podem ter servido para perpetuar ou até mesmo reforçar aqueles mesmos problemas para os quais se procurava uma solução. Ainda que as soluções não tenham sido proveitosas, continua-se a recorrer a elas. O indivíduo ou a família continuam a recorrer a tais soluções como se fossem impedidos de descobrir soluções alternativas. Se examinarmos a solução, em geral se torna possível obtermos informações relativas aos impedimentos. A tarefa do terapeuta consiste em estabelecer condições mediante as quais se possa estabelecer novas discriminações e novas idéias possam sobreviver mais tempo do que as idéias antigas (White, 1986a). O psicodrama estratégico não apenas permite que o sistema se defina (através do procedimento de transpor a ação para uma dramatização), mas dá passos no sentido de garantir a sobrevivência de novas idéias.

O caminho ideal do psicodrama estratégico consiste em efetuar transformações em todo o sistema, de tal modo que seja liberada a energia criativa, bloqueada por redes de pressuposições super-restritivas. Então os indivíduos ficam livres de alguns dos impedimentos que existem nessas redes. Tornam-se abertos a novas informações e têm mais acesso à própria energia e espontaneidade, que incrementarão seu modo de ser. A entrevista baseada em impedimentos focaliza aquilo que bloqueia o protagonista, em determinado momento, ou focaliza determinado problema, partindo da aventura e da descoberta que se requer para novas soluções (espontaneidade). Para que um procedimento seja denominado terapia talvez não baste que se propicie a aventura e a descoberta. A terapia estabelece um contexto que contribui para a capacidade do paciente de reagir a novas informações, de fazer descobertas que durem enquanto forem convenientes. Portanto, o que está em jogo é algo mais do que a evocação da espontaneidade. Em um nível literal e analógico, os protagonistas são a parte mais disponível e competente do sistema de que provêm. Ao colocar o peso do psicodrama por detrás do protagonista, os diretores se tornam responsáveis pela co-criação, no sistema, de novos papéis que já não são mais tão limitados por pressuposições disfuncionais.

Redefinição

Qualquer psicodrama ou quaisquer acontecimentos na vida de uma pessoa apresentam a capacidade de criar um contexto para a aventura e a descoberta, no qual novas idéias poderão aflorar. Existe, porém, pouca coisa no protocolo do método psicodramático que assegure a durabilidade dessas novas idéias. Algumas vezes parece que os diretores têm a esperança de estabelecer um "big bang" suficientemente grande para manter as estrelas expandindo-se incessantemente para fora... quanto mais potente a explosão, mais o cliente haverá de entrar em órbita.

Quando tal procedimento não alcança bons resultados, os diretores podem juntar-se aos protagonistas, à procura de uma solução que consista em mais psicodrama ou mais terapia. A "terapia do momento" pode ser muito valiosa, mas corre o risco de tornar-se parte do sistema disfuncional de uma pessoa, se os únicos "momentos" que essa pessoa pode ter se encontram na própria terapia.

Já observamos que os sistemas vivos reagem em seu próprio interior (no interior de sua própria realidade) e àquilo que eles percebem, a fim de manter a própria organização autônoma. Eles se apropriarão de algo vindo do exterior unicamente se parecer que esta ação não ameaça sua identidade ou sua autonomia (sua "realidade"). Uma "perturbação" vinda de um outro sistema, como um terapeuta, por exemplo, pode, porém, intensificar a autonomia ou a identidade do sistema. Semelhante perturbação é encarada como algo positivo se ela reconhecer o sistema tal como ele é e se essa perturbação não for percebida como algo "adventício". Esses tipos de perturbação são recebidos de braços abertos, por assim dizer, e podem ser incorporados a uma nova realidade, a uma nova definição.

Uma proposta direta de "mudança", que venha de uma fonte externa ao sistema, poderá ser percebida por este último como uma ameaça a sua autonomia. No entanto, uma mudança que ocorra a partir de uma permissão ao sistema para redefinir-se a si mesmo faz sentido internamente, para a pessoa ou para o sistema que mudaram. Possivelmente a maneira mais eficaz de influenciar um sistema seja conceder-lhe condições para que ele intensifique sua própria autonomia, permitindo que ele veja em que consiste essa autonomia. Eis aqui a vantagem do psicodrama: nele, os protagonistas são convidados a compartilhar seu *Eigenwelt* ou mundo interno próprio, por mais esquisito ou idiossincrático que ele seja. Mediante esse processo, a noção que os protagonistas têm em relação à autonomia do sistema é legitimada. Eles estão abertos a novas distinções e a novas informações.

O comportamento dos organismos, de acordo com Maturana e Varela (1980) não é uma acomodação ao ambiente, mas uma manifestação da estrutura interna. As observações de Maturana propiciam uma oportunidade útil para repensarmos nossos conceitos de mudança e de causalidade. Afinal de contas, talvez não faça muito sentido as pessoas tentarem modificar diretamente outras pessoas. Na melhor das hipóteses pode-se ter a capacidade de desencadear uma perturbação interna, uma modificação na lógica interna do sistema. Se um sistema pode ser ajudado a reorganizar-se tal como é e de acordo com todas as suas conexões, então ele poderá ter a capacidade de modificar sua estrutura interna. Na terapia pode-se propiciar um "território" mais amplo do que aquele no interior do qual o sistema podia se movimentar anteriormente. Portanto, uma terapia bem-sucedida oferece um contexto que reconhece o modo específico que o sistema tem de ser ele mesmo. O sistema é o único provedor possível dos recursos de que necessita para lidar com as perturbações que não intensificam seu bem-estar.

Um psicodrama que ajude a definir e redefinir o sistema pode ser um modo de ampliar o território e de propiciar uma definição mais vívida do indivíduo ou do sistema, tal como ele existe agora. O sistema recebe a garantia, por assim dizer, de que não será perturbado "de fora", na medida em que os diretores simplesmente ajudem o protagonista a colocar em movimento seu próprio sistema. Somente então o sistema será definido apropriadamente. É aqui que um questionamento hábil por parte do diretor pode ser exercido. O protagonista talvez não saiba quais são essas conexões relevantes, que "lealdades invisíveis" o estão impelindo, que redes e coalizões estão operando no interior do átomo social, a fim de plasmar aquilo que é encarado como informação e aquilo que não é considerado como tal. Talvez Maturana tenha razão, talvez seja realmente impossível modificar alguém.

As pessoas só mudarão em relação à sua interação com o terapeuta se fizer sentido fazer isso do seu próprio jeito (Kelly, 1955). O terapeuta que confirme esse "fato" essencial poderá verdadeiramente expandir a noção de si mesmo que um paciente tenha. Um terapeuta que não aja assim provavelmente se queixará a seus colegas e até mesmo sugerirá a seus pacientes que eles estão resistindo demais. Ao ajudarem o protagonista a estruturar seu sistema de acordo com suas conexões relevantes, os diretores não estão efetuando uma intervenção — a entrevista, em si, constitui uma intervenção (Tomm, 1987). Eles não sugerem nada, mas apenas perguntam: "O que mais? Quem mais é relevante? Qual é o relacionamento de Y com Z? O que Z pensa?"

Com sorte, a definição produzida poderá permitir que o sistema — num primeiro momento — reconheça e talvez, em seguida, "argumente" com sua lógica interna própria. Os terapeutas de família estão acostumados com esse processo. Por exemplo, se o comportamento de uma filha que está fugindo de casa for descrito como uma forma de "amar" seus pais e se ela for solicitada a ponderar os "riscos" que correrá, se modificar tal comportamento, uma segunda definição terá sido dada efetivamente ao protagonista. Então a filha poderá dizer a si mesma: "Não irei sacrificar meus estudos e minha vida futura só para dar agora a meus pais motivos de preocupação". Sua "lógica" modificou-se e o mesmo ocorre com a "verdade interna" dos membros da família, que talvez também necessitem discutir com sua própria lógica anterior.

Os terapeutas estratégicos podem ir além da simples definição do sistema de um protagonista, em todas as suas conexões. Podem acrescentar uma nova definição, uma vez que o protagonista tenha elaborado a sua, isto é, o protagonista proporciona uma descrição e o terapeuta, outra. Ambos são então codificados um ao lado do outro, de tal modo que a diferença fique ressaltada. Ao validar essas duas espécies de lógica no interior do sistema, este tem a possibilidade de dialogar consigo mesmo, em vez de estabelecer esse diálogo com o diretor. Uma dramatização torna-se uma intervenção ortogonal, um modificador da lógica interna, uma partícula sólida de comunicação com o sistema, que este "acolhe". Ela pode tornar-se uma confirmação por excelência da autonomia do sistema e, ao mesmo tempo, ampliar a informação desse sistema no que diz respeito a seus relacionamentos internos. Ela é um acréscimo à realidade do sistema, ao reconhecer que toda mudança é uma modificação da estrutura interna e que apenas o próprio sistema poderá realizar semelhante alteração.

A influência relativa do monstro de Peggy

Algumas pessoas são dominadas pelo pressuposto de que são "ameaçadas" a tal ponto que têm poucas possibilidades de viver satisfatoriamente no mundo cotidiano. Esse medo, raiva ou mágoa os domina a tal ponto que o processamento interno desses sentimentos interfere desastrosamente na percepção dos acontecimentos cotidianos. Podem ficar de tal modo abalados e preocupados que não conseguem ir trabalhar e, quando estão trabalhando, não funcionam adequadamente. Quando se encontram na companhia de amigos, o menor comentário poderá evocar uma reação emocional que parece absolutamente desproporcionada em relação ao conteúdo da observação feita. Quando sozinhos, entregam-se excessivamente à introspecção e à melancolia.

Peggy era uma pessoa que se encontrava quase permanentemente em semelhante estado. Membro de um grupo de formação que se encontrava semanalmente, ela também freqüentava, havia dois anos, outro grupo de psicodrama. Isto quer dizer que ela fazia "muita" terapia. Peggy tem trinta anos, é uma mulher magra, atraente, de olhos grandes, que freqüentemente se enchem de lágrimas. Era competente como ego-auxiliar e como diretora de psicodrama, em formação, e também muito querida dos outros membros do grupo. Na verdade, alguns dos homens do grupo a visualizavam como uma "mulher ferida" e comparavam suas próprias barreiras estóicas à experiência emocional, com a volatilidade e a debilidade de Peggy. Quase se poderia dizer que eles tinham interesse em que ela permanecesse abatida e super-sensível. As mulheres do grupo não eram tão invejosas, talvez por serem menos propensas do que os homens a confundir idealisticamente a experiência exagerada e descontrolada de Peggy com flexibilidade emocional.

O caso que aqui se relata diz respeito a uma intervenção efetuada em duas sessões, com um intervalo de várias semanas. Ele ilustra o vigor da entrevista com o personagem enquanto intervenção em si, quando são estabelecidas discriminações relevantes que permitem ao protagonista perceber diferenças. Um aspecto característico foi o de exteriorizar e personificar um dos principais papéis de Paggy, excessivamente desenvolvido. Esse papel é artificialmente separado dela e um novo papel é desenvolvido "nela", a fim de afugentar o "forasteiro" ameaçador.

Peggy, que está no grupo de Di há cerca de três semanas, revela que, após o término da sessão, ela mal tem a capacidade de funcionar: "Venho até aqui buscar apoio e consigo, mas parece que isto só serve para tornar as coisas piores do que são."

Di: Parece que você está nos apresentando um paradoxo.
P: Como assim?
Di: Bem, você comparece ao grupo e se aquece. Então consegue apoio por ter-se aquecido. É um sentimento gratificante, que lhe dá vontade de voltar, mas o processo começa de novo... Durante quanto tempo você fica perturbada, depois que a sessão termina?
P: Oh... um tempão. Levo dias para me acalmar. Como você sabe eu trabalho em uma consultoria. Tenho de estar em forma.
Di: Na sexta-feira você ainda está perturbada? (o grupo se reúne às segundas-feiras, à noite).
P: Não, em geral na sexta-feira tudo acabou.

Peggy e Di começam a trabalhar a partir do conceito global, de Peggy de viver preocupada "o tempo todo", buscando uma compreensão (que, para Peggy, é uma revelação) de que o dia da semana em que ela fica mais angustiada é a terça-feira. Com efeito, a terça é o único dia de trabalho em que ela fica realmente afetada por intensos sentimentos negativos. Ela já estabeleceu uma distinção que a capacitou a notar diferenças entre um estado geral de "sentir-se arrasada" e de sentir-se assim em um determinado dia. Di encoraja Peggy a estabelecer distinções entre seu estado em determinado momento e como ela se sente em outro momento, igualmente bem determinado. Talvez fosse igualmente eficaz discriminar entre vários tipos de depressão e perguntar, em seguida, qual era o pior de todos, qual situava-se em segundo lugar etc. Resultou dessa indagação que o papel de "incompetente" agora era visto como algo que operava sobretudo em determinados momentos, em vez de se fazer presente o tempo todo.

Di pergunta então se, dada a intensidade do seu mal-estar, ela não precisaria de mais de um dia para se ficar por conta dele. Ela faz essas perguntas não para ser astuta ou "paradoxal", mas para ajudar Peggy a discriminar melhor entre a situação presente e a futura, caso o fato de ela "sentir-se arrasada" se ampliasse e se tornasse um estilo de vida problemático. Peggy responde que um dia é mais do que suficiente. Di sugere, em seguida, que, sendo suficiente um dia (mais de um dia é "excessivo"), Peggy poderia talvez dedicar meio dia à sua preocupação — quem sabe a manhã de terça-feira — deixando o resto do dia "desimpedido para o trabalho e para o prazer". Peggy responde que agir assim seria desligar-se de seus sentimentos e que seu "demônio" retornaria com forças renovadas.

Di introduziu o conceito de que, na vida de Peggy, poderia haver um espaço para o prazer. Peggy contra-argumentou com o conceito de "demônio", um dos papéis que ela consegue retratar como algo que se situa fora dela. Ela ofereceu a Di uma abertura para determinar uma influência relativa entre ela e o demônio, entre ela e aquele seu "eu invadido" que parece dominá-la. A influência relativa (White, 1986a) requer que se estabeleçam duas descrições codificadas diferentemente. Em uma dessas descrições, os acontecimentos são codificados de acordo com a rede de pressuposições preexistentes, na qual se insere o protagonista e, na outra, os acontecimentos são codificados de acordo com as premissas que são fruto da contribuição do terapeuta.

A esta altura precisamos deixar de lado Peggy e seu monstro a fim de examinarmos um outro processo importante, o da dupla descrição. Trata-se de um conceito cibernético que se presta admiravelmente ao psicodrama e a métodos de ação. Primeiramente examinemos o problema hipotético de um pai zeloso, Fred, que castiga seu filho, Sam. Uma descrição única do que está acontecendo na família sob o ponto de vista do filho poderia ser a seguinte: "Ele me castiga, eu me rebelo". Do ponto de vista do pai, a descrição seria: "Ele se rebela, eu castigo". Se um observador combinar os pontos de vista de ambas as partes, o conceito de um sistema que inclui pai-filho começará a aflorar.

Keeney (1983) assinala que existem vários modos segundo os quais essa descrição holística pode ser conceituada. Primeiramente, a construção de cada pessoa pode ser colocada em uma seqüência, na qual a série toda é vista como representativa do sistema diádico. Por exemplo, quando as duas descrições "Ele castiga, eu me rebelo" e "Ele se rebela, eu castigo" são encaradas em conjunto, elas proporcionam um primeiro patamar para a compreensão do sistema interagente.

Quando essas diferentes construções (ou "pontuações", em termos cibernéticos) são colocadas lado a lado, em uma seqüência, o padrão que as liga pode começar a ser percebido. A combinação simultânea de suas construções oferece-nos uma visão rápida de todo o relacionamento. Tal visão — o papel do pai e o papel do filho combinados ao mesmo tempo — é denominada por Bateson (1979) "dupla descrição".

O relacionamento é sempre produto da dupla descrição. Ele queria que as duas partes, em qualquer tipo de interação, fossem encaradas como dois olhos, cada um deles oferecendo uma visão monocular do que está acontecendo. Juntos, ofereceriam uma visão binocular. Essa dupla visão é o relacionamento.

(Bateson, 1979, p. 133).

No caso de "Ele castiga, eu me rebelo — Ele se rebela, eu castigo", a dupla descrição se referiria àquilo que Bateson denomina um "relacionamento complementar" — as ações do pai e do filho são diferentes, mas se adequam mutuamente. Sam e seu filho são prisioneiros de um círculo vicioso, um "processo de ampliação da divergência" (Hoffman, 1981). Quanto mais cresce a tensão, mais cada lado recorre à solução que lhe é própria — mais disciplina ou mais rebelião.

Os papéis não podem ser inteiramente compreendidos a não ser no contexto do outro. Um papel é "uma experiência interpessoal e necessita, em geral, de dois ou mais indivíduos a fim de ser realizada" (Moreno, 1964, p. 184). Os papéis propiciam um sentido da vida em torno de nós — as vidas que foram vividas antes que nascêssemos, as vidas que ainda prosseguem, as vidas que ainda virão e com as quais cruzaremos. O conceito de papel já é sistêmico. Ele abre a construção interpessoal do eu ao fluxo e refluxo do outro, de tal modo que a definição do eu deve sempre ser mutuamente construída.

Quase sempre se requer a dupla descrição, quando se trata de compreender a ação de um papel. Um seguidor precisa de um líder, um líder necessita um seguidor, caso contrário os termos líder e seguidor apresentam pouco ou nenhum significado. "Liderança" é apenas a metade, é algo que se extraiu da dupla descrição "relacionamento entre líder e seguidor". A maioria das descrições relativas às assim denominadas características da personalidade consistem, na realidade, em metades que foram destacadas de padrões de relacionamento mais amplos. É possível trabalhar diretamente com Fred ou diretamente com Sam, mas, até mesmo nessas circunstâncias é preferível trabalhar com a dupla descrição Fred/Sam. É possível trabalhar com líderes ou com liderados, digamos, em uma consultoria industrial, mas é preferível trabalhar com o líder e com o liderado como se eles constituíssem duas partes de uma mesma descrição.

No caso de Peggy e seu monstro, Di está estabelecendo uma dupla descrição entre ela e um de seus papéis. No exemplo de Sam e de Fred, a dupla descrição ocorre entre duas ou mais pessoas. As duplas descrições podem ser estabelecidas para uma pessoa, em diferentes momentos, entre duas ou mais pessoas, entre estados diferentes de uma mesma pessoa etc. Inicialmente Di, ao estabelecer discriminações, traçou o mapa da extensão da influência que o problema exerce sobre o protagonista, pelo menos em termos de saber há quanto tempo essa influência vem se exercendo. Agora ela convida Peggy a fornecer-lhe informações que a possam ajudar a alcançar uma compreensão da experiência que ela, Peggy, possa ter do problema. Di enfatiza que necessita de informações que revelem até que ponto a protagonista está sendo "influenciada" pelo problema que agora é construído como algo situado "fora" dela. Ela criou uma dialética entre Peggy e o problema. Em sua tentativa de estabelecer a extensão da influência do problema, ouve especialmente as idéias de Peggy, que afirma não ser competente e não estar de posse do controle.

Di também obtém informações sobre a "influência" da própria protagonista na existência do problema, determinando assim até que ponto ela foi capaz de enfrentar a opressão que esse problema lhe coloca. Quer isto dizer que a protagonista também é convidada a selecionar idéias relativas à competência e à capacidade, bem como à falta de competência e à dificuldade. Os protagonistas poderão achar extremamente difícil localizar áreas de competência e capacidade, no que diz respeito ao problema. No entanto, sendo ajudados, em geral conseguirão ter acesso a uma ou duas áreas. É claro que esse procedimento de modo algum pretende "injetar ânimo" no protagonista, ao assinalar que as coisas, afinal de contas, não são tão ruins assim. Ele serve antes de mais nada para levar a uma compreensão da diferença e da influência relativa do problema.

Depois que os protagonistas assinalaram uma grande área, na qual suas vidas foram dominadas pelo problema, o diretor poderá exprimir sua surpresa diante do fato de que, dadas as circunstâncias, a protagonista conseguiu manter alguma influência em sua vida e descartou a total rendição ao problema que a prejudicava (White, 1986a). Foi por isso que Di perguntou a Peggy se ela não precisaria de mais do que um dia para sua crise. A influência do monstro (agora exteriorizada) foi fixada como algo que durava um dia, nem mais nem menos. À medida que interagem durante a entrevista, Peggy vai desenvolvendo um conjunto diferente de papéis em relação a Di. À medida que ela discute o problema, vai parecendo mais sagaz, mais forte e mais atenta. Distancia-se do papel de chorona incompetente e entra no papel de pessoa atilada, que resolve problemas.

Ela também desenvolve uma orientação diferente em relação a seu problema, que deixou de ser paradoxal (estar completamente fora de controle e, portanto, necessitar do apoio do grupo e ao mesmo tempo estar completamente fora de controle devido ao fato de freqüentar o grupo). Isto quer dizer que a terapia tornou-se parte do problema, em vez de ser parte da solução. Agora a "influência" do problema é vista como algo muito amplo, mas, de modo algum, excessivamente dolorido. O que ocorreu não foi simplesmente uma correção lógica de uma fala vaga ou desordenada, mas um novo modo de ver e de ser. Se o problema for estruturado como algo pesado, permanente, fora de controle, então ele acaba se tornando assim (falando de modo geral, é por esse motivo que um problema, em se tratando de psicologia, é um problema).

O passo seguinte de Di consistiu em perguntar a Peggy se ela achava que, se o monstro fosse "mantido à distância" durante muito tempo, ele acabaria adquirindo força e ficaria fora de controle. Peggy achava que sim. Di tocou em uma hipótese ligada à repressão, sustentada por Peggy e por muitas pessoas que participam de grupos ou estão em terapia individual. Essa hipótese implícita sustenta que a maioria das dificuldades psicológicas são causadas pela repressão e que a resposta a essas dificuldades é a expressão. Portanto, quanto pior uma pessoa sentir-se maior será a necessidade de expressar uma dor oculta, mágoa ou raiva.

Peggy receia que se ela não se entregar ao sentimento de que é indefesa e de que experimenta toda a dor, confusão e desespero que deve sentir, pelo menos na terça-feira, então o monstro aumentará de tamanho, pelo fato de estar trancafiado em outro lugar. Quem sabe os danos psicológicos que poderão surgir, caso ela não se abra completamente aos seus impulsos e sentimentos negativos? Ela poderá terminar sendo uma pessoa defensiva e com uma dificuldade real.

D: *É como se ele se afastasse e fizesse exercícios de musculação. Se você o deixasse durante muito tempo na academia, ele se tornaria tremendamente forte.*

P: *É exatamente assim.*

D: *Levante-se. Troque de papel e seja o monstro (é o que P faz). Quem é você?*

M: *Sou o medo dela.*

D: *Há quanto tempo você está aí?*

M: *Há séculos.*

D: *É verdade que ela deve encontrar-se sempre com você, pois assim se manterá ocupado e não conseguirá ficar mais forte?*

M: *É isso mesmo. Ela só terá alguma chance se ficar completamente disponível para mim. Se ela me ignorar, eu simplesmente crescerei.*

D: *Obrigada, monstro. Troque de papel (dirige-se a Peggy). Você algum dia já pensou que conseguiria levantar peso?*

P: *O que?*

D: *Bem, enquanto o monstro está se exercitando, existe algum exercício que você possa praticar? Por exemplo, algo que desenvolva sua força.*

P: *Bem, nunca cheguei a pensar nisto.*

D: *Pois pense durante um minuto. Quais são seus pontos fracos, aqui no grupo?*

Di e Peggy discutem os "pontos fracos" de Peggy, as situações nas quais ela se torna mais preocupada e sente que perde o controle. Tais situações dizem respeito sobretudo ao fato de ela perder os limites e de sentir-se "invadida" por qualquer coisa que alguém do grupo esteja apresentando. Ela perde a capacidade de diferenciar e de pensar. Entra em uma verdadeira espiral ("sou inútil"), sente-se isolada, começa a chorar, é reconfortada e o ciclo inteiro recomeça. Em seguida Peggy e Di discutem como ela pode reconhecer essas ocasiões, quando elas surgem e que espécie de "exercícios" poderá fazer. Peggy diz que ela pode treinar musculação mentalmente quando acontece algo no grupo que desencadeia seu velho ciclo. Di a encoraja a partir para a ação e elas executam uma série de levantamentos mentais, com o auxílio de halteres imaginários. Di não desafia a crença de Peggy, segundo a qual o monstro só aumentará de tamanho se ela o ignorar. Ela encampa a metáfora, mas cria um conjunto diverso de descrições em torno do próprio comportamento de Peggy. A "dramatização" que, na verdade, foi mais uma prolongada entrevista com o personagem, termina em função da hora.

Nos três meses subseqüentes Peggy chorou no grupo apenas duas vezes, aliás em circunstâncias mais do que apropriadas e atuou como uma ego-auxiliar competente e uma eficiente participante do grupo. Ela desafia os outros, os apóia e, quando é o caso, diz a Di o que está pensando. Ridiculariza os homens do grupo que lamentam a perda do papel de mulher magoada que ela representava, tão fascinante para eles, sob o ponto de vista de um "voyeur" e tão desagradável para ela. Revela que agora não falta mais um dia sequer ao trabalho, "nem mesmo na terça-feira" e sente-se surpreendida com o prazer que experimenta com as menores coisas.

Daí a algumas semanas Peggy encenou um drama leve, uma vinheta que a mostrava fazendo musculação em uma academia. A instrutora, Leola, era muito bonita e usava "um colante lindo". Na entrevista com o personagem Leola declarou que "tinha de ficar de olho nas moças para que elas não se excedessem em relação aos exercícios que tinham de fazer". Quando lhe foi perguntado qual sua opinião sobre Peggy, disse: "Ela tem alguns problemas, mas não são muito grandes. Preciso fazer o possível para que ela continue, pois precisa ser encorajada".

A vinheta era bastante bem-humorada. Peggy torcia o nariz para os aparelhos de ginástica mais assustadores e trocava de papel, ora interpretando o "macho", ora a "machona". Ao interagir com Leola em determinado momento ela diz: "Acho que vou desistir de ter um corpo como o seu. Durante algum tempo só vou trabalhar com estes pesos mais leves." Quando Leola pergunta a Peggy como é que ela está progredindo, ela confessa: "Sinto um bocado de dor. Será que isto conta?" Leola afirma que a "dor" não constitui necessariamente um critério válido, em se tratando do sucesso ou do progresso.

Leola e Peggy prosseguem conversando sobre o programa de musculação desta última de um jeito que, para quem está de fora, apresenta uma clara analogia com o progresso de Peggy e as dificuldades que ela enfrentou nas últimas semanas. Peggy escolheu dialogar com uma figura sábia inusitada, mas, na verdade, satisfatória — uma instrutora de ginástica.

Capítulo oito

O ciclo do problema e da solução

Caçoem, continuem caçoando, Voltaire, Rousseau
Caçoem, continuem caçoando, de nada adianta!
Vocês jogam areia contra o vento
E o vento a devolve.

William Blake

Quando os terapeutas consideram um átomo social, no psicodrama ou na terapia, eles não se colocam fora desse sistema. Eles formam com o protagonista, inevitavelmente, um novo sistema. Se conseguirem lidar com esse novo sistema de modo satisfatório, ele se tornará um sistema "terapêutico", no qual novas possibilidades poderão ser geradas e diferentes papéis se tornarão disponíveis. No entanto, se os diretores se identificarem em excesso com qualquer papel pertencente ao sistema da família, os protagonistas poderão usar o psicodrama para reforçar mais uma vez sua estrutura disfuncional, a despeito do expressionismo psicodramático e dos fogos de artifício que forem acrescentados. Parece ser algo bom, parece ser terapêutico, mas o sistema assume, uma vez mais, sua rigidez familiar e muito pouco aprendizado (mudança) vai ocorrer. Na verdade o sistema pode até mesmo tornar-se mais rígido, já que agora um terapeuta lhe dá seu aval.

É fácil para os diretores reforçarem, no paciente, o conceito de que ele é a vítima de um átomo social negativo, esquecendo de seu próprio papel na perpetuação dessa interação. A dramatização torna-se uma briga de polícia e bandido e, pior ainda, um dramalhão familiar. O grupo e o protagonista podem fazer uma combinação e realizarem uma sessão repleta de acusações, ao passo que o diretor atua como um agente estabilizador da dinâmica da acusação e reforça a homeostase do sistema. Como o papel original do protagonista no sistema não muda, seus horizontes, na realidade, mais se estreitam do que se expandem, através da terapia. As novas definições não são muito diferentes das velhas e a rede original de pressuposições é fortalecida. Algumas vezes a terapia tropeça em sua própria filosofia e em suas próprias soluções e apresenta uma pseudo-solução — mais terapia! Ela se torna prepotente, dominadora, áspera e repetitiva. Os próprios psicodramas estratégicos não estão isentos desta armadilha, que se prende à epistemologia. Entretanto, os terapeutas estratégicos tentam precaver-se e estão prontos a encarar a terapia como parte do ciclo do problema e de sua solução.

Andolfi e Angelo (1982) estabeleceram uma analogia entre a peça de Pirandello, *Seis personagens à procura de um autor,* e os desejos das pessoas que procuram a terapia. Observam que cada personagem parece ser prisioneiro de seu papel, mas, paradoxalmente, quer que o diretor o ajude a interpretá-lo melhor. Do mesmo modo os protagonistas, nas dramatizações de família, parecem querer que o diretor os ajude a recitar melhor suas falas, sem alterar o texto preconcebido. É muito "natural" para o protagonista encenar psicodramaticamente mais uma vez o texto familiar e levar os demais membros da família a fazerem o mesmo. Poderá também ocorrer uma pressão para que o diretor e o grupo desempenhem papéis arcaicos, que se encontram naquele texto. Se os diretores aceitarem passivamente as funções que o protagonista lhes designa (tais como a de quinta-coluna, mãe, salvador, terapeuta, cavaleiro intrépido) a peça não será muito diferente daquela que já foi encenada muitas vezes na família. Se, ao contrário de Priscilla (ver p. 136) o protagonista é "vivenciado" como um paciente terapêutico, pelo menos a peça não será muito diferente das soluções adotadas previamente em outros psicodramas. Watzlawick *et al.* (1974) definem o beco sem saída como "aqueles momentos em uma sessão quando quem a dirige dá uma resposta previsível a uma situação que se expressa repetidamente, e, assim, o mesmo problema é repassado mais uma vez".

Quando um carro está encalhado na subida lamacenta de um morro, quem o guia pode continuar tentando a mesma solução, isto é, acelerar o motor. No entanto, quando mais se aciona o acelerador, mais a roda gira. Quando mais a roda girar, mais fundo se tornará o buraco que se formou sob ela. Quanto mais fundo o buraco, menor será a chance de safar-se dele. Em um sistema "encalhado", tal como a família ou o grupo, o recurso a soluções repetitivas pode impedir que seqüências mais bem-sucedidas venham a ocorrer. Por maior que seja a força que empreguem, "pressionando o acelerador", parece que os participantes não conseguem lidar diferentemente uns com os outros e, assim, confirmam sua crença de que fracassaram, provavelmente devido ao fato de não terem pressionado o acelerador com força suficiente. Pressionam-no ainda mais, porém a solução começa a causar mais problemas, na medida em que a roda se enterra cada vez mais na lama.

Torna-se necessário, portanto, uma nova solução, um modo "oblíquo" de pensar. Tal tipo de pensamento requer que se encare todo o contexto do problema: o motorista, o carro, o morro, a lama e as soluções que já foram tentadas. Do mesmo modo, em uma visão sistêmica, as dificuldades das pessoas são melhor percebidas no contexto do gênero, da família, do trabalho ou mesmo da própria cultura, juntamente com as soluções, incluindo as terapêuticas, que elas já tentaram. Sugeri, em capítulos anteriores, que uma dupla descrição de um problema já começa a sugerir caminhos que conduzem à espontaneidade. Uma dupla descrição do carro no morro e de seu frenético motorista, que tenta pressionar o acelerador, vista como um sistema conectado com suas soluções disfuncionais, pode iniciar um processo que conduz à espontaneidade.

As descrições sistemáticas e as duplas descrições não ocorrem naturalmente a nenhum de nós. O pensamento linear é mais instintivo e fácil do que o pensamento circular. As "soluções" lineares ocorrem mais facilmente à nossa mente do que as posturas cibernéticas ou ecológicas. Quando pensamos de modo linear, tendemos a imaginar opostos. Assim, se uma pessoa está zangada, diremos a ela que se acalme; se está deprimida, que se anime. Até mesmo os terapeutas tendem a adotar o caminho linear. De certa forma encaram a solução como sendo o oposto do problema. Uma crença terapêutica defendida com muito vigor afirma, por exemplo, que a maior parte das dificuldades são devidas à repressão e que, portanto, a solução está em encorajar as pessoas a se abrirem. No entanto, a solução terapêutica (a abertura) poderá, na verdade, agravar o problema original, em vez de resolvê-lo. Com efeito, o esforço feito para alguém se abrir poderá tornar-se o próprio problema.

Uma atividade intensa, gritos, luta, lágrimas e abraços fazem parte integrante do psicodrama. Ajudam a despertar a espontaneidade do protagonista e sugerem que um novo pensamento está a caminho. Podem também ser repetições não somente da dinâmica, no átomo social original, mas até mesmo de outras dramatizações em que o protagonista tenha atuado. Em qualquer forma de psicoterapia os participantes aprendem rapidamente sua linguagem e começam a falá-la. Um paciente da psicodinâmica tornar-se-á psicodinamicamente consciente. Um paciente da gestalt começa a falar a linguagem da percepção; um paciente do psicodrama torna-se espontâneo como resultado de uma função aprendida. Nos círculos psicodramáticos existe uma real possibilidade de uma falsa espontaneidade, não verdadeira para um dado momento, mas que é apenas uma atuação e uma expressão impulsiva, moldada pela própria cultura psicodramática. As repetições agora assumem a roupagem da novidade.

A noção de espontaneidade, em Moreno, é de algo que opera no presente, no "aqui e agora". Ela impele o indivíduo em direção a uma resposta adequada a uma nova situação ou a uma nova resposta a uma antiga situação (Moreno, 1953, p. 42). Algumas vezes, resoluções em nível da realidade suplementar, em psicodramas de família, apenas aparentemente são espontâneas; na realidade elas podem encenar repetitivamente roteiros familiares e continuar obedecendo à estrutura familiar. "Adequado" é uma palavra operativa, segundo a definição de Moreno. A mera liberação de uma emoção acumulada, embora, às vezes, seja de grande ajuda, não constitui necessariamente uma solução apropriada a um problema relativo à família de origem ou a um problema comum. Quando repetida várias vezes, uma dramatização poderá tornar-se megalômana, em vez de algo que permita distanciar-se da megalomania.

Aquilo que aceitamos como espontâneo, por ser emocional, talvez não o seja, podendo ser apenas uma repetição da patologia familiar. Nesse caso o diretor pode ser um elemento estabilizador do sistema no qual o protagonista se encontra, por exemplo, como a eterna vítima. O diretor tornou-se um pensador linear, aplicando as técnicas de montar uma cena, de maximização, concretização etc., a fim de apresentar "resultados" palpáveis, mas eles são os mesmos que da última vez. Em psicodramas repetidos, como esse, não estamos vendo a realidade de maneira diferente, mas estamos reforçando construções que padecem de má adaptação. O diretor deve ser um agente desestabilizador do sistema, perturbando a rigidez da família, possibilitando uma redistribuição das funções e capacidades de cada indivíduo.

Os membros da maioria dos sistemas adaptam-se a uma visão da realidade complementar à visão de outros membros: louco e sadio, perseguidor e vítima, atiçador e apaziguador, sábio e tolo, salvador e desvalido. Podem aplicar especificações rígidas, relativas a quando e onde cada função será encenada, se ela será abordada com todo vigor ou se será atenuada. Um sistema neurótico reorganiza-se constantemente, de modo a não ter de mudar. Os papéis, as funções e o espaço relacional tornam-se rígidos. A fim de contrapor-se à tensão existente em uma transformação, o sistema poderá selecionar um determinado membro que represente seu comportamento sintomático. Esse membro torna-se o paciente identificado (PI) e as ansiedades dos demais participantes giram em torno dele. A designação "paciente" pode variar de uma pessoa a outra, no sistema, a exemplo do que ocorre com tanta freqüência no psicodrama, onde o pai ou a mãe passam a ser rotulados de "loucos", em vez do filho. Esta troca de rótulos pode ser útil a curto prazo, quando o protagonista suporta há muito tempo a designação de "louco" e vive em conformidade com esse título. Uma curta sessão em que se aborde a culpabilidade será oportuna e, em muitos casos, é bastante apropriada. É um sinal de que algo "saudável" está acontecendo com o protagonista, na medida em que ele entra em contato com sua força vital, na dramatização. O processo torna-se problemático, no entanto, quando do ele próprio integra o pensamento travado do protagonista.

Quando os protagonistas encenam seus dramas no palco, é útil recordar que eles vêm vivendo um drama contínuo com seu átomo social, muito antes que os papéis daquele sistema tenham sido encenados psicodramaticamente. O texto foi sendo substituído repetidas vezes, até que o mito sistêmico relativo aos papéis exatos de cada participante é encenado automaticamente. Viver de acordo com o mito é, portanto, a única maneira de viver, mesmo quando um determinado membro ou todos os membros professam total infelicidade. As tentativas de atuar fora do mito, isto é, de diferenciar-se, costumam fracassar e levam à culpa e à auto-reprovação. As famílias disfuncionais perdem sua capacidade referente à verdadeira criatividade e a espontaneidade, desviando suas energias criativas para simples improvisações sobre um tema. Por exemplo, os filhos podem descobrir várias maneiras de ajudar os pais a evitar a intimidade entre eles, manifestando problemas tão perturbadores quanto a asma, o vandalismo, a recusa de ir à escola ou a anorexia. No entanto, quaisquer que sejam os sintomas, o enredo principal se desdobra em seqüências previsivelmente inter-relacionadas, que levam a uma finalização persistentemente insatisfatória.

A exemplo de todos nós, os protagonistas querem mudar sem mudar. Com efeito, mudar requer espontaneidade. É um salto no pensamento e no comportamento que apresenta conseqüências imprevisíveis. Agimos como cientistas amadores, diz Kelly (1955) tentando prever e controlar nosso mundo, como devemos fazer a fim de sobrevivermos. Essa mesma tentativa nos impede de ver outros tipos de mundos — procedemos assim porque somos impedidos de enxergar as possibilidades como algo verdadeiramente possível. Muitas tentativas de se modificar o comportamento encerram um elemento paradoxal, uma resistência. Um protagonista, no psicodrama, serve simultaneamente como guardião da estabilidade do sistema e como um agente de ruptura. O problema consiste em como se movimentar enquanto se fica parado.

O psicodrama pode até mesmo se tornar iatrogênico quando, em vez de afrouxar a rede de pressuposições do protagonista, ele a reforça. Pode reduzir as possibilidades a uma única definição: "fui maltratado" e a uma solução: mais terapia. Independentemente da validade do psicodrama enquanto meio, se a curto prazo ele deixa de exercer qualquer influência, a longo prazo é provável que ele se torne parte daquele bloqueio que é expresso repetidamente através das respostas do protagonista à situação. As contribuições do próprio diretor desempenham funções importantes no processo. Seus modos de pensar podem ser focalizados repetida e improdutivamente na situação, ou repetida e improdutivamente sobre um tipo de solução — mais terapia. Neste contexto, um psicodrama travado não significa uma dramatização que patina ou uma dramatização desprovida de energia e de vitalidade. Significa uma dramatização que está atolada no próprio psicodrama, no qual a terapia é parte do problema. A mudança que ocorre em psicodramas travados consiste com freqüência no fato de que os protagonistas recorrem a seus padrões disfuncionais com mais sofisticação. O esforço de um psicodrama estratégico consiste em romper com esses padrões.

É bom que se diga que papéis projetados, de membros persecutórios ou prestativos do átomo social, freqüentemente apresentam validade histórica. Assumir a causalidade circular não significa que o terapeuta encare o comportamento sádico como algo maravilhoso ou que todos os pais, independentemente do quão abominavel tenha sido sua descrição na cena, deram plenamente conta do recado, em se tratando da criação de seus filhos. Longe disso. Contudo, é necessário compreender que, em nível individual, o protagonista está tentando separar em partes (dividir) aquelas contradições que ele acha doloroso demais vivenciar em nível pessoal. Os membros do átomo social original talvez tenham sido incapazes de "se apropriar" de seus próprios conflitos e contradições, relativos à mudança e à imobilidade, à dependência e à separação. Podem ter atribuído a um dos membros do sistema grupal vários papéis bem-vindos ou indesejáveis, talvez o de protagonista, de forma a não terem de agüentar as contradições neles envolvidas. O protagonista poderá reverter essa divisão na terapia e propor um plano de terapia que não altere essencialmente os equilíbrios existentes.

Tudo isto pode parecer uma censura ao protagonista pelo fato de ele não mudar. Ao contrário: o terapeuta é a pessoa que precisa mudar, a fim de alterar sua própria rede de pressuposições, que o impede de ver o problema com uma nova visão. O diretor precisa ter em mente a premissa da circularidade, segundo a qual "sempre que se traça uma curva, existe um potencial para que tudo se modifique ou se reestruture, quando a informação é introduzida" (Penn, 1982, p. 271). A curva inclui o diretor, o protagonista, seu sintoma e seu átomo social. Se os diretores conseguirem libertar-se de seu próprio pensamento travado, então eles poderão criar condições para uma dupla descrição para o protagonista, por meio da qual seria possível estabelecer diferenciações que permitissem uma nova definição. Requer-se que o terapeuta seja espontâneo, sob pena de o psicodrama, ou qualquer outro tipo de terapia, tornar-se parte do ciclo de manutenção do problema.

A dor de Paul

Paul, o protagonista desta dramatização, é um homem forte, na casa dos trinta anos. Foi escolhido como representante da preocupação essencial do grupo (ver o tópico sobre a preocupação central, pp. 47-49), pelo fato de que estar envolvido com interações improdutivas e com o tema subjacente da valorização de si próprio. Durante o aquecimento Paul declarou que essas interações insatisfatórias ocorriam com sua namorada, Kerry, mas que os detalhes eram íntimos e ele não queria revelálos ou descrevê-los para o grupo.

A recusa de Paul em descrever detalhes íntimos de sua vida com Kelly foi bem acolhida pelo diretor, Duke, que a interpretou como um sinal de progresso, já que uma das dificuldades de Paul era o fato de estabelecer diferenciações inadequadas entre sua vida pública e sua vida particular. Ou seja, seus limites pessoais e sociais eram imprecisos. Esta situação atinge muitas pessoas, sobretudo homens, que estão envolvidos com processos de crescimento no campo psicológico/pessoal. Muito freqüentemente a hipótese de trabalho para a "cura", em tais psicologias, incluindo, infelizmente, o mau psicodrama, baseia-se simplesmente nas defesas e na repressão. Assim, as pessoas se impõem a pouco invejável tarefa de não serem mais defensivas e entram em um estado de mania reprimida. Essa tarefa não passa despercebida das criaturas a quem amam e nem mesmo de pessoas que, no fundo, talvez não estejam muito envolvidas.

Como resultado, o pobre coitado que procura crescimento, se vê algumas vezes frente a uma espiral descendente. Cada vez mais ele desnuda sua alma. "Não está suficientemente bom", diz o outro — "mais!" Seu fervor e sua dedicação tornam-se disfuncionais em si e levam não aos encontros forçados que ele deseja, mas à dor, ao desespero e à percepção de que ele talvez não viesse se dedicando o suficiente. A solução, que os demais ecoam em seu átomo social, é, ainda uma vez, "mais".

A espiral também pode ocorrer quando o objetivo é "ser mais espontâneo". Aquele que procura o crescimento, mais uma vez, se entrega à rotina da esperança/desânimo. Freqüentemente os novos papéis que precisam ser aprendidos devem fazê-lo precisamente em torno exatamente das interações que envolvem exatamente esses mesmos objetivos. Isto é, a pessoa talvez precise aprender a não ter um objetivo, em vez de aprender como alcançar esse objetivo. Uma indagação útil que pode ser feita àquele que procura o crescimento é: "Como é que o fato de não ser espontâneo se torna um problema?" Essa pergunta introduz um choque conceitual e, por mais irônico que possa parecer, pode, na verdade, levar à espontaneidade. A espontaneidade em questão pode ser uma visão nova de todo o esforço para se tornar espontâneo, deixando de lado o perseguir essa tarefa como um ideal. Talvez outro ideal pudesse funcionar, como por exemplo, "ser sensível" ou até mesmo "defender-se adequadamente". A ordem, o cuidado, a deliberação em torno do problema, no estágio de contrato da dramatização, não excluem a imprevisibilidade e a extravagância, em momentos posteriores. No entanto, uma meticulosidade inicial, que permita indagar se o problema é de fato o problema, poderá impedir que a dramatização seja um reforço desse mesmo problema, em vez de ser a descoberta de novas soluções.

Após uma breve discussão com o diretor, Paul recorda uma cena no pátio da escola, quando tinha 12 anos de idade. Outro menino, Ernie, está arremessando para ele uma bola de críquete. Ernie, um garoto robusto, abrutalhado e alto, filho de um pescador, é descrito como "um desajeitado". É também um atleta formidável. Paul, ao trocar de papel com Ernie, apresenta-se como uma figura de vitalidade malevolente, quase como um arquétipo do poder masculino.

Ele arremessa a primeira bola para Paul e zomba dele. Paul, apertando as mãos, como se empunhasse um bastão imaginário, dá um passo abrupto para trás. Suas mãos protegem o estômago. Duke pede a Paul que repita o movimento e ele atende o pedido. O diretor decide personificar ou "concretizar" os movimentos das mãos, usando uma pessoa do grupo para representar cada mão. São escolhidos egos-auxiliares para representar a mão esquerda, que avança para a barriga e a direita, que tenta, em vão, manter a outra mão afastada. No papel de mão esquerda, Paul geme: "Oh, oh!" A ação se repete durante mais algum tempo e Paul cai no chão, chorando.

Tais procedimentos são bastante padronizados no psicodrama, constituindo exemplos comuns do emprego da concretização e da maximização. Movimentos pequenos e involuntários do corpo, sobretudo quando parece existir uma dicotomia entre eles, tal como o lado esquerdo do corpo fazer algo diferente do lado direito, são personificados (concretizados) e expandidos (maximizados). Então o motivo é o conflito. Neste caso específico, o tema do conflito se repete. Ele é mencionado no contrato original, Paul vive uma discussão interminável com sua namorada. Ele se repete no encontro de Paul com Ernie: está "atropelado" pelo outro. Finalmente, é repetido intrapsiquicamente, no conflito que ocorre entre os dois lados. Qualquer uma dessas manifestações é suficientemente valiosa para se trabalhar com ela psicodramaticamente. A manifestação intrapsíquica é simplesmente outra maneira de ajudar Paul a surpreender-se e, finalmente, a descobrir, através da ação, um novo estado para seu papel.

No momento em que se planejou a dramatização perguntou-se a Paul que "trabalho" ele havia feito antes, em relação a essa dificuldade, quais os resultados obtidos e o que foi aquilo que mais o tinha ajudado a aprender. Paul declarou que, no passado, "havia se revoltado algumas vezes". Isto o ajudou muito no momento, mas ele "não queria percorrer novamente esse caminho". Duke disse que, embora, de vez em quando, fosse bom fazer coisas diferentes, a raiva era um caminho "aprovado e verdadeiro para Paul" e que seria uma pena modificar "cedo demais" um método que lhe servira tão bem no passado. A confusão de Paul, diante dessas observações, era extremamente compreensível, posto que de "agentes de mudança", tais como diretores, se espera, que manifestem um incessante entusiasmo por modificações.

Neste exemplo, entretanto, Duke está enfatizando os impedimentos à mudança, mais do que a mudança em si (Bateson, 1972; White, 1986a, b). Tais impedimentos sempre estão presentes, caso contrário a pessoa mudaria espontaneamente e não precisaria de ajuda. No entanto, nas interações terapêuticas, raramente elas são legitimadas. Como resultado, apenas o "motivo perturbador" (Whitaker e Liberman, 1964; Whitaker, 1985) é expresso, fazendo com que o "motivo reativo" — medo ou culpa, que está em conflito com o motivo perturbador — fique sempre escondido na mente do protagonista. Tanto o motivo perturbador (o desejo de algo) como o motivo reativo (a oposição a esse desejo) podem estar dentro dos próprios protagonistas e também dentro do átomo social. Outros aspectos íntimos da pessoa podem estar baseados em motivos perturbadores ou reativos, que então são mediados interpessoalmente. O diálogo interior se reflete para fora.

Paul habituou-se a uma determinada solução (ficar "enraivecido") e tentou tornar-se cada vez mais expressivo em relação a suas dificuldades. Provavelmente trabalhava sobre uma hipótese de repressão. Uma pessoa experimenta dificuldades devido a sentimentos reprimidos e inaceitáveis (ver, por exemplo, "O monstro de Peggy", p. 155). A solução para a repressão torna-se o antídoto — a expressão. Ao mesmo tempo Paul estava começando a ficar desconfiado de suas soluções habituais, pois parecia-lhe que não estava indo para lugar algum.

Expressar para a protagonista o motivo da reação não significa enredar-se em um paradoxo. Trata-se simplesmente de enunciar o que é: que existem muitos impedimentos à mudança (caso contrário a pessoa mudaria) e que permanecer a mesma pessoa faz sentido de algum modo. Duke, portanto, assinala o quanto deve parecer sensato para Paul adotar soluções às quais ele já recorreu no passado. Paul, entretanto, já está desconfiado dessas soluções. O fato de Duke advogar a posição de que não deve haver mudanças na verdade fortalece a resolução de Paul, que quer mudar seus métodos e, possivelmente, seus modelos mentais. É muito mais fácil empurrar algo morro abaixo do que morro acima e isto basta para propiciar a Duke um bom motivo para dizer o que disse. Seu verdadeiro motivo era ajudar Paul a definir-se tal como ele era, de tal modo que tivesse condição de passar para uma nova definição, caso assim o desejasse. No diálogo que se segue, ele insiste em que Paul vivencie amplamente suas próprias definições, embora Paul queira percorrer rapidamente a trajetória que o levará à mudança.

P: *Não quero ficar com raiva e arrebentar com tudo. Já fiz isso um dia, mas bem que eu gostaria de ter um facão.*
D: *Vá em frente e use-o.*
P: *Não quero. Isso não adianta mais. É terrível. Estou em um buraco. Odeio esta situação.*
D: *Seja a mão direita (Paul troca de papel). Diga à mão esquerda: "Gosto disto."*
P: *Mas eu odeio.*
D: *Experimente.*
P: *Gosto disto. Gosto daqui. Este lugar me é muito familiar.*
D: *Quem tem importância para você neste momento?*
P: *Minha mãe (é escolhida uma ego-auxiliar para desempenhar o papel da mãe).*
D: *Diga à sua mãe por que você não vai mudar.*
P: *Mas eu quero mudar.*
D: *Possivelmente, mas por que não tenta dizer a ela alguns dos motivos pelos quais é bom ser como você é?*
P: *(à mãe) Aqui está agradável.*

D: Mais alto.
P (grita). Aqui é um lugar agradável. Gosto daqui.
D: Diga a ela o que você perderia se as coisas fossem diferentes.
P: Eu deixaria de ter você lavando meus dois pulôveres.
D: Escolha duas pessoas para serem os pulôveres.

Paul observa sua mãe lavar os pulôveres. Fica fascinado com o aflorar dessa recordação, aparentemente tão banal e pouco séria. O mesmo acontece com o grupo. De alguma forma os pulôveres têm a função simultânea de transmitir o significado de uma linha intencional e de uma linha "reprimida" de pensamento. A dualidade, que foi um tema sempre presente, de algum modo persiste diante do fato de que existem dois pulôveres, em vez "do" pulôver. A ambigüidade da cena faz com que seja difícil afirmar se existe aqui apenas uma referência primária ou uma mulplicidade de referências, que os pulôveres destacam.

Enquanto está olhando, o diretor dá várias sugestões, relativas ao fato de que talvez Paul não saiba, "neste momento", o que esses dois pulôveres significam. Mais adiante seu significado poderá se esclarecer para ele, talvez em um sonho, talvez através de uma percepção súbita. Tais instruções, é claro, constituem uma espécie de sugestão hipnótica. O psicodrama é, comprovadamente, um estado de transe, nele as cenas são construídas por meio de cadeiras, pessoas quase estranhas são tratadas como se fossem pais, mães etc. Os fenômenos hipnóticos, tais como a alucinação negativa (deixar de ver algo que se encontra presente, como, por exemplo, o grupo) ou alucinações positivas (ver algo que não se encontra presente, como, por exemplo, a mãe em uma cadeira vazia) fazem parte do repertório psicodramático. Dizer a Paul que ele pode ficar "surpreendido" com o que fica sabendo e quando o sabe é seguir a terapia estratégica eriksoniana clássica.

Em seguida solicita-se a Paul que escolha, no grupo, alguém que represente "aquilo de que sua mãe teria de abrir mão", caso ele se tornasse diferente. Ele assim o faz, sem questionar de modo algum esse conceito um tanto estranho. Então pede-se a ele que escolha alguém que represente "aquilo de que sua namorada teria de abrir mão", se ele se tornasse diferente. Ele concorda, embora diga que "elas são a mesma coisa". Solicita-se que ele não especifique o que essas duas figuras representam. Ele toma posição, olha para ambas e declara: "Sei o que elas representam". Parece haver muita "clareza" em sua fisionomia. Existe nele uma gravidade calma. É o tipo da aparência que os protagonistas costumam assumir após chegarem ao fim de uma dramatização. Finalmente pede-se a Paul que levante-se e ande, respirando suave e profundamente.

As figuras relativas àquilo de que sua mãe e sua namorada teriam de abrir mão podem muito bem ter representado os impedimentos sistêmicos que pesam sobre a mudança. Os impedimentos do próprio Paul tinham já sido explorados. Mas existem também impedimentos no interior do sistema, isto é, o fato de que outras pessoas desejam que permaneçamos os mesmos. A menos que essas forças sejam finalmente reconhecidas, haverá uma tendência de forçar as pessoas de volta para o sistema, tal como ele é. Ao reconhecer o maior número possível dessas forças, ao encená-las, escolhendo vários participantes do grupo para representá-las, a natureza sistêmica da dificuldade torna-se mais definida. Uma vez que isto aconteça, o sistema está mais livre para mudar.

Paul recordou-se muito pouco dessa dramatização. Por ocasião do acompanhamento, daí a algumas semanas, ele revelou que as coisas com sua namorada "iam bem" e que se casariam em breve. É claro que seria uma grande tolice atribuir esse resultado à dramatização, mas talvez ela tenha desobstruído um pouco o caminho. Paul revelou que tivera "alguns sonhos surpreendentes". Estava curioso em saber o que acontecera na dramatização, mas a avaliação da sessão era sempre adiada, por solicitação sua, pois ele queria "primeiro pensar um pouco no que havia acontecido". Paul acabou não procedendo à avaliação da dramatização, que permanece tão misteriosa para ele como era no início. No entanto algumas mudanças em sua vida parecem ter persistido.

O poder sedutor do mito da família

Quando os diretores "entram" em uma família através do psicodrama, eles sofrem grande pressão para fazer parte de seu pensamento através do modo de pensar de um de seus membros, isto é, o protagonista. Um protagonista cujo papel principal é o de vítima, por exemplo, poderá representar reiteradamente cenas nas quais ele é esmagado por um pai, cônjuge ou amigo perseguidores. Algumas vezes a espontaneidade proporcionada pela dramatização não é suficiente para produzir um novo quadro de compreensão, que corresponda à realidade da família. Em tais casos os diretores são responsáveis por não substituírem um sistema falho por outro.

No acontecimento original, retratado na dramatização, as pessoas envolvidas de certa forma são impedidas de agir diferentemente do modo como aturaram. Elas utilizam habitualmente certas soluções, como se fossem uma força que as proibiria de descobrirem soluções alternativas. Como chegar à natureza desses impedimentos? Examinar a solução é um caminho que poderia levar a hipóteses sobre os impedimentos. Portanto, é útil saber o que foi tentado no passado e o que se está fazendo agora a fim de superar as dificuldades.

Os diretores de psicodrama procedem a um exame, baseado nos impedimentos, por ocasião da entrevista com o personagem, especialmente quando são pesquisados os aspectos do papel ligados à "crença". Um indivíduo ou uma família, que se encontram em dificuldades, em geral reificam estruturas que definem e reagem à realidade. Em termos psicodramáticos, falta-lhes espontaneidade. Se os diretores se tornam parte dessa reificação, eles trarão à tona boa parte das mesmas respostas. Em conseqüência, os diretores precisam ser capazes de mudar-se a si mesmos bem como as posições que assumem. Precisam ser trazidas novas imagens de um segundo plano que apresenta possibilidades quase ilimitadas de reestruturação da realidade. Um indivíduo pode estar desprovido delas, bem como todo o sistema pode estar afetado, da mesma forma que todo o sistema e, portanto, cada um dentro dele, pode tornar-se espontâneo. Ninguém em particular possui a resposta ou, alternativamente, todos a têm.

Um exemplo muito simples de "patologia" sistêmica é constituído pelo triângulo dramático de Karpman. Trata-se de um modelo mais relacional do que as famosas categorias de Satir, relativas ao "calculador", "acusador", "apaziguador" e, assim, ilustra melhor a questão que está sendo abordada. O triângulo familiar dramático apresenta os papéis da vítima, do perseguidor e do salvador. Ele pode ser representado do seguinte modo:

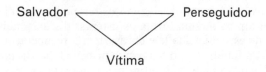

Se os membros da família tentam resolver o problema de estarem confinados em seus vários papéis — o que, de resto, é raro — eles simplesmente se descobrem mudando de papéis no interior do triângulo. O perseguidor, por exemplo, poderá decidir mudar, mas tenderá a orientar suas mudanças no sentido de defender a vítima e, assim, se tornará um salvador. Ou então poderá atribuir a qualquer outro membro da família o papel de perseguidor de tal forma que se torne a vítima do salvador-transformado-em-perseguidor. Ou então a vítima poderá se recusar a ser ajudada pelo salvador, o que resulta em raiva e frustração para este último. Tais sentimentos podem manifestar-se mais uma vez em relação à vítima na forma de uma perseguição. A cabeça gira diante de tudo isto. Mas não com rapidez maior do que as cabeças dos membros da família triangular!

Desses três papéis, o que é representado com maior freqüência, no psicodrama, é o de vítima. Em geral a vítima, na família, é o filho, o que torna a situação mais pungente. O filho, conforme vimos, pode ter sido relativamente desprovido de poder, em comparação com um perseguidor ou um salvador e, em determinado momento, aparentemente não foi possível qualquer outra reação que não a de assumir uma posição de submissão. No contexto do sofrimento humano que é retratado, os papéis altamente elaborados do diretor, enquanto "protetor dos fracos" e de "flagelo dos valentões" provavelmente acabarão interferindo na dramatização. Afinal de contas, é por esse motivo que muitos terapeutas abraçam a profissão.

No entanto, um diretor que atue na linha sistêmica também ficará alerta para a possibilidade de que a vítima não seja tão fraca como se poderia pensar inicialmente e que poderá haver muito poder na fraqueza. Por exemplo, as vítimas adultas, tais como muitas pessoas rotuladas de "histéricas", são muito hábeis quando se trata de interferir no tempo de outras pessoas (os salvadores) — por exemplo, no tempo do grupo, no tempo destinado ao psicodrama, no trabalho (interferindo em planos ou projetos malsucedidos), no amor (fazendo juras ou promessas) e até mesmo no dinheiro (empréstimos, excesso de presentes, que atuam como uma compensação). Ao passo que a fraqueza da vítima é explícita, a do perseguidor e a do salvador é muito menos óbvia. Assim, sua aparente força é tão desprovida de liberdade quanto a aparente fraqueza da vítima. Todos estão restritos a seu triângulo, incapazes de se comportarem de modo mais agradável e construtivo.

Tanto os psicodramatistas como os terapeutas familiares sistêmicos, analisariam da mesma forma os sistemas disfuncionais como algo desprovido de espontaneidade e encarariam a recuperação da criatividade dentro da família como o objetivo principal. Na dramatização que será narrada em seguida, a diretora não tenta realizar intervenções estruturais; ela não procura modificar a organização da família na realidade suplementar, possibilitando dessa forma que a experiência que o protagonista tem da família se torne diferente. Ela trabalha sistemicamente, mais do que estruturalmente, enfatizando as diferenças e tentando não cair nas soluções previsíveis da própria terapia.

A irmã apocalíptica

Quando um protagonista apresenta a possibilidade de ser profundamente envolvido pela dramatização de uma cena, uma espécie de psicodrama imaginário pode ser executado simplesmente através de uma entrevista sistêmica. Idealmente, na entrevista sistêmica, quando a família apresenta a "vida" como objeto da terapia, consegue-se uma descrição do problema e dos padrões de interação através da discussão entre múltiplas fontes. Os terapeutas de Milão (Selvini Palazzoli, Boscolo, Cechin e Prata, 1980) se interessam pelas diferenças existentes entre os membros da família, em termos de determinadas crenças, comportamentos e relacionamentos, bem como pelas diferenças existentes num mesmo indivíduo, em momentos diferentes. Na dramatização que se segue, Di dirige seu questionamento para essas diferenças, embora esteja limitada pelo fato de que apenas um membro da família, o protagonista, se encontra presente. As diferenças quanto às percepções e as diferenças relativas ao tempo terão todas elas de provir do mundo fenomênico da pessoa (a protagonista), assim como deve acontecer quando alguém conduz uma terapia nos limites de uma estrutura sistêmica (ver Weakland, 1983).

O contexto de um problema inclui o seu padrão através do tempo (Bateson, 1979). Os padrões e as seqüências da experiência são construídos no mapa do mundo de uma pessoa e ao mesmo tempo ajudam essa pessoa a construir seu mapa do mundo. O "mapa" torna-se, então, o contexto a partir do qual uma experiência posterior é vivenciada. No psicodrama que vai ser apresentado a seguir, a diretora tenta traçar a evolução do "sintoma", como ele evolui simultaneamente ao longo do tempo com os padrões de relacionamentos e de crenças, no contexto da família de origem do protagonista. Ela objetiva focalizar um determinado momento da história do sistema, "em que coalizões importantes sofreram uma mudança e quando a conseqüente adaptação a essa mudança tornou-se problemática" (Penn, 1982, p. 272).

O caso que será examinado constitui a forma mais extrema de psicodrama no qual existe pouca atuação, a ser apresentado neste livro. Não é oferecido como um modelo de psicodrama estratégico, mas uma idéia de como se pode trabalhar com um indivíduo num grupo, num aquecimento em torno da família de origem que emprega procedimentos mais verbais do que baseados na ação. Di chega até mesmo a proceder a um ensino direto, dentro do processo, fazendo desenhos no quadro-negro, como analogias visuais dos membros da família. Poderá ocorrer alguma dúvida, na mente do leitor e até mesmo do autor, quanto ao fato de "A irmã apocalíptica" constituir ou não um verdadeiro psicodrama.

Paula é uma mulher de 30 anos e queixa-se no grupo de que tem fantasias que envolvem uma "raiva apocalíptica". Quando lhe é perguntado se deseja dramatizar essa questão, responde que não, pois receia ser excessivamente dominada por seus sentimentos. Diz ela que, ao encenar dramas no passado, eles apenas serviram para tornar as imagens ainda mais fortes e mais chocantes, deixando-a, mais do que nunca, incapacitada para exercer controle sobre sua vida. Di inicia a entrevista com Paula. Embora não desafie diretamente o problema conforme foi colocado ("Como é que este problema constitui um problema?"), sua orientação começa a distanciar-se do problema como algo que se encontra "dentro" de Paula, aproximando-se de uma interação que é gerada em determinado contexto e afeta essa mesmo contexto.

Em vez de solicitar a Paula que venha para palco, conforme é habitual no início de um psicodrama, Di pede a ela que fique sentada onde está. Na verdade, até a última fase, todo o drama é encenado enquanto Paula permanece em sua cadeira, ao lado dos demais participantes do grupo. O estilo de entrevista de Di, no início, é tradicional, na medida em que ela sugere que a chave da questão se situa no passado, em vez de indagar quais as circunstâncias que mantêm o problema, no presente, e a quem o problema mais afeta, no átomo social. Ela, no entanto, obtém uma visão mais ampla, de maneira aparentemente distanciada, mantendo Paula afastada de um aquecimento excessivo, de acordo com o que ela mesma pediu.

D: Você consegue pensar em uma cena na qual vivenciou esta raiva?
P: Sim, foi na sala de jantar.
D: Que idade você tinha?
P: Uns sete anos.
D: E quem se encontra presente na cena?
P: Meu irmão Michael, que é um ano mais velho e Sam, três anos mais velho.
D: E o que você está fazendo?
P: Estava batendo nas costas de Michael com uma caneta esferográfica. Agredi-o várias vezes e ele teve de ir ao médico, por causa dos ferimentos.
D: O que foi que vocês fizeram para iniciar esta briga? Como foi que Michael levou você a fazer isso?

As duas últimas perguntas de Di constituem seu primeiro desafio à realidade de Paula — "Eu sou o mundo, eu sou o problema" (Minuchin, 1974, p. 159). A incerteza é introduzida e o sistema de construção de Paula é afrouxado. Ela fica perplexa com a pergunta, o que sugere que a nova versão da realidade, ao ser introduzida, ainda não é muito aceitável. É necessário, porém, afastá-la da polaridade perseguidor/vítima que parece fundamental para seu sistema de modelo mental.

Di aprofunda o questionamento e quer saber o que levou Paula àquela cena. Descobre que o contexto era o fato de Michael e Sam implicarem com Paula e se unirem para excluí-la. Ela ficou com raiva, pegou uma caneta esferográfica e correu atrás dos dois. Michael tropeçou e caiu. Paula sentou-se em cima dele e golpeou-o repetidas vezes nas costas. Sam, embora muito mais velho, ficou aterrorizado e escondeu-se. Di perguntou como a agressão terminou. Paula disse que sua mãe veio correndo e afastou-a de Michael.

As perguntas de Di exercem o efeito de produzir conexões e de obter uma narrativa. Sua atitude é a de uma pessoa interessada, mas neutra, conforme se percebe na pergunta: "Como foi que a agressão terminou?".

Enquanto trabalha, Di formula hipóteses e as testa, na medida em que prossegue. Paula, no entanto, estabelece suas próprias ligações. Di, primeiramente, usa a informação obtida até esse momento para ilustrar a natureza triangular das relações de Paula com seus irmãos, sugerindo que, tendo em vista a simplicidade, seus papéis poderiam ser descritos como algo que se adequa aos de perseguidor, vítima e salvador.

Ela diz a Paula que essas descrições não passam de "notas taquigráficas" e não denotam grande parte da complexidade da situação. No entanto, até mesmo esses papéis simples tendem a exercer uma rotatividade, de tal modo que se torna difícil afirmar se a vítima incita o perseguidor a perseguir, se é o perseguidor quem dá início a tudo ou até mesmo se é o salvador quem arma algo entre os outros dois para poder assumir um papel com o qual tem familiaridade. Di desenha na lousa pequenos diagramas, a fim de ilustrar a circularidade da assunção dos papéis. Coloca três cadeiras em um triângulo e sem solicitar a Paula ou aos egos-auxiliares que se sentem nelas, fala diretamente com o perseguidor, a vítima e o salvador. Pede a Paula que identifique quem é quem, num determinado estágio da ação. Paula parece obter muita coisa dessa explicação e oferece vários exemplos, nos quais ela atuou em cada um dos três papéis, em interação com os outros dois. Ela introduz o conceito de que um novo triângulo se formou quando do sua mãe surgiu na figura da salvadora, ao passo que Michael é vítima dela, enquanto perseguidora.

A resposta que Paula dá a si mesma como uma entidade autônoma, porém malévola, começa a sofrer abalos. Ela não controla o sistema da família; na verdade, cada pessoa é o contexto da outra. Se bem que a raiva de Paula possa ser algo próprio, seu contexto é sistêmico por definição. É um contexto de mutualidade. Embora tais percepções não se façam acompanhar necessariamente de altos níveis de emoção, elas começam a situar esse acontecimento aterrorizante em uma estrutura na qual ele pode começar a ser compreendido. Di convidou Paula a estabelecer distinções relativas à participação mútua dos membros da família em torno do problema, no momento do acidente. Seu problema começa a ser visto em termos de como as pessoas agem e são ativadas em um sistema.

Em seguida Di dá um passo em direção ao futuro. Interroga Paula sobre as conseqüências imediatas e mediatas do acidente. Ao que parece, depois que a mãe afastou Paula do irmão, seu pai veio da garagem onde estava consertando seu carro velho e deu nela a surra de sua vida. Nem é preciso dizer que a surra não foi encenada. Em seguida Paula foi mandada para o quarto, onde ficou trancada durante a noite inteira. Quanto material para uma cena de solidão e dor! Comumente, dramatizar essa cena seria de grande proveito, mas Paula continua sentada em sua cadeira, no meio do grupo, relatando seu drama à distância. Entretanto, não existe nada de "fácil" neste processo. Não há dúvida de que Paula teria achado mais fácil lidar com o drama da maneira rude com a qual estava acostumada do que lidar com a dinâmica da família empregando a mesma brutalidade.

Di, no entanto, faz muito poucos comentários, no sentido da empatia, que poderiam servir para reforçar aquela imagem mental horrível que Paula possui em relação ao acontecimento e da própria raiva relativa ao castigo que recebeu. Ela se encontra em um ponto em que lhe será muito fácil ser mobilizada emocionalmente. No entanto, é precisamente a capacidade de reelaborar imagens e abrir-se para elas, através de repetidos e expressivos psicodramas, que tanto debilita Paula. É bem verdade que fazer uma dramatização e substituir as imagens por outras, provenientes da realidade suplementar, muitas vezes se torna um recurso bem-sucedido, que pode diminuir, conforme já vimos, conceitos destrutivos, adotados por várias gerações. Na história de Paula, porém, tais procedimentos serviram unicamente para aumentar sua debilidade emocional.

Di começa a interrogar Paula sobre as diferenças existentes nos relacionamentos familiares, antes e após o incidente, recorrendo a um formato sociométrico simples: "Quem estava mais próximo de quem? O que este acontecimento significou para você? O que ele significou para sua mãe? Que tipo de problema sua raiva representa para seu pai? O que ele significou para seu irmão?" Ela volta a fazer perguntas que produzem conexões. Está ajudando Paula a tratar o sintoma como uma mensagem. Pergunta-lhe o que a mensagem significa para toda a família. As respostas de Paula não são tão importantes quanto o fato de que as perguntas estão provocando diferentes possibilidades.

De acordo com Paula, que jamais havia pensado nesses termos — o que, aliás, é bastante natural — após ser agredido, Michael aproximou-se da mãe, porém se manteve afastado do pai. Sam afastou-se do pai e da mãe, enquanto Paula foi para longe da mãe ou, melhor dizendo, a mãe foi quem se afastou dela, embora a menina a quisesse muito e precisasse desesperadamente dela, após aquele momento. De modo paradoxal, Paula, de certo modo, estava mais próxima do pai, pelo menos através do contacto provocado por sua má conduta e pelos constantes espancamentos. Após a agressão com a caneta esferográfica, seu pai, que dava surras periódicas na esposa, deixou de fazê-lo.

Graças ao modo pelo qual a dramatização é conduzida, com explicação dos vários papéis contributivos dos membros da família e com diagramas traçados no quadro-negro etc., a protagonista é ajudada a selecionar novas idéias e a localizar o problema no contexto das circunstâncias e das condições, incluindo as crenças e sentimentos de cada membro da família. Assim, a explicação "caracterológica" que Paula dá a seu problema ("Sou uma mulher tomada por uma raiva e um ódio perigosos") é contestada. Segundo o modo pelo qual Di constrói o problema, ele, na verdade, é uma solução para um problema anterior, cujo início correlacionou-se com uma mudança em relacionamentos importantes na família. O problema permanece sem resolução porque, enquanto permanece como tal, outro problema, que envolve um dilema no relacionamento, não precisa ser abordado. No entanto, o problema cria um sistema que não é confinado à família. Ele prossegue durante muito tempo em Paula, bem depois que ela deixou a família.

Di coloca a Paula o seguinte dilema: ela achou que valeu a pena escolher ter sacrificado o relacionamento com sua mãe, a fim de melhorar o relacionamento desta com o marido? Inicialmente Paula não entende o alcance do pensamento de Di. Ela ainda localiza a causalidade dentro de si mesma. Di repetiu o modo como ela reenquadrou o acidente, perguntando dessa vez a Paula se ela achava que tinha sido "generosa demais" ao ajudar sua mãe a não ser mais espancada.

Suscitar dilemas é uma prática comum na terapia da família e apresenta freqüentemente o objetivo de criar um laço terapêutico. Entretanto, é preferível compreender a importância de suscitar um dilema quando percebemos que este assegura condições para que se possa fazer uma dupla descrição. A descrição retrospectiva de Di em relação à "generosidade" de Paula para com seus pais permite uma nova visão — deveria ela continuar sendo generosa ao agir como a irmã apocalíptica ou deveria lutar por um estilo de vida que melhor se adeqüe ao tipo de pessoa que ela é? Tais descrições são postas uma ao lado da outra, capacitando Paula a estabelecer suas próprias distinções. Deveria ela ter continuado a participar da família de acordo com aquilo que lhe era habitual ou deveria divergir e elaborar uma nova fórmula destinada à participação mútua dos membros da família? Tais perguntas, é claro, teriam mais sentido se fossem formuladas naquele momento e com todos os membros da família presentes, porém lidamos com aquilo que temos — neste caso, uma única protagonista que examina um problema atual, o qual parece relacionar-se com o passado.

Paula fica muito pensativa e, em seguida, chora. Seu irmão Sam tinha morrido havia dois anos, em outro estado, devido a um tumor no cérebro e seu pai tinha morrido de um ataque cardíaco três anos antes desse acontecimento. Ela não ficou muito sentida com sua morte, embora a morte do irmão tenha significado muito para ela. Di pergunta o que ela gostaria de fazer "naquele exato momento". "Quero dançar com meu pai", diz Paula. "Quero ir a um baile caipira em sua companhia".

Pela primeira vez Paula torna-se atriz no palco. Antes disso, a dramatização havia sido encenada conceitualmente, por assim dizer. O ce-

nário é armado, com uma orquestra, um animador da festa, crianças, adolescentes e adultos, no contexto de um baile no estilo rural. Todos os membros do grupo, com exceção da orquestra, participam como dançarinos. O pai e a mãe dançam com exuberância. Quando todo mundo fica exausto a dramatização chega ao fim.

Será que esta dramatização não teria sido um mero simulacro do método psicodramático? Será que sua resolução não foi uma defesa maníaca, uma fuga em direção à histeria? É quase certo que não. O problema de Paula sempre pareceu ser não tanto evitar a emoção quanto expor-se excessivamente a ela, em outros grupos e terapeutas expressivos, de tal modo que ela seria muito pouco funcional. Paula não evitou perguntas durante a entrevista, que durou uma hora, sobre as reações da família à sua raiva. Ela também não as "evitou" intelectual ou emocionalmente. Respondeu a todas as perguntas após muita reflexão e, de vez em quando, começou a chorar ou a ficar manifestamente zangada, acalmando-se em seguida. Dançar com seu pai no final da dramatização não pareceu ser uma negação da dor, da raiva e da perda, no relacionamento entre ambos, mas uma resolução e uma transcendência daquelas emoções.

As primeiras cenas de um psicodrama habitualmente incluem a ação do entorno (por exemplo, os pais) sobre o indivíduo e, no seu desenrolar, o indivíduo atua heroicamente sobre esse entorno (a realidade suplementar). Esta última ação exerce uma modificação no protagonista e alguma modificação nas crenças, sentimentos e comportamento dos outros membros do sistema. Um diretor com orientação sistêmica, no entanto, pode encarar o abatimento do protagonista menos como um dispositivo mantido por um sistema (é a visão habitual) do que como um dispositivo que mantém um sistema (uma visão não tão habitual assim e, certamente, uma visão que o protagonista não detém). Algumas vezes, é claro, a intervenção sistêmica direta é desnecessária, à medida que o sistema se desequilibra, no desenrolar do próprio psicodrama, através da espontaneidade do protagonista, recém-descoberta.

Na psicoterapia de grupo, os relacionamentos dos membros do grupo entre si e entre eles e o terapeuta são construídos apenas gradualmente. O sistema, portanto, não é tão poderoso antes que o protagonista entre nele, mas evolui ao longo da vida do grupo. Acontece que, na terapia da família, os relacionamentos que ocorrem no "grupo" vêm operando há muitos anos e são profundamente investidos de afeto. Isto quer dizer que o sistema é imensamente poderoso antes que o terapeuta entre nele. As interações no "grupo" tornaram-se sistematizadas e sofreram pressões para que houvesse mudança. Essas pressões se originaram de fontes diversas, tais como os vizinhos, os médicos, os parentes, os amigos, os donos de bares, os motoristas de táxi, as cabeleireiras e outros psicólogos da comunidade. Um psicodrama relativo a uma família de origem está a um passo da força que a dinâmica da família possui. No entanto, até mesmo diante desse passo, os diretores que "entram" numa família por meio das projeções do protagonista poderão encontrar-se rapidamente fazendo parte da sistematização do próprio sistema de construção da família — suas defesas, se quisermos.

O terapeuta, de certo modo, penetra perigosamente no imenso poder de um sistema familiar. Uma vez que ali se encontre, é relativamente fácil "comprar" o mito familiar relativo àquilo que está errado. A própria Paula "comprou" o mito de que ela era uma pessoa destrutiva. E também na terapia da família, tal mito opera nitidamente quando um determinado membro torna-se o "paciente identificado" e, de certo modo, atua ou simboliza a patologia da família: uma adolescente anoréxica, a criança que se recusa a ir à escola, a mãe alcoólatra, um pai fraco ou ausente.

A família desenvolve um conjunto não escrito de regras e crenças a respeito de si mesma, com o propósito de tornar menos difícil o entendimento da realidade. Todos os membros do sistema adaptam-se a ele. Possui sua própria lógica interna e não parece tão estranho visto "de dentro" quanto poderá parecer visto "de fora". O sistema estrutura-se e desenvolve meios de impedir que o perturbem. Aqueles membros da família suficientemente ousados para questionar essa realidade definida em geral receberão pressão para questionarem a si próprios, para sentirem-se loucos ou, pelo menos, um pouco tolos. Eles, com efeito, podem "pirar". Até mesmo o terapeuta é suscetível de ser isolado ou rejeitado por "infringir as regras", o mesmo ocorrendo com qualquer membro da família. Esta age com bastante rapidez para enlear o terapeuta (mesmo o diretor) em sua realidade. Ela poderá até mesmo isolar ou rejeitar o terapeuta que insista em uma realidade diferente. Com Di e Paula as coisas caminhavam nessa direção, até que Paula aceitou um novo código terapêutico que não só era diferente de seu antigo código como divergia de seus velhos códigos relativos à própria terapia.

Capítulo nove

Despertar a transferência

Que mares, que litorais, que rochedos cinza e que ilhas
Que águas lambendo a proa
E que odor de pinheiro e tordos cantando no nevoeiro
Que imagens retornam
Oh, minha filha!

T. S. Eliot

Introdução

Na psicoterapia intensiva, o papel do terapeuta enquanto autoridade em psiquismo leva a emoções profundas e intrigantes, por parte daqueles que vieram à procura de ajuda. Estranhas reações são despertadas, bem como redemoinhos e turbilhões de sentimentos, provocados aparentemente pelo mais ligeiro comentário ou pela menor atitude do terapeuta. Para os pacientes envolvidos com este processo ultra-íntimo, os terapeutas parecem saber, sem que deles nada se saiba, parecem comover sem ficarem comovidos. A lição que o paciente aprende é, em última análise, a da frustração. Eles são despertados para alcançar aquilo que desejam, mas não o conseguem. A pessoa com a qual procuram estabelecer uma união torna-se, na verdade "a mãe da separação" (Stone, 1961).

Na qualidade de especialistas, que parecem saber mais sobre a vida dos pacientes do que eles próprios, os terapeutas vão fundo nas memórias e nas fantasias. São automaticamente investidos de poder para mostrar um novo caminho, para iluminar, para tornar os pacientes melhores, mais felizes e mais fortes. O processo terapêutico intensivo, quando baseado na transferência, leva os pacientes a "regredirem", a voltarem a ser pequenos, enquanto o terapeuta asssume os papéis arquetípicos do primeiro cuidador.

Quando éramos pequenos, nosso choro, à noite, era acalmado por uma pessoa que aparecia milagrosamente, para assegurar que já não estávamos mais sozinhos. Para os pacientes que se encontram em uma terapia individual ou de grupo, parece que o terapeuta pode ser essa pessoa, maravilhosamente ressuscitada. Todos nós começamos como recipientes desamparados, ao mesmo tempo nos deleitando e nos desesperando com nossa dependência. O contacto com uma figura social chave, tal como um terapeuta, pode desnudar nossos padrões infantis e desarmar-nos.

O terapeuta intensivo também preenche nosso anseio por alguém que é, ao mesmo tempo, um ideal e alguém que nos reconforta. É alguém que estabelece a justiça no mundo, que conserta os erros e preenche os vácuos que existem em nosso ser. Esses anseios mais ou menos universais são bastante inofensivos. No entanto, prestam um desserviço quando impedem as pessoas de sentir prazer em qualquer forma de felicidade que encontram, de gozar do contacto humano que está à sua disposição em determinado momento, do amor limitado que está a nosso alcance, no lugar daquela perfeita união que encaramos como algo que, sem sombra de dúvida, fazia parte da realidade nos primeiros meses de nossas vidas.

Viver bem parece requerer o talento de equilibrista: abrir espaço para a esperança, a imaginação, a magia e, ainda assim, abandonar versões infantilmente idealizadas de como as coisas deveriam funcionar. As pessoas que desistem de toda esperança, confiança e crença em uma realização adulta estão mortas pela metade. No entanto, se elas se agarrarem demais a fantasias de total realização, estarão condenadas a viver suas vidas em meio à mágoa e à desilusão. O messias talvez não tenha nascido, mas elas poderiam aprender a gozar agora, com elas próprias e com os outros, parte do prazer que achavam que viria de suas mãos.

Para os pacientes, o terapeuta enquanto um messias assume muitas formas: é aquele que os bloqueia, que se interpõe entre eles e suas apoteoses particulares (transferência negativa); ou é o salvador que precisa ser possuído a fim de que alcance aquela união e felicidade milagrosas que eles buscam (transferência positiva). Certos tipos de procedimento terapêutico podem levar ao desejo de que o terapeuta e a terapia se tornem os meios através dos quais eles são transformados de vítimas patéticas de seu passado e de seu presente em senhores sublimes de seu futuro.

No entanto, este não pode ser o objetivo da terapia, até mesmo de uma "terapia para deuses decaídos", tal como o psicodrama. Em nível mais modesto, ela tenta ajudar-nos a sermos criativos, a exercermos papéis adequados às situações em que nos encontramos, a sermos flexíveis, a vivermos com mais prazer e descontração com nossos semelhantes. Na medida em que a terapia estabelece uma estrutura que envolve a intimidade, ela o faz temporariamente, até mesmo acidentalmente, com o objetivo de chegar a estruturas apropriadas, nas quais a intimidade possa ocorrer, no interior de nosso próprio átomo social. Aceitar esses objetivos limitados acarreta uma perda de inocência, mas também propicia uma diminuição de sofrimentos desnecessários, trazidos por nossas ilusões de sermos especiais e por nossas exigências impossíveis em relação à vida.

A transferência não é uma "coisa", mas um conjunto particular de relacionamentos de papéis, determinados pelo contexto terapêutico, bem como por construções pessoais relativas à autoridade enquanto tal. Requer-se uma epistemologia ecossistêmica (Keeney, 1979; de Shazer, 1982) mais do que uma epistemologia observadora, um modo de pensar que leve em conta todos os elementos, incluindo aqueles proporcionados pelo terapeuta, que enfatizem a natureza sistêmica das reações de transferência, incluindo atitudes "baseadas na vida real", tanto quanto atitudes "baseadas na transferência". Nos dois capítulos que se seguem sugere-se que nem os métodos psicodramáticos, nem os métodos sistêmicos giram em torno da "resolução da transferência". Uma parte da melhora de uma pessoa, na terapia, pode, com efeito, se dar em torno do fato de se obter novos papéis frente aos fornecedores de poder e de reconforto, mas, para outras pessoas, tais questões são mais ou menos irrelevantes. A resolução da transferência não é uma solução que se preste a toda e qualquer finalidade.

O leitor poderá estar imaginando que papel a transferência poderia ter num código de terapia que pretende denominar-se "estratégica". Afinal de contas, o artigo de Jackson e Hayley (1963) parece ter dito a última palavra sobre esse tópico da literatura referente à estratégia. Não é bem assim. A transferência é um tópico tão importante na história da terapia individual e de grupo que ela merece algum espaço. Além disso, até mesmo em um grupo regido por princípios estratégicos, ocorrem fenômenos intrigantes, que dizem respeito ao líder. Já que o psicodrama é um método grupal, parece importante apresentar definições e uma breve história desse conceito.

Descrição e história do método transferencial

Transferência é o termo empregado para uma reação emocional originária de um relacionamento antigo frente a uma autoridade. Quando esse tipo de reação ocorre entre iguais, recebe habitualmente o nome de deslocamento (os aspectos irracionais de quaisquer relacionamentos entre duas pessoas). Toda transferência, portanto, é um deslocamento, mas nem todo deslocamento recebe o nome de transferência. É conveniente definir a transferência como um deslocamento que ocorre em um relacionamento hierárquico.

A projeção é outro termo dessa trilogia. Ela se refere a aspectos do eu que são transferidos para outros. Por exemplo, podemos projetar em outra pessoa que ela está irada ou inquieta, embora nós mesmos estejamos irados ou inquietos. Se dissermos que o chefe está zangado conosco, quando na verdade estamos zangados com ele, nossa atitude poderá ser definida como uma projeção. Quando voltamos para casa, porém, vindos do trabalho, e chutamos a mesa, em vez do chefe, estamos nos deslocando de um relacionamento para outro. O modo como a transferência e o deslocamento são empregados na terapia pode ser descrito basicamente nos seguintes termos: se dou um pontapé nos meus filhos ou no meu cônjuge em vez de dá-lo no chefe ou até mesmo na mesa, é provável que ocorra uma exacerbação, com conseqüências desagradáveis para todos. Mas se eu der um pontapé em meu terapeuta (verbalmente, digamos), espera-se que ele não entre no meu jogo da mesma maneira que minha família pode ter entrado. Obterei um novo tipo de resposta e, a longo prazo, aprenderei a separar terapeutas, mesas, patrões e filhos.

Conceitos como transferência ou projeção não são "coisas", mas simplesmente discriminações que nos capacitam a falarmos mais claramente sobre interações difíceis de relatar. Através da linguagem esperamos ordenar a experiência e ter acesso a um modo de comunicá-la aos outros. Assim, é melhor empregarmos os termos com a maior clareza possível, sob pena de transformá-los em um fetiche ou de acreditar que eles contêm segredos que exercem poder sobre aqueles que desconhecem seu significado. A transferência ou "os processos de transferência", para usarmos o termo menos reificante de Kubie (1968), é um rótulo para um tipo de interação que, segundo se diz, ocorre em determinados contextos, habitualmente terapêuticos. Não é uma "coisa" em si. Com efeito, o rótulo indica a fonte — é claro que a origem desse determinado conjunto de crenças relativas ao modo como o mundo funciona é psicodinâmica. A questão não é se a transferência é "verdadeira": ela é criada por certos contextos e, portanto, existe com toda certeza. Inúmeras demonstrações clínicas de sua existência podem ser feitas, uma vez que ela tenha sido criada. A questão, portanto, não diz respeito à existência do fenômeno da transferência, mas se a transferência é uma ferramenta útil de pensamento para o trabalho de alguém.

A transferência é comumente entendida como um deslocamento de um tempo para outro e de uma pessoa para outra. Diz-se que o indivíduo desloca inconscientemente para determinado "objeto" as atitudes, sentimentos e respostas que foram desenvolvidas em relação a "objetos" anteriores, no átomo social original de uma pessoa. O protótipo de todas as relações objetais é a relação com os primeiros cuidadores, em geral os pais. Eles são encarados como o núcleo central das emoções que são transferidas para o terapeuta ou outra pessoa em posição de autoridade. No entanto, a literatura analítica também sugere que a transferência pode englobar deslocamentos de experiências e relacionamentos posteriores com outras pessoas (ou até mesmo instituições) que não os pais. Posto que o deslocamento ocorre inconscientemente (é o que afirma a teoria), ele leva o indivíduo a experienciar involuntariamente reações em relação a determinado objeto que não são apropriadas a este último. As reações não provêm da "realidade" da relação na situação presente, mas são motivadas por uma questão que não foi resolvida no passado. Elas constituem uma nova edição ou uma cópia de impulsos e fantasias que pertencem ao passado, mas são "revividas" e oferecidas ao analista no presente.

Pelo menos até 1912 Freud encarava a transferência como um fenômeno "lamentável", algo incômodo que interferia no processo da terapia. Embora encarasse as transferências como algo inevitável, elas eram consideradas simplesmente como uma criação a mais da "doença" do paciente, a serem combatidas da mesma forma que a neurose. No entanto, através dos tempos, a opinião de Freud modificou-se. Inicialmente as reações da transferência eram um mal necessário, que devia ser enfrentado e superado pelo paciente, assim que o analista trouxesse sua existência para a consciência. Mais tarde, porém, Freud passou a encarar a transferência como uma "aliada poderosa", contanto que sua presença fosse detectada e explicada ao paciente. Ela se torna uma espécie de ponte, uma intermediária entre a doença e a vida real. Felizmente é mais fácil chegar ao intermediário do que à doença original e ele apresenta ao terapeuta um modo conveniente de trabalhar.

A transferência cria, assim, uma região intermediária entre a doença e a vida real, através da qual se opera uma transação de uma para a outra. A nova condição assumiu todos os traços da doença, mas ela representa uma doença artificial que, a qualquer momento, é acessível a nossa intervenção.

(Freud, 1914, p. 154)

O fenômeno da transferência é encarado como algo tão importante na tradição analítica que ele é cuidado da mesma forma que um cientista cuida de uma cultura ou que um jardineiro cuida de uma orquídea em uma estufa. Uma vez aceita a condição de intermediário da neurose de transferência, o relacionamento entre o paciente e o analista torna-se preeminente. Em vez de atacar a origem genética da "doença" no passado, pode-se abordar o relacionamento presente como algo que repete tudo aquilo que precisa repetir, dos relacionamentos passados. Talvez por isso se possa afirmar que os freudianos são terapeutas tão ligados ao "aqui-e-agora" quanto Rogers. A despeito de suas preocupações com o passado, as questões terapêuticas são trabalhadas no presente e no encontro entre o terapeuta e o paciente. Acredita-se que a obtenção de um relacionamento baseado na transferência assinale o máximo envolvimento com o inconsciente e que sua resolução leve a uma nova edição daquele texto que o paciente recebeu originalmente de sua família.

Todavia, a realidade desse relacionamento, por mais intenso que seja, é separada da vida quotidiana. A expressão de impulsos ou fantasias ligados à transferência, por parte do paciente, na verdade não resulta em uma resposta por parte do terapeuta, ao nível da realidade. Um diálogo do tipo "Posso ter você?"/"Não, não pode" parece ser algo interminável, na medida em que o terapeuta aplica a "regra da abstinência". O objetivo é permitir ao paciente expressar impulsos e desejos que, normalmente, seriam refreados. As reações do paciente ao terapeuta englobam todas as maneiras pelas quais uma pessoa interpreta mal, reage equivocadamente e percebe erroneamente o presente em termos do passado.

No entanto sua natureza artificial permite aos pacientes avaliarem a natureza pouco realista de seus impulsos e ansiedades.

Freud comparava o comportamento do terapeuta a uma tela em branco e opaca. O terapeuta reflete unicamente aquilo que o paciente manifestou. Essa opacidade objetiva impedir que os terapeutas transfiram de volta para os pacientes sentimentos que estes transferiram para eles. Assim, quaisquer distorções que o paciente apresentar podem ser demonstradas como algo que não passa disso. Admitindo que o terapeuta proporciona ao paciente muito poucos dados sobre os quais ele possa basear suas atitudes, estas, por definição, devem ser distorções que emanam desse mesmo paciente.

A aparente neutralidade do terapeuta vai ainda mais longe. Se ele limita-se a analisar, então o analista não pode agir como um professor ou um modelo, intensificando assim a autonomia do paciente e sua completa responsabilidade em relação a si mesmo. Rogers, é claro, interessava-se, do mesmo modo, pela autonomia do cliente e pelo fato de o terapeuta proporcionar apenas as condições para o crescimento, e não a direção em que este deveria ocorrer. Em ambos os casos era um sonho impossível. O próprio método terapêutico é ideológico e sua estrutura dá forma a sua mensagem. Uma visão cibernética de segunda ordem, por outro lado, leva em conta o terapeuta, o paciente e o contexto, ao analisar qualquer interação.

Assim como as reações de transferência são cuidadosamente alimentadas, elas são dissolvidas com idêntico cuidado e o tratamento chega ao fim. Na verdade, o tratamento é isto. O desenvolvimento e a resolução final da transferência são encarados como algo capaz de "secar" toda a neurose existente; toda "loucura" acaba sendo focalizada na loucura transferencial, de tal modo que, quando esta é resolvida, outros hábitos irracionais e destrutivos da pessoa também se vão.

Diz-se que o paciente apresenta uma "compulsão à repetição". Ele repete experiências anteriores cruciais, em termos de satisfações de impulsos e defesas infantis, sendo o terapeuta o objeto de tais gratificações. A opacidade e falta de responsividade por parte do terapeuta tornam-se uma grande fonte de frustração. Ele simplesmente não comparecerá à festa e assim o paciente terá de aprender outras maneiras de satisfazer impulsos infantis ou de erigir defesas infantis. O terapeuta, enquanto isso, mantém-se simplesmente silencioso ou limita-se a meramente interpretar. Os pacientes não lidam tanto com uma figura real, que reage a eles, quanto com uma personalidade misteriosa e opaca, para a qual, segundo se diz, eles "deslocam" suas próprias construções pessoais, carregadas de afeto. Assim como o desejo seja pelo terapeuta torna-se consciente e é ampliado pela natureza fantasiosa do relacionamento, da mesma forma a possibilidade de que o desejo satisfeito torna-se cada vez mais conscientemente remota, à medida que o terapeuta interpretar cada passo dado.

Freud encarava a transferência como um "instrumento de valor inestimável" tanto quanto uma "fonte de sério perigo" (Freud, 1940, pp. 174-5). Até mesmo a transferência de sentimentos positivos funciona como uma resistência, na medida em que o paciente deixa de lado seu anseio de tornar-se saudável e, no lugar disso, opta por obter o aplauso do terapeuta. Como as reações de transferência são encaradas como repetições das antigas reações do paciente frente a seus pais, elas reproduzem a ambivalência de tais relacionamentos. Assim, "acontece quase inevitavelmente que, um dia, sua atitude positiva para com o analista transforma-se em uma reação negativa e hostil" (Freud, 1940, p. 176). Também a transferência hostil é considerada como uma forma de resistência: ao interpretar mal o presente em termos do passado, os pacientes defendem-se da recordação de seus conflitos infantis, revivendo-os.

Aqui já podemos notar algumas diferenças importantes entre a forma analítica e a forma psicodramática de trabalhar. Em nível mais básico os diretores de psicodrama encorajam a pessoa a reviver o passado em vez de discuti-lo. Na análise, o reviver é interpretado; no psicodrama, ele é encenado ou, melhor dizendo, as interpretações do diretor se exprimem através das próprias instruções que ele dá: troca de papéis, mudanças na cena, sugestões dadas aos vários egos-auxiliares, o uso do duplo etc. O reviver não é encarado no psicodrama como uma forma de evitação; na realidade ele constitui o âmago do trabalho. O segredo é fazer com que o reviver não seja realizado muito abertamente apenas, mas que o seja em sua totalidade; leva-se o impulso ou a fantasia ao enésimo grau, de tal modo que resulte disso um estado de espontaneidade e que a pessoa aprenda papéis adequados. No psicodrama, o paciente é estimulado a regressar à casa mal-assombrada, a percorrer todos seus quartos e a enfrentar de peito aberto todos os fantasmas, em vez de fazê-lo através do terapeuta/diretor. O enfoque afasta-se habitualmente do relacionamento direto entre o protagonista e o diretor. A terapia analítica apóia-se no terapeuta para representar simbolicamente a realidade social do paciente. O psicodrama leva a representação simbólica a seguir um caminho diferente, através dos egos-auxiliares e da montagem de uma cena. Ele coloca a fantasia num espaço tridimensional e alivia o terapeuta da tarefa de tornar-se tudo para o protagonista. Portanto, as reações de transferência e sua resolução não são fundamentais para o "tratamento" psicodramático. No entanto, de vez em quando, os diretores poderão usar de maneira estratégica as reações do protagonista em relação a eles.

Encenação de uma reação de transferência superficial

A dramatização "O filho do relojoeiro" ilustra alguns dos processos através dos quais um material relevante do passado é evocado pela presença do terapeuta. À parte as numerosas implicações psicodinâmicas e sistêmicas presentes nesta dramatização, ela ilumina a importância e a superficialidade simultâneas de certas reações que se dão sob o rótulo de transferência. Neste caso, a pessoa para quem as emoções são inicialmente deslocadas (o diretor), é, na vida real, quase que completamente desimportante para o protagonista, que conhecia esse diretor havia apenas um dia. No entanto, o importante é o papel do diretor enquanto estímulo para interações significativas, que no dia-a-dia do protagonista são debilitantes. O modelo delas provavelmente originou-se do passado. A dramatização, portanto, não é apresentada como uma "cura da transferência" mas como um exemplo de co-criação de um significado em torno de um processo superficial de transferência. Mais adiante, no próximo capítulo, são ilustrados processos transferenciais, cujos relatos se concentram mais na importância do terapeuta num relacionamento "real" com o membro do grupo.

O filho do relojoeiro

O protagonista desta dramatização foi Pino, homem magro, com barba, envolventemente simples, de 35 anos de idade, que parecia manter um bom relacionamento com os demais participantes do grupo. O grupo em questão visava ao "crescimento pessoal", e se iniciara havia oito meses. Dennis foi convocado para dirigir uma sessão em um fim de semana. Seu contacto com o grupo, portanto, era de origem recente e seu relacionamento com os participantes não tinha raízes fundas.

O compartilhamento de Pino com o grupo, no final das sessões realizadas até então, dizia respeito a seu relacionamento com a ex-mulher e com seus filhos, que estavam morando com ela em outra região do país. Um dia antes do psicodrama Pino foi preterido pelo grupo, ao apresentar-se para ser o protagonista. No drama encenado durante a sessão que precedeu a atual, a protagonista eleita escolheu Pino para ser o irmão dela, de quem sentia ciúme, pois era ele quem obtinha mais atenção da família (Ver "A dama da Espanha", no capítulo 2).

No início da sessão, após o almoço, quando o grupo começa a discutir, os participantes começam a notar Pino. Ele fala agressivamente com as pessoas que estão perto dele mas, quando lhe é perguntado de que se trata, recusa-se a dizer. Uma das participantes do grupo incita-o a vir brincar com ela. A metáfora do recreio infantil, introduzida por ela, é assumida pelo grupo. Outra participante pede a ele que pare de enfiar os pés no cascalho do "recreio" e convida-o para ir com ela ao carrossel. Ele recusa. Outro participante o convida para fazer alguma coisa. Ele não aceita e zanga-se. Outra participante afirma que quer que ele seja o protagonista, mas não deseja assumir responsabilidade por ele. Outras pessoas do grupo parecem estar às voltas com um dilema seme-lhante e dirigem todo o enfoque para Pino, que se torna esquivo.

Em breve Pino levanta-se e vai para o meio do grupo. O diretor permanece sentado. Pino afirma que não sabe o que quer fazer, mas que quer fazer algo. *Gira os braços em todas as direções. Pula para ci-ma e para baixo com desenvoltura pouco convincente: "Estou aqui, es-tou aqui". Pára e começa a andar de um lado para outro. É um meni-nozinho perdido. Uma pessoa do grupo, Meryl, pergunta se ele gostaria de sentar-se ao lado dela. Ele se zanga, diz que não, que não vai com-partilhar o chão com quem quer que seja, agora que se encontra nele. Anda um pouco mais de um lado para outro e então dirige-se ao diretor:*

P: *Quero lhe dar um soco, mas sinto medo do seu poder.*
D: *Não estou interessado em levar um soco.*
P: *(andando em volta do grupo, volta a falar com o diretor) Você não está aqui. Quero falar com o grupo sem que você ouça.*
D: *(entra no jogo e esconde a cabeça debaixo de uma almofada)*
P: *(contente) O que eu faria normalmente, numa circunstância como esta, seria ver se alguém mais está infeliz. Consigo reunir em torno de mim um pequeno grupo de descontentes e subverto a partir de dentro (aproxima-se de cada participante do grupo). Você acha que ele é mandão demais? Você acha que ele é muito insistente? Não lhe parece que ele é um espertalhão? (Ao mesmo tempo Pino pede a to-dos que se juntem a ele e se põe a agir nesse sentido)*

O grupo reage de diversas maneiras. Um dos participantes diz: "Este é um assunto seu, Pino. Não me envolva". Pino atua como um comen-tador e um "psicologozinho" para si mesmo, porém este parece ser um modo pouco apropriado de envolver as pessoas com seu objetivo e de conseguir que elas lhe deêm o apoio e a atenção que ele deseja. Os parti-cipantes do grupo parecem estar ficando constrangidos. O comporta-mento de Dennis, o diretor, exerce, sem dúvida, uma influência: ele per-manece sentado no chão. Conforme explicou mais tarde, não se sentia suficientemente aquecido para "unir-se" a Pino no papel de diretor. No entanto, uma das participantes do grupo, Simone, concorda em fazer parte do pequeno exército de Pino: "Vou com você." Porém, decorri-dos alguns minutos, ela também senta-se.

Dennis, à parte, começa a elaborar sua hipótese sobre Pino em seu átomo social original. Dennis parte dos principais papéis que ele mos-trou até aquele momento: o do tímido que chama a atenção; o macho irado que não quer rivais; o do mal-humorado irresoluto, dividido entre a ação e a inação. De que espécie de átomo social teriam provindo esses papéis? Dennis decide testar uma hipótese que poderia ligar esses papéis. O papel principal parece dizer respeito a uma criança entregue à rivalidade, irresoluta, que solicita agressivamente a atenção de uma pessoa mais velha.

D: De que modo você se sente sem poder?
P: Não sei.
D: (subitamente) Todas elas me pertencem. Nenhuma delas poderá ser sua.
P: Como? O que você quer dizer com isto?
D: Refiro-me às mulheres que estão aqui. Todas elas me pertencem. São minhas. São minhas esposas.
P: (parece surpreendido, mas pela primeira vez estabelece contacto visual com o diretor e aparenta mais firmeza, menos "flutuação" em seu modo de ser)
D (prossegue) Por qual delas você quer lutar comigo?
P (compreende imediatamente): Aquela ali (aponta para Meryl)

Quando Meryl se aproxima, Pino, de repente, põe as mãos na cabeça e começa a gemer. O diretor pergunta-lhe o que está acontecendo. Pino responde que, quando uma mulher se aproxima demais dele, fica muito perturbado. O diretor indaga se ele tem em mente uma determinada cena na qual esse sentimento foi muito forte. Pino monta uma cena que diz respeito a ele e a uma ex-namorada, Sue (Meryl), em uma casa de campo onde eles moraram durante dezoito meses. Em resumo, a cena dizia respeito ao fato de que Pino sentia-se em um beco sem saída, no relacionamento, e receoso de Sue, que fazia excessivas solicitações, no sentido de uma maior proximidade entre ambos. Ela também fumava demais e, quando preocupada, tomava uísque.

Pino não conseguia suportar tais hábitos, mas estava dividido entre o fato de querer controlá-la e querer que ela fosse uma criatura livre (um dilema masculino nada raro de se encontrar). As interações de Pino e Sue são típicas de um "casal complementar": ela o censura por sua falta de receptividade, ele sente-se culpado mas é crítico e sente culpa por ser crítico. Eles discutem durante alguns momentos de maneira um tanto incoerente e torna-se claro que esta cena repete ações de Pino que demonstram irresolução, já encenadas no grupo. Elas demonstram que ele não consegue ir a lugar algum.

Pino parece bloqueado, em uma dinâmica que se repete, entre seu desejo de proximidade e o receio de que isso aconteça e entre o desejo de controlar Sue e o temor de controlá-la. É bem possível que o dilema se relacione com sua infância. Se for assim, o diretor poderá escolher cenas de um passado recente ou distante. Como, habitualmente, é mais operante trabalhar com cenas recuadas no tempo do que com cenas recentes, Dennis solicita a Pino que traga seus pais para a cena. Tal procedimento envolve duas outras pessoas, anacronicamente impostas a uma cena existente, a qual acontecera havia três anos. Embora os pais de Pino jamais tivessem estado presentes na discussão entre Pino e Sue, é dramaticamente legítimo superpô-los a uma interação que está ocorrendo, para agirem como um coro ou um reflexão dos acontecimentos, por assim dizer. Assim, duas partes do passado são superpostas, de tal modo que percepções de uma diferença poderão ser proporcionadas ao protagonista através da dupla descrição. O anacronismo permite que se note semelhanças e diferenças.

Para o papel do pai, Pino escolhe uma mulher do grupo, Angie. Para o papel da mãe escolhe Simone, sua aliada ambivalente original, quando ele estava tentando levantar um exército subversivo contra o diretor. Dennis pergunta ao pai o que está acontecendo com seu filho. O pai diz que ele não sabe, mas "sua mulher sabe mais coisas" e que ele vai voltar para um puxado, nos fundos da casa, onde conserta relógios. O pai parece estar inadequado para os papéis parentais e muito ausente enquanto pessoa. O diretor dirige a mesma pergunta à mãe. Ela parece muito agitada e confusa. Inicia um diálogo com Pino, de sutil rejeição em relação ao marido.

Durante esta discussão, Pino começa a andar com sua mãe para um canto da sala. Caminha bem junto dela, dá-lhe indicações muito vagas e aparentemente aleatórias sobre a direção que ele quer que ela siga. Enquanto isso conversam. Pino e sua mãe parecem desatentos às próprias ações. Ele a conduz quase como um cão pastor conduz seu rebanho, mas, inicialmente, os movimentos são sutis e discretos. Ao inverterem, Pino, como mãe, não resiste. Finalmente ela chega ao canto da sala e olha um tanto temerosa por cima do ombro dele, contemplando a sala. Eles já não podem mais no ter consciência do que estão fazendo.

Pino estica-se no canto da sala e estende os braços, apoiando-os nas duas paredes "aprisionando" sua mãe, numa atitude que tem toda aparência de dominação sexual. Ao inverterem papéis, Pino, como mãe, concorda com todos esses movimentos, mas protesta debilmente diante do fato de que as atitudes de Pino são um tanto impróprias e de que ela deveria dar atenção a seu marido.

O diálogo prossegue um pouco mais e o diretor torna-se mais firmemente convencido de que o conflito pode ser semelhante a um outro, anterior, que dizia respeito à rivalidade com outro homem pela atenção de uma mulher. O indício nasce não apenas do aquecimento inicial de Pino no grupo, mas do material fornecido pela própria dramatização.

O diretor tem um palpite: em algum momento Pino teve sua mãe inteirinha para ele. Volta-se para Pino e diz:

D: Era melhor antes que ele aparecesse, não é mesmo?
P: Sim.
D: Afinal de contas, você não passa de um menino.
P: Sim.
D: Que idade você tem mais ou menos, Pino?
P: Quatro anos.
D: Seu papai esteve longe de casa?
P: Esteve na guerra e anda doente.
D: Que tal você representar a cena de quando ele volta para casa?

Nesta próxima cena, Pino e sua mãe estão de pé, ao lado do pai, que se inclina sobre a mesa, consertando seus relógios. Pino começa a bater nas costas do pai, chorando: "Você não devia ter voltado, não devia ter voltado." Começa a bater também na mãe, a qual (no papel invertido) esteve discutindo com ele, mas sem grande sucesso.

Esta descrição ilustra o modo pelo qual os diretores e os protagonistas estabelecem cumplicidade enquanto co-produtores de uma dramatização. Eles operam através de um processo de mútua influência. O fato de Dennis modificar o modo de se expressar (passando de "seu pai" para "papai") opera como uma deixa para que o protagonista "regrida". É uma ordem implícita para que o protagonista volte no tempo. O diretor não está tanto "dirigindo a testemunha" quanto reagindo às deixas verbais e físicas de Pino, construindo hipóteses sobre o lugar e o tempo apropriados para que esse tipo de deixas se manifeste. O diretor e o protagonista seguem-lideram, no processo de construírem em conjunto uma realidade. Dennis ainda não está acentuando as diferenças entre o código de Pino e o código terapêutico, pois este ainda não está operando. Dennis atua, sobretudo, nesse momento, no papel de produtor, embora aquilo que ele produz dependa em grande parte, é claro, de seus pressentimentos terapêuticos.

A despeito dos gritos, da "verdade" psicológica dos acontecimentos e da aparente amplitude psicodramática da interação (choros, espancamentos etc.), a encenação ainda possui um ar pouco autêntico. Pino parece estar representando e, no entanto, parece não escolher o tipo de representação que oferece. Está repetindo a cena que ocorreu entre ele e o resto do grupo, que girava em torno do fato de ele não saber o que queria fazer, mas querendo fazer algo. Sua raiva ainda diz respeito a ele não querer compartilhar o espaço com quem quer que seja. Poder-se-ia dizer que essa batalha é metaforicamente semelhante àquela que ele travou, quando criança, e venceu, mas não queria verdadeiramente vencer (nem tinha condições para tanto).

Não há necessidade de encarar uma assim denominada luta "edipiana" em termos unicamente de sexo. As fronteiras geracionais, as definições de papéis, as limitações do poder individual (impotência/onipotência) todas estão envolvidas com o ciclo vital do desenvolvimento da família. Desde o nascimento a criança deve administrar os triângulos complexos formados pelo pai, pela mãe, pelos irmãos e por ela mesma. De vez em quando esses conflitos se tornam mais evidentes, durante o período edipiano. Quando os limites se tornam indefinidos, novas regras são aprendidas muito cedo, daí a crença de que tais regras são imutáveis. Mais tarde, é muito factível substituir os atores, de tal modo que, embora os componentes do sistema sejam novos (por exemplo, o diretor ou a namorada), são dados passos no sentido de que esses novos participantes não perturbem ou interfiram nessas regras previamente aprendidas.

D: *Independentemente do que você fizer, não conseguirá manter a posição durante muito tempo. Você se descobrirá planejando o próximo passo. Você sente que sua autenticidade lhe escapa.*
P: *Sim.*
D: *Isto acontece particularmente com ela, não é mesmo? Você não sabe se quer fazer amor com ela ou se quer espancá-la. Nenhuma atitude lhe parece a melhor, mas estar com ela também é insuportável. Não fazer nada é terrível e isso não lhe traz alívio. Não agir parece ser a melhor opção.*
P: *É exatamente assim.*

Uma família ajuda uma criança a desenvolver papéis saudáveis na medida em que mantém interações claras. No plano ideal, as coalizões estabelecidas pelos pais são fortes, as fronteiras geracionais são definidas e os indivíduos são tratados com respeito e cuidados. Algumas dessas condições, no caso de Pino, parecem estar ausentes. Tudo indica que, quando ele era muito jovem, deve ter assumido alguns dos papéis e funções de seu pai. Embora inicialmente esses papéis possam ter sido muito gratificantes, não parece que eles tenham sido inteiramente satisfatórios para Pino ou para sua mãe. A ausência de limites apropriados entre ele e sua mãe, em seus primeiros anos, parece que resultou mais tarde na construção de uma prisão para ambos. Na vida adulta parece impossível a Pino estabelecer livremente um relacionamento íntimo ou rompê-lo com idêntica liberdade, conforme ficou evidenciado em seu relacionamento com a namorada, no início da dramatização. Para Pino, o espaço pessoal confunde-se com o espaço relacional. A única possibilidade de co-existência torna-se uma intrusão no espaço dos outros (conforme foi demonstrado em relação a seu comportamento para com o grupo), a perda dos próprios limites de Pino ou a anulação dos limites alheios, que ele tentou.

Nenhuma pessoa, seja ela amante, pai ou filho, pode satisfazer todas as necessidades de outra pessoa. No entanto é isso que procuramos em nossa infância e talvez em nossa vida adulta. O conhecimento dos limites só pode ser transmitido a uma criança se os próprios pais o possuem. Quando este é o caso, a criança é ajudada a desistir das polaridades relativas à impotência/onipotência e aprende a negociar. Conforme observa Beavers, quando outra pessoa, tal como a mãe, por exemplo, estabelece limites, a criança "aprende que a mãe precisa de outras pessoas e, portanto, essas pessoas não são inimigas, mas aliadas. A criança aprende esse fato na medida em que ela vivencia a si mesma não como um intruso perigoso, mas como um acréscimo bem-vindo ao relacionamento entre seus pais" (Beavers, 1977, p. 199). A ansiedade de Pino em relação a "compartilhar o espaço" sugere que, no seu modo de ver, os outros não constituem um acréscimo bem-vindo ao relacionamento entre os "pais" (o diretor e o grupo).

Se Pino tivesse sido criado em um lar diferente, um lar no qual talvez as circunstâncias externas, tais como a doença ou a guerra não tivessem interferido com padrões normais de desenvolvimento ao ponto em que isto se deu, ele poderia ter tido uma oportunidade melhor de aprender a importância da renúncia, a fim de obter gratificação em relacionamentos íntimos. Uma pessoa não é capaz de formar para outra pessoa uma sociometria satisfatoriamente ampla. Requer-se mais papéis complementares do que aqueles que podem ser proporcionados por uma única pessoa. Isto é verdade no que se refere a pais, amantes, cônjuges, filhos ou amigos. Portanto, uma criança, desde cedo, precisa lidar com solicitações triangulares através da negociação, evitando assim a polaridade impotente/onipotente. Pino, conforme vimos, oscilou entre um papel e outro, durante a dramatização.

Existem várias opções em aberto para terminar esta dramatização, estimulada pelos sentimentos de rivalidade de Pino (transferência) em relação ao diretor. Parece importante que o diretor se dê ao trabalho de definir os limites do relacionamento, deixando bem claro o que é aquilo que ele não pode dar. Uma conclusão sob a forma elegante de uma sonata seria desenvolver o papel do pai e criar uma divisão efetiva entre o pai e a mãe, enquanto cônjuges, e o subsistema do filho (Pino). Esse processo não foi adotado porque o pai era uma personalidade por demais vaga para adquirir uma consistência, a essa altura dos acontecimentos. Para fazer isto seria preciso que Dennis levasse virtualmente a dramatização a um grau que não foi sugerido pelas pistas oferecidas pelo protagonista.

Em vez disso, Dennis decide ajudar Pino a ter uma experiência diferente em seu relacionamento com a mãe. Proporciona-lhe um código psicodramático novo, de tal modo que ele possa vivenciar as diferenças. A "mãe firme" foi um papel significativamente pouco desenvolvido em toda a encenação, notável por sua ausência, até mesmo na cena original. Dennis solicita a Pino que escolha uma mulher do grupo que daria uma "boa mãe". Pino escolhe Joyce, uma mulher jovem muito prática, que, na vida real, vive só e tem um filho de quatro anos.

195

O primeiro ato é uma redramatização da cena original, tal como ela ocorreu. Pino é solicitado a ficar fora da ação e a observá-la juntamente com o diretor (técnica do espelho). A ego-auxiliar torna-se Pino e começa a bater na mãe do mesmo modo como Pino bateu. Ele pede que a mãe em vez de dar atenção ao pai, dê a ele. Em seguida a cena é retomada. Desta vez Joyce insiste para que ele pare, mas na medida em que ele não o faz, ela o arrasta para fora da sala e lhe dá uma boa palmada. Ela é eficiente e clara. Joyce está realizando um treinamento de papel para a mãe de Pino, embora, é claro, somente ele esteja presente no psicodrama.

A essa altura, os elementos psicológicos subjacentes são muito complexos. Em primeiro lugar, em termos de transferência, a disputa original de Pino com o diretor foi esquecida. Ficou para trás, relegada à irrelevância pela "aliança funcional" estabelecida quando Pino iniciou o psicodrama. Ao mesmo tempo, o diretor e a nova ego-auxiliar, que interpreta a mãe, estão envolvendo Pino em "uma experiência emocional corretiva" (Alexander, 1946). O diretor conversa com Pino enquanto eles observam a ação, "dirigindo-o" no que se refere a experiências importantes, ligadas ao viver. A nova mãe também está oferecendo uma experiência ainda mais direta, corretiva e emocional. Pino age em relação a ela como uma figura que representa verdadeiramente a autoridade. A assim denominada transferência agora apresenta três direções: em relação ao diretor, em relação à mãe no psicodrama e em relação à nova mãe psicodramática. Finalmente o diretor está trabalhando como um terapeuta da família, ao definir novas estruturas que envolvem limites geracionais e ao produzir atuações no plano daquilo que é novo, com o código de Joyce, e no plano daquilo que é velho, com o código da mãe psicodramática. Esses dois códigos se justapõem para proporcionar percepções sobre as diferenças.

Agora Pino entra na cena no papel dele mesmo e recebe o mesmo tratamento de Joyce, sua mãe transformada. Então troca de papel e assume o da mãe. Modela-se no comportamento de Joyce e dá aquele tratamento ao jovem Pino. Volta em seguida à posição de espelho, ao lado do diretor. Mais uma vez contempla tudo o que se passa. Parece ter ficado diferente e a dramatização chega ao fim. Quando arruma a sala e põe de volta os objetos na posição que ocupavam, comenta com o diretor: "Gostei daquele tapa".

Em termos de uma terapia sistêmica, o objetivo de uma intervenção é voltar a pontuar a seqüência de comportamentos entre um determinado conjunto de participantes, de tal modo que a experiência possa assumir significados diferentes. Ao encorajar os membros da família a encenarem novos modos de falar e de se comportar uns com os outros (isto é, aprender e treinar novos papéis), pode-se alcançar uma modificação no contexto geral do significado e da expectativa. Assim, a mãe de Pino dá-lhe uma boa palmada, em vez de aliar-se a ele, contra seu marido. As seqüências familiares que operaram desde que a criança nasceu levaram a certas características do *self* individual que, em seguida, realimentaram o sistema. Certos comportamentos, sejam eles verbais ou não verbais, tal como a aceitação ambivalente de Pino, por parte da mãe, enquanto amante/marido, são vistas, no contexto da família, como deixas ou sinais. Essas deixas fazem com que conjuntos de expectativas ou percepções sejam representadas, o que estimula mais padrões previsíveis de comportamento. É claro que tais expectativas são geralmente determinadas sem pensamento ou intenção consciente, o que significa que suposições poderosas, porém tácitas, estão operando na família a maior parte do tempo.

A dramatização de Pino sugere mais uma vez as possibilidades de se conceber relações em termos sistêmicos e estruturais e até mesmo em termos simples tais como definir limites. O relacionamento de Pino com o diretor não foi significativo, e o psicodrama, de modo algum, poderá ser construído como uma "cura baseada na transferência". O relacionamento com o diretor foi usado como um gatilho para detonar a dramatização. A dinâmica de Pino com Dennis e o grupo, bem no início da dramatização, repetiu-se várias vezes, em todo o desenrolar da sessão. Iniciamos com a intrigante questão da transferência e agora é hora de voltarmos a esse assunto.

Noções psicodramáticas e relacionais a respeito da transferência

Moreno não tinha particular afeição pela noção de transferência. Citando a definição de Freud: "Uma transferência de sentimentos para a personalidade do médico... era algo que já estava pronto e preparado no paciente, transferido para o médico por ocasião do tratamento analítico", Moreno sustenta que, se essa definição tivesse sido dada do ponto de vista do paciente, então a descrição operada por Freud poderia ser revertida sem modificação alguma, exceto pela substituição da palavra "médico" pela palavra "paciente" e vice-versa. Teríamos então a seguinte definição:

Uma transferência de sentimentos para a personalidade do *paciente*... era algo que já estava pronto e preparado no *médico*, transferido para o *paciente* por ocasião do tratamento analítico. Seus sentimentos não se originam na atual situação e não são realmente merecidos pela personalidade do paciente, mas repetem o que aconteceu a este último um dia, em sua vida.

(Moreno, 1959, p. 6)

Conforme o entendimento de Moreno, a transferência é um fenômeno interpessoal e a contratransferência é meramente a transferência "em mão dupla". A contratransferência há muito vem sendo encarada como a reação do analista ao paciente, como se este fosse uma pessoa significativa na história pretérita desse mesmo analista. São óbvios os perigos de que o terapeuta possua uma visão deslocada do paciente e empregue o encontro terapêutico tendo em vista seus próprios fins. A redefinição da transferência, proposta por Moreno, não elimina o conceito de que os terapeutas abordam os pacientes com suas próprias estruturas de papéis, alguns dos quais podem ser muito úteis e outros, não. Ele, porém, torna o processo mais realista e igualitário.

O intenso contato entre terapeuta e cliente assume formas estranhas de anseios e necessidades, não totalmente explicadas pela redefinição de Moreno. Sua reformulação, embora talvez um pouco simplista, é, no entanto, satisfatoriamente recursiva. Ela, entretanto, é limitada por sua simplicidade, na medida em que não discute os elementos hierárquicos cruciais do relacionamento com um papel, o que faz com que a troca de papéis não seja tão paralela. O terapeuta e o cliente são iguais, enquanto seres humanos, mas, no entanto, existem elementos estruturais, nos papéis do terapeuta e do cliente, que fazem com que o encontro deixe de ser meramente uma reunião. Existe muita coisa que vai além disso, quando uma pessoa procura um terapeuta.

Moreno oferece uma oportuna correção às concepções tradicionais da transferência, ao assinalar a importância, nas definições, dos fatores contextuais. Ao mesmo tempo, sua visão introduz uma novidade na discussão e é característica de suas constantes tentativas de despatologizar o paciente. Sua redefinição propicia uma noção mais profundamente sistêmica da transferência. Ele elimina o viés persistente e nada sistêmico, encontrado na literatura terapêutica tradicional, o qual entende os terapeutas como aqueles que definem a situação terapêutica e que (deixando de lado a literatura sobre a contratransferência) parecem conceder a si mesmos uma condição de ausência de envolvimento. Moreno sugere que o tempo que um terapeuta passa com o cliente deve contar para alguma coisa, pois o tempo é real e parte das vidas de ambas as pessoas. O oposto desse tipo de relacionamento é um relacionamento autoritário, no qual o tempo gasto com o outro não constitui uma parte "real" da vida do terapeuta ou da pessoa em questão.

O conceito de tele é importante nos escritos de Moreno e agora requer uma explicação mais aprofundada do que a que foi oferecida no Capítulo 1. Não fica claro se Moreno quer que o conceito de tele seja um substituto ou um acréscimo aos conceitos de transferência e contratransferência. Conforme vimos, ele não tinha em conta muito alta esses conceitos psiquiátricos e provavelmente os descartava um pouco fácil demais. Tele, termo grego, significa "a uma distância". Kellerman observa que "Esta escolha específica não constitui exceção à obscura terminologia psicodramática, largamente influenciada pelo drama grego... é desorganizada e, algumas vezes, inconsistente" (Kellerman, 1979, p. 41). De acordo com Moreno, tele é "percepção", "apreciação" e "sentimento" pela "real constituição do outro". Enquanto que a empatia é "um sentimento de mão única, relativo ao mundo particular da outra pessoa", tele tem duas mãos, embora, para tele, cada um dos parceiros necessite de empatia. É uma troca mútua que implica em apreço, é um fluxo de sentimento entre uma ou mais pessoas. Não se trata de um relacionamento vindo do passado, mas de um processo espontâneo, que pertence ao aqui e agora.

Em um contexto terapêutico, assevera Moreno, o cliente certamente poderá projetar e deslocar fantasias para o terapeuta. No entanto, parte de seu ego não é consumido por esta regressão, mas "sente" o terapeuta. Esta parte aprecia intuitivamente que tipo de pessoa o terapeuta é e a porção de afinidade (ou ausência dela) com ele. Com sorte e habilidade, esta admiração pelo terapeuta, devido a suas qualidades reais, se desenvolverá à medida que a terapia progredir e o aspecto da transferência se tornar gradualmente mais irrelevante. Quando se remove a condição do paciente como aquele que tem projeções, "chegamos à situação simples, primária, de dois indivíduos com vários antecedentes, expectativas e papéis, encarando-se mutuamente, um terapeuta em potencial encarando outro terapeuta em potencial" (Moreno, 1959, p. 5). Se quisermos, trata-se de um conceito absolutamente ecossistêmico. Se o terapeuta for sábio, bom, forte e instruído, então o reconhecimento do paciente não é uma transferência, mas uma percepção, obtida através de um processo diferente, que diz respeito à verdadeira constituição da personalidade do outro.

Por outro lado, se o terapeuta possuir o sentimento de superioridade e uma certa semelhança com os deuses, e se o cliente vivencia isto a partir dos gestos que são feitos e da maneira de falar, então ele é atraído não para um processo fictício, mas para um processo psicológico real, que acontece na sala de terapia. Quer isto dizer que, se o terapeuta for habitualmente obscuro, misterioso, não se der e interpretar consistentemente tudo o que o paciente disser sobre qualquer assunto, considerando isto uma resistência ou uma transferência, ou até mesmo uma resistência à transferência, então esse mesmo cliente certamente estará reagindo a algo real no relacionamento.

Na maior parte das formas de terapia, a personalidade do terapeuta é extremamente significativa e, é claro, influencia o tipo de tratamento que ele emprega. Idealmente cada pessoa deveria ser encaminhada a um terapeuta que se adeque a ela, se bem que, com freqüência, as coisas não funcionem dessa maneira. Clientes pobres que recorrem ao atendimento de saúde do governo, por exemplo, não têm o luxo de semelhante escolha. Moreno insistia em que todos os terapeutas não são apropriados a todos os pacientes. O resultado do tratamento dependerá, em larga medida, de um processo preponderantemente télico: as duas par-tes que se relacionam devem ser atraídas uma para a outra devido a suas características genuínas. O ideal da recomendação de Moreno, no senti-do de que cada paciente deve ser cuidadosamente encaminhado a um terapeuta por meio da escolha sociométrica baseada em uma relação de tele desejável, deve permanecer um sonho. O melhor que a maior parte dos pacientes costuma obter é "pesquisar" alguém que se adeque a eles e até mesmo esse processo está fora do alcance de muitas pessoas que estão padecendo de sérias dificuldades em viver e são encaminhadas pe-los órgãos de saúde pública para um psiquiatra ou para uma clínica.

Conclusão

Dar menor destaque à noção de transferência não significa negar que as pessoas constroem o outro, incluindo os terapeutas, de maneiras desconfortáveis e que não parecem, fazer sentido. Poder-se-ia recorrer a uma analogia que veja o terapeuta como a lua e o paciente como a terra. Todos sabemos que quando conseguimos ver a lua cheia, isto se deve ao fato de que a terra não está projetando uma sombra nela, isto é, nós não estamos nos interpondo entre a fonte de luz e aquilo para que estamos olhando. Quando a lua não está cheia, na verdade estamos olhando parcialmente para a lua e parcialmente para nossa própria som-bra. Se nossas pré-concepções disfuncionais estiverem "se interpondo", isto é, se tivermos motivos para construir de determinada maneira uma figura que represente autoridade, então veremos apenas parte da outra pessoa.

No entanto, em qualquer relacionamento, não existe um "puro" conhecimento do outro. O conhecimento é sempre um relacionamento de duas pessoas. A analogia com a lua e com a terra deve, é claro, se-guir ambas as direções. O terapeuta também olha parcialmente para a lua e contempla parcialmente sua própria sombra. Um terceiro elemen-to, o próprio sistema terapêutico, também deve ser levado em conta. A realidade sempre é construída. A terapia algumas vezes nos ajuda a fazermos construções mais proveitosas do que aquelas que empregamos habitualmente. Talvez possamos ver mais lua cheia e menos sombras (ou eclipses totais), mas, ainda assim, é "nossa" lua.

Em termos morenianos, um relacionamento "transferencial" difere de um relacionamento "télico" quanto ao grau de relevância, precisão, imediatez e adequação àquilo que é experienciado nesses relacionamen-tos. Os relacionamentos "télicos" são mais modificáveis pelo que acon-tece realmente do que um relacionamento extremamente baseado na projeção ou na transferência. No entanto, aquilo que é real e aquilo que é transferencial sempre se sobrepõem. Toda transferência contém ele-mentos da realidade e todos os relacionamentos télicos possuem elementos transferenciais. Na terapia a "aliança funcional" (Bodin, 1979) necessária deve ser encontrada no lado da realidade de um relacionamento (Greenson e Wexler, 1969). Caso contrário toda a estrutura social existente entre os dois parceiros corre o risco de desmoronar. Muitas escolas de terapia se contentariam com uma "aliança ativa" e encarariam as atitudes dos pacientes para com o terapeuta como um bom indicador de como eles querem que a outra pessoa seja. Os terapeutas sistêmicos extrairiam hipóteses desses dados e levariam adiante seu trabalho de maneira normal, recorrendo a perguntas, intervenções etc.

Existem muitos modos de se aprofundar o entendimento da assim denominada "transferência". Ela pode ser encarada como uma das várias construções pessoais limitadoras e ser relegada a uma posição inferior no espectro do tratamento. Pensamentos e imagens transferenciais provocam mal-estar e sofrimento desnecessários e conduzem a um comportamento derrotista. O processo teórico-cognitivo consiste em elucidar as distorções, as auto-injunções e as autocensuras que incapacitam o paciente. Consiste também em chegar às "regras" subjacentes nas quais tais pensamentos distorcidos se baseiam. Trabalhar com a transferência se torna essencialmente um exercício de resolução de problemas, cujo objetivo é solapar a transferência, em vez de afirmá-la. A transferência é encarada como uma distorção e as pessoas já possuem distorções suficientes em suas vidas para que um terapeuta favoreça esse processo. Construções pessoais desnecessariamente limitantes, em relação a outras figuras existentes na vida do cliente, são tratadas de modo semelhante, levando a uma construção desnecessariamente limitante em relação ao terapeuta. Uma "aliança ativa" é tudo o que basta para manter o cliente em tratamento, de tal modo que ele siga as intervenções do terapeuta. Em geral, os terapeutas cognitivos e que praticam a construção pessoal procuram solapar os alicerces filosóficos e ideológicos da transferência. Trata-se de processos de pensamento que mantêm o cliente em uma posição de derrota e forçam-no a se comportar de modo compulsivo ou pouco digno.

Os terapeutas que trabalham intensivamente com indivíduos ou grupos podem, com efeito, imobilizar atitudes inconscientes significativas da parte dos clientes. Algumas vezes eles ativam deliberadamente esse processo, operando por meio da transferência. Algumas vezes a ativação não é proposital e ocorre devido a uma mescla da personalidade do terapeuta e dos papéis e tarefas de liderança. No entanto, até mesmo num primeiro momento, os pacientes "sacam" alguns dos papéis reais do terapeuta, sua personalidade e sua vida interior. As distorções, nesse caso, podem ser um exagero, mas se baseiam naquilo que está realmente ali. Os terapeutas podem atuar "profissionalmente" como figuras "opacas" ou podem, na realidade, ser pessoas ambivalentes, que gostam que as pessoas especulem a seu respeito, a fim de ajudá-las a especular a respeito de si próprias. Eles podem desempenhar tais papéis fora da sala de terapia, tanto quanto nela. Talvez até mesmo se tornaram terapeutas para poderem encenar papéis, com segurança, durante os horários de trabalho. Talvez, em última análise, escolhamos nossa modalidade terapêutica de tal forma que ela se ajuste à nossa orientação básica, pessoal e social.

Os terapeutas não descobrem "fatos" objetivos relativos aos clientes, mas, inevitavelmente, favorecem uma determinada informação, ao se aterem a suas estruturas teóricas e aos tipos de situação que são montadas. As encenações dos clientes constituem um misto de forma terapêutica de indagação e de um determinado contexto do cliente, relativo a acontecimentos históricos e a fantasias pessoais. A "verdade" do que está acontecendo com o cliente é filtrada pela personalidade do terapeuta e pela ideologia do tratamento. Embora o cliente possa apresentar informações biográficas factuais (por exemplo, ter sido espancado em casa), chega-se ao significado desses acontecimentos passados através de uma interação entre o cliente e o terapeuta, em qualquer momento do tratamento. Assim como não existem "significados" objetivos para um conflito edipiano, também não existem significados para o fato de ser surrado. A realidade terapêutica é sempre uma trama, negociada interpessoalmente. Na terapia, a pessoa obtém um novo mapa da realidade, em vez de uma nova realidade. Espera-se que esse novo mapa leve a realidades mais agradáveis para o cliente, no futuro.

Capítulo dez

A transferência redirecionada

Diga: você tem irmãos?

Pergunta de um cliente
ao terapeuta

Por serem tão complicados, emocionais e misteriosos os processos de transferência, eles não podem ser explicados por qualquer sistema de terapia, seja ele o psicodrama ou a psicanálise. O intenso laço que se estabelece entre o paciente e o terapeuta só pode ser expresso analogicamente e não digitalmente, isto é, a ligação constitui uma experiência de relacionamento, não uma mensagem ou uma constatação ideológica. Hillman (1964, p. 19) sugere que a transferência pode ser melhor compreendida se a compararmos com o modelo do sigilo, do silêncio, que se contrapõe a todos os demais, que opera em outras atividades profundas da alma — a criação da arte, os mistérios religiosos, o amor apaixonado. Os participantes desse relacionamento único que é uma terapia a longo prazo compartilham "um mistério comum, da mesma forma que os amantes, os exploradores, os iniciados, que, juntos, foram tocados pela mesma experiência". Ao longo deste livro tenho me referido a essa experiência do mistério como uma "epifania" ou "revelação".

O relacionamento terapêutico intenso é inquietante e contém uma mescla de sentimentos desconfortáveis e prazerosos. O senso de desejo e de necessidade, tão cuidadosamente construído, jamais é inteiramente realizado. Esses sentimentos de disjunção e a ânsia pela conjunção são emoções elementares, fibras essenciais no tecido da vida. Alguns terapeutas afirmam que constituem material apropriado à terapia e que esta deveria basear-se neles, quando dirigidos à pessoa do terapeuta. Outras escolas de terapia acham que essa visão explora as tendências mais preciosas da vida humana e sugerem que não existe necessidade de dirigir tais sentimentos para o terapeuta: eles deveriam encaminhar-se diretamente para o átomo social, para os laços reais existentes no mundo real que forma a matriz do ser do cliente.

O relacionamento que duas pessoas constroem em uma terapia prolongada, intensa e individual, freqüentemente não apresenta as características descritas por Hillman. Uma terapia intensa, individual, prolongada, requer, da parte do paciente, uma vivência que se desenrola através do tempo, exige que se encontre um novo relacionamento. Se, por exemplo, a experiência de um paciente em relação a sua infância não é a de alguém que foi emocionalmente alimentado, acolhido e aceito e se alguém está preparado para fazer isto, deixando que esse paciente experiencie o relacionamento, sem ameaçar ir embora, então a pessoa naturalmente desenvolve um laço profundo com quem a está ajudando. Um relacionamento prolongado com outra pessoa sensata e estável, totalmente comprometida (pelo menos durante a hora da terapia) com o bem-estar e a expansão pessoal do cliente, pode ser uma experiência tão proveitosa quanto profundamente comovente. Pode também ser uma experiência assustadora, não só devido ao esquadrinhamento que ela envolve, mas também devido à ambigüidade estrutural da situação terapêutica e, possivelmente, devido à ambigüidade pessoal do próprio terapeuta, o que pode revelar-se um tema proibido, quando se trata de negociá-lo.

Nenhuma visão sistêmica e, sobretudo, nenhuma visão psicodramática precisa negar o fenômeno de repetição do passado, uma tentativa de reciclar determinados tipos de interação que parecem inadequados ao contexto atual. Em uma sessão de terapia da família, por exemplo, basta solicitar aos pacientes que estabeleçam um genograma para que se percebam as ligações existentes entre atitudes e características que atuam na linha familiar. Então as reações transferenciais poderão ser encaradas como uma forma de solução que foi tentada. As pessoas se surpreendem em relacionamentos disfuncionais porque a espontaneidade requerida para se criar um novo tipo de relação parece algo mais penoso do que manter as interações como elas são. Devido a uma rede de pressuposições que se situam em grande parte fora da consciência, as pessoas são impedidas de construir novas situações sob uma luz nova. O sistema de construção pessoal do cliente pode ter sua origem em sua vida familiar primeira ou pode ser de origem mais recente. Trata-se de construções que tornaram uma pessoa extremamente desconfiada ou extremamente dependente dos outros, tanto para orientação quanto para entretenimento.

Quaisquer que sejam as origens das limitações que impedem o cliente de ver o mundo de forma diferente, as assim chamadas reações transferenciais, se e quando elas se apresentam na terapia, precisam ser compreendidas como um processo tridimensional, cujo significado deve ser encontrado no contexto e na relação terapeuta-cliente. Não constituem algo patológico, existente dentro do cliente, que deve ser trabalhado e de que é preciso se livrar. Trata-se de papéis evocados em determinadas circunstâncias, em relação a determinadas pessoas. Para que eles constituam um tema apropriado a uma terapia estratégica, têm de representar um problema, de alguma forma, mais do que uma orientação geral. O psicodrama estratégico não aborda todo o ser do paciente, tentando compô-lo de acordo com o modelo de uma pessoa realizada ou iluminada.

Para manter uma posição estratégica em relação aos processos de transferência não se faz necessário negar que as pessoas distorcem a realidade, a fim de que ela se adeque a interações que estabeleceram ou que desejaram ter no passado. Um terapeuta estratégico não está cego em relação ao fenômeno para o qual apontam os terapeutas que se baseiam na transferência. Na verdade, a questão, na terapia individual, é saber se trabalhar sobre a transferência constitui um modo ético, eficiente e valioso de conduzir a terapia. A questão é semelhante quando se trata da terapia de grupo: será que os conceitos de transferência serão úteis e explicativos quando aplicados a grupos? Será que o tratamento grupal baseado na transferência é um modo eficaz de conduzir uma terapia de grupo? Quaisquer que sejam os méritos da terapia individual baseada na transferência, o que se sugere, neste capítulo, é que, embora os fenômenos de transferência certamente se apresentem nos grupos, é preferível uma atenção direta a esses fenômenos e o encorajamento da relação membro-membro do que um estilo "opaco" de liderança.

Os terapeutas de grupo que trabalham com a transferência objetiva criam (ou alegam encontrar) condições nas quais o terapeuta representa todo o átomo social para cada participante do grupo. Portanto, todas as interações que ocorrem no grupo na realidade se dão "em torno" do líder. Mais tarde apresentaremos uma crítica detalhada a este ponto de vista. Na dramatização que se segue, o contrário desta posição parece aplicar-se. As interações que aparentemente se dão em relação ao líder na verdade podem dizer respeito a todo o sistema baseado em um grupo que opera com um líder. As interações entre participantes de um grupo não constituem necessariamente atividades secundárias destinadas a compensar a perda da atenção do líder, dispensada a uma única pessoa. A dramatização intitulada "A mulher que não nasceu" enfatiza a natureza oculta do papel do líder enquanto membro do sistema estruturado a partir de um grupo, questão discutida com maior profundidade no livro que será publicado em seguida a este (*Forbidden agendas — Agendas proibidas*).

A mulher que não nasceu

Petra normalmente é muito calma e competente. Tem quase quarenta anos, cinco filhos e faz um curso de pós-graduação em psicologia. Ao mesmo tempo tem um emprego de meio período. É uma das estrelas sociométricas devido a sua dedicação aos objetivos do grupo e à capacidade de ser "ela mesma", por mais tolo que isso possa parecer aos outros ou até mesmo a ela, no momento em que isso ocorre.

No dia em que esta dramatização aconteceu ela estava muito abalada, ao contrário de seu modo de ser, habitualmente eficiente e direcionado para os outros. Relatou ao grupo que receava estar "desmoro-

nando" em sua vida pessoal e expressou imensa preocupação frente à iminente partida de Duane (o diretor) por um período de três meses. A preocupação primordial do grupo parecia girar igualmente em torno dessa questão, desde o início da sessão. Em breve os participantes do grupo focalizaram Petra e sua aflição. Ela acabou sendo uma protagonista "natural", isto é, alguém eleito por unanimidade e não através de procedimentos sociométricos formais.

*Durante a entrevista Petra descreve como foi humilhada diante de um grupo de treinamento liderado por um outro diretor, havia alguns meses e como, desde então, ela não conseguira "recuperar-se". Conta ao grupo que perdeu tudo aquilo que ganhara no ano anterior e que também havia perdido seu relacionamento com o atual diretor. Este lhe pe*de que enumere o que foi que ela perdeu. Petra declara que perdeu a capacidade de olhar as pessoas nos olhos.

O diretor solicita que ela escolha alguém do grupo que desempenhe sua capacidade de olhar as pessoas nos olhos. É o que ela faz. "E que mais?" pergunta o diretor. Hesitante, Petra diz que perdeu o amor por si mesma. Alguém é escolhido para representar este papel. Em seguida, com mais rapidez, Petra afirma que perdeu sua competência, sua força física, a noção de si própria. "Existe mais uma coisa, mas não consigo pensar de que se trata", diz. Fica intrigada durante alguns momentos. "Acaso seria sua criatividade?" indaga o diretor. "É isso mesmo, é isso mesmo", ela concorda, excitada e aliviada. Até mesmo a referência à "criatividade" exerce um profundo efeito sobre ela. Uma vez citada, até parece que a criatividade torna-se mais uma vez sua aliada. Ela escolhe participantes do grupo que representam essas qualidades e os posiciona em diferentes distâncias em relação a ela.

Petra selecionou seus seis pilares de sabedoria, embora, a esta altura dos acontecimentos, eles tenham sido escolhidos como partes dela que estão alienadas de sua pessoa. O impacto visual chama a atenção, embora nada tenha sido disposto deliberadamente. Com efeito, os egos-auxiliares se posicionam em torno dela como verdadeiros pilares da sabedoria. O diretor, com um gesto, manda que se afastem, antes que Petra tenha oportunidade de interagir com eles. Essa interferência aparentemente arrogante significa, na verdade, seguir simples e literalmente sua deixa original, segundo a qual ela havia "perdido" essas qualidades e estava "desmoronando".

Ao seguir a metáfora da protagonista, Duane não está agindo unilateralmente, mas apenas abreviando a dramatização e detectando os níveis de "energia" da protagonista e dos espectadores. Não lhe pareceu apropriado, a essa altura, abordar um drama intrapsíquico (isto é, que lidasse abertamente com "partes" do protagonista), pois dramas como estes tendem a ser relativamente desinteressantes e podem acarretar confusão. "Que papel estou representando agora?", pergunta com freqüência o ator de um drama desse tipo. Falando de modo geral, é melhor povoar uma dramatização desde o início com figuras históricas e proporcionar-lhe uma cena. Sem pessoas e uma situação à qual reagir, o protagonista tende a atrapalhar-se e a dramatização torna-se abstrata e seca.

Todas as dramatizações, é claro, são intrapsíquicas na medida em que os papéis desempenhados e os personagens como o pai e a mãe, embora baseados na história, são, em última análise, construções da realidade da protagonista. Enquanto tal, eles se tornam parte do que ela pensa em relação a si mesma e à sua conduta com os outros (Leutz, 1982). Alguns desses papéis são encarados como "parecidos comigo" e alguns são rejeitados por "não se parecerem absolutamente comigo". Um dos objetivos da terapia é reincorporar todos os papéis projetados como se fossem partes do eu, incluindo os papéis bondosos, amorosos, ternos e criativos. É fácil cair na armadilha de encarar os papéis projetados como algo que pertence apenas à "sombra". Refiro-me àquelas partes escuras, cruéis, sádicas, insensíveis ou egoístas. A experiência de Duane indica que todas as pessoas estão mais do que prontas para admitir esse fato e para dizerem que é assim que elas são, na realidade. Aquelas partes ternas, bondosas e amorosas de si mesmas lhes dão muito mais trabalho. Assim, na dramatização de Petra, Duane decide manter os seis "pilares da sabedoria" esperando nos bastidores, como aspectos dela que, mais tarde, precisarão ser reincorporados. Se Petra tivesse tido uma reação muito forte quando o diretor os mandou se retirarem, isso poderia ter-se tornado o momento importante da dramatização e teria tido prosseguimento. Petra, no entanto, não ofereceu a menor resistência, quando eles foram dispensados.

Petra é convidada a montar a cena de sua humilhação com o diretor visitante, mas assim que lhe solicitam escolher a pessoa que precipitou a crise que já dura três meses, ela modifica a ação e quer que o diretor que se encontra presente (Duane) participe da cena com ela.

Agora Petra trabalha muito rapidamente. Aparentemente já conseguiu lidar com aquele acontecimento perturbador, pulando para uma situação ainda mais relevante do que aquela que precipitou sua aflição. Agora Duane se vê diante de um problema pessoal e tecnicamente difícil. Se pedir a Petra que escolha um ego-auxiliar para fazer o papel dele, a dramatização de certa forma se enfraquecerá, mas será mais fácil dirigi-la. A desvantagem dessa alternativa é que o diretor tem de ficar de lado e ver um ego-auxiliar falando e agindo como se fosse ele, empregando palavras postas em sua boca pela protagonista. A vantagem desta posição de quem está "de fora" é que o diretor se encontra relativamente não envolvido com a ação e pode enxergar claramente o que está acontecendo. Assim torna-se possível manter os papéis do diretor enquanto construtor de hipóteses e produtor. Quando algumas das projeções são encenadas, o diretor poderá estabelecer um encontro com o protagonista, como ocorre, por exemplo, na dramatização "O anjo vingador" (p. 219).

A segunda opção é Duane participar como ego-auxiliar, sabendo que se é de fato uma questão de transferência que está estimulando a protagonista, então a cena caminhará em outra direção, provavelmente para a família de origem. Se o diretor concordar em fazer parte do elenco, ele precisará encontrar as pistas para seu papel, exatamente como faria qualquer outro ego-auxiliar. Assim, ele precisa ser ele mesmo e, no entanto, ser também a projeção de si mesmo, ecoando sentimentos e atitudes com as quais é quase certeza ele não concordar, pois não lhe pertencem. Além do mais, ou ele terá de dirigir, estando no papel, ou terá de designar um assistente para dirigir aquele segmento da dramatização no qual ele é ator.

A terceira opção é Duane desempenhar o papel, mas sendo ele mesmo. Então ele irá ao encontro do protagonista sem empregar, de forma alguma, o método psicodramático. A dificuldade está em que embora ele tente sinceramente encontrar-se com Petra, ainda continua dirigindo, em certo sentido, e ainda coordena o grupo. Não se pode desistir inteiramente de tais papéis. A terceira opção, entretanto, possui a vantagem de oferecer à protagonista a oportunidade de encontrar outro ser humano que, naquele momento, significa um problema para ela. A protagonista poderá também ouvir as respostas francas daquela pessoa. Parece, portanto, que essa terceira opção é muito válida e deveria ser usada sozinha ou incorporada antes, durante ou após a dramatização.

No caso de Petra, Duane escolheu a segunda opção ou seja, participar da dramatização no papel dele mesmo e selecionou, no grupo, um assistente para assumir a direção da fase seguinte da sessão. Só depois, Duane participa da dramatização como ego-auxiliar. Petra conversa com Duane, dizendo o quanto ela quer ser uma pessoa especial para ele. Ao trocarem de papel, dá-se o seguinte diálogo:

Petra (no papel de Duane): Não seja ridícula! Afinal de contas, quem é você? Ouça, tenho de dirigir muitos grupos e muita gente, em cada grupo, quer ser única, especial. Todos querem que eu os ame mais do que aos outros.

Assistente de direção: Troque de papéis e seja você mesma. Diga a ele que você é especial.

Petra: Não consigo. Sinto como se tivesse sido adotada.

Assistente de direção: Diga isso de novo.

Petra: (grita) Me sinto como se tivesse sido adotada.

Foram necessários apenas alguns minutos para encenar esse segmento. Sua forma foi a de um diálogo travado entre alguém que se encontra em uma posição de superioridade, que pratica uma rejeição cruel, e um pobre diabo atemorizado e insignificante. Tais diálogos podem tornar-se repetitivos, colocando ambas as pessoas na posição de vítimas de uma rotina que envolve o patrão e o criado. Tudo levava a crer que, nesse caso, aconteceria o mesmo e, assim, o diretor decidiu seguir em frente. Duane pergunta a Petra se ele pode sair do papel e reassumir a direção. Ela concorda e então aborda-se sua família de origem na relação com o pai, quando Petra era criança. Através desta ação, Duane agora se vê diante de uma cena que contém ramificações relativas à transferência, bastante óbvias, e se distancia de uma cena que o envolvia diretamente.

Petra diz que seria muito difícil agir conforme Duane solicitou e que não sabia qual era o relacionamento de sua família com o pai. No momento parece não estar diretamente preocupada com Duane enquanto ele mesmo. Este pergunta se ela poderia definir quais seriam os relacionamentos da família com a mãe, já que os relacionamentos com o pai apresentam tamanha dificuldade. Neste caso Duane não está pesquisando um átomo social típico que tem um protagonista em seu núcleo. Ele procura antes um átomo social que apresente um relacionamento circular com outro membro da família, a mãe, que, neste caso, é seu núcleo. O pensamento, portanto, se afasta do indivíduo e caminha em direção a uma orientação sistêmica.

Petra escolhe egos-auxiliares para atuar como membros de sua família. Ela pertence a uma família numerosa, na qual existem seis filhos. Petra os coloca na posição de estátuas, em relacionamento com sua mãe. Ela se posiciona no lugar mais afastado. Duane pede a Petra que troque de papel com seus alguns de seus irmãos e que comente a posição dos demais (mas não sua própria posição). Está esperando criar uma compreensão dinâmica da família que será muito proveitosa para Petra, mas que, necessariamente, não a colocará no centro. O formato que Duane emprega nesse momento é uma variação psicodramática do interrogatório circular.

A partir do comentário de um dos irmãos fica definido que existe um grupo de três irmãos que interagem entre si, uma espécie de "clube fechado" no qual Petra queria desesperadamente ser incluída. Monta-se uma cena na qual esses três — Angie, a irmã mais velha, Mark, um dos irmãos, e Lucy, uma irmã mais nova, asmática — estão brincando de casinha em um canto do galinheiro. Petra pede para participar da brincadeira. Eles, com muito desdém, lhe dão o papel de tio e a relegam a um lugar afastado. Petra senta-se, solitária, sob um abrigo improvisado, sente-se muito infeliz, mas é estóica e não se desespera.

Enquanto isso os outros três concebem um plano. Petra, na família, tem o apelido de "Me Espere", porque sempre está tentando alcan-

çar os demais, após ter sido excluída de alguma atividade. As crianças decidem espalhar que Petra foi adotada por ser tão diferente deles. É cheinha de corpo, eles são magricelas, o cabelo dela é castanho e o deles é bem mais claro. "O que quer dizer adotado?" pergunta um deles. "Quer dizer que você não nasceu", responde a irmã mais velha que, claro, é Petra, quando ocorre a troca de papéis. Segue-se uma discussão em torno do fato de Petra ter ou não nascido. As crianças chegam à conclusão de que provavelmente ela não nasceu ou pelo menos, de que seus pais não eram pais dela. Eles transmitem essa novidade à pobre "Me Espere", ainda exilada do galinheiro, que tornou-se um lugar desejável, pois é o principal esconderijo do grupo.

Petra não se desespera diante da última crueldade dos irmãos e embora esse momento de crueldade descontraída pudesse parecer ideal para a encenação de uma grande batalha psicodramática, ela prefere não lutar desse modo por sua existência. Em vez disso, resiste teimosamente e discute com as outras crianças, argumentando que deve ter nascido. A noção que tem de si mesma, de sua existência, parece milagrosamente inabalada, mas a noção pessimista do lugar que ocupa na ordem social é confirmada mais uma vez.

As outras crianças não se importam com a lógica dela. Vão embora, caçoando. O diretor pergunta se existe mais alguém com ela, no abrigo. "Apenas um gato", responde Petra. O diretor pede a Petra que "console o gato". Ele se dá conta de que, àquela altura, será impossível para ela receber amor ou ser consolada. Ela tem tido de ser muito dura para poder sobreviver às crueldades dos irmãos. A injunção do diretor assemelha-se à assim denominada injunção paradoxal na terapia familial e produz um efeito semelhante. Petra rapidamente se aquece para o papel de consoladora e, finalmente, a tomam nos braços e a consolam, quando ela troca de papel e torna-se o gato. Afinal de contas, não é excessivamente ameaçador ser um gato consolado e aninhado nos braços de sua dona. A cena prossegue durante algum tempo, por meio de contínuas trocas de papel, a fim de verificar-se sua autenticidade.

Petra agora se aquece para a situação de ser amada e de amar. O diretor pergunta se existe alguém na família que ela gostaria de ter a seu lado, naquele momento. Em vez de escolher o pai, a mãe ou até mesmo uma irmã mais velha, Petra escolhe Lucy, a "criança especial", asmática. Na realidade suplementar elas conversam uma com a outra e se abraçam, embora não o fizessem na vida real, quando crianças. No tempo devido, esse episódio dramático também chega ao fim. Petra reincorporou seu papel de "criança especial", um papel que, é claro, até então não havia sido completamente desenvolvido.

Em seguida Duane solicita a volta dos seis egos-auxiliares que interpretam as seis características de Petra, que ela temia perder. Os seis pilares voltam ao palco. Ela interage com cada um deles, inicialmente enquanto ela mesma e, em seguida, trocando papéis. Agora o drama intrapsíquico possui verdadeiro vigor e significado, uma vez representado o drama familiar. Petra leva tempo representando a "força física", por exemplo, e, nesse papel, aconselha a si mesma a comer melhor, descansar mais etc. Enquanto ela mesma, Petra afirma que não precisa se resolver a fazer essas coisas, que as fará automaticamente "quando tudo o mais estiver em ordem". Ela também se demora com a ego-auxiliar que está representando o "senso de vergonha" e afirma que, há muito, não consegue encarar as pessoas nos olhos, mas que agora não precisa mais dela. No entanto, a mais prolongada interação se dá com seu "senso de si mesma", o qual é interpretado pela pessoa que foi Lucy na dramatização da família. Ocorre uma verdadeira batalha entre Petra e esse papel. Não é fácil fazer amizade com ele. Finalmente as duas acabam tomando uma xícara de chá no jardim e comem bolo. Petra acaba abraçando, chorando e rindo na cara de seu "senso de si mesma", que ela voltou a encontrar.

A sonata está quase completa mas ainda falta algo. Da mesma forma como Petra voltou para seus seis pilares da sabedoria, ela agora precisa regressar ao momento da introdução ao tema, isto é, seu encontro com o diretor. Ela interage rapidamente com ele, demonstrando abertura e amor. Ao mesmo tempo fica claro que, agora, ele é bastante irrelevante para ela. Petra realizou seu trabalho na família e o diretor, mais uma vez, se encontra no lugar que lhe é apropriado.

Na semana seguinte, por ocasião do processamento da sessão, Petra revelou que, nessa semana, havia passado um dia inteiro na cama, cuidando de si mesma. Também foi assertiva com seu supervisor, no trabalho, teve um confronto com um professor de um de seus filhos e trabalhou o relacionamento que mantinha com um namorado com quem tinha um caso inacabado havia muitos anos". Sentia-se menos estóica e mais ressentida com a rejeição e a mágoa, sempre que seu amor não era reconhecido e retribuído. Gradualmente modificava suas idéias a respeito do amor, que havia formado na condição de católica fervorosa. Agora encarava menos o amor como um trabalho árduo, um ato da vontade, uma tarefa maçante. Comentou: "Se digo 'Eu te amo', imediatamente tenho de dizer: 'Prove". O amor tinha sido sempre uma obrigação, mais um ato da vontade que do coração e devia ser corroborado por atos de serviço e mortificação. De certo modo o amor sempre significara ódio a si mesma. "Agora vislumbro a noção de um outro amor, mais fácil, mais divertido."

Encenar um drama no átomo social original não passa de uma maneira de trabalhar metaforicamente, realizando uma nova construção em relação à história. Reconstruir acontecimentos e reenquadrar as interações no átomo social original somente é útil se, em última análise, levar a papéis adequados no átomo social atual do paciente, a exemplo do que parece ter acontecido com Petra. O passado é usado como um meio de aquecimento para o aqui e agora. Julgar que o presente é, na verdade, um aquecimento para o passado, postura aparentemente defendida por quem trabalha na área da psicodinâmica, parece ser uma atitude inapropriada para se tomar em relação à saúde mental ou a papéis adequados, no átomo social atual de uma pessoa.

Argumentos contra as interpretações da transferência em processos grupais

O terapeuta é o centro dos desejos do grupo — eis aí uma compreensão essencial, no que diz respeito aos métodos psicodinâmicos de trabalhar com grupos. Freud (1921) argumentava que embora o líder seja sempre uma fonte potencial de gratificação libidinal fantasiada, o grupo não pode possuí-lo devido à presença de outros participantes. Assim sendo, os líderes devem ser "compartilhados". Os desejos inconscientes dos participantes são frustrados; dão as costas ao líder e voltam-se uns para os outros em busca de uma possível gratificação. Afastar-se de um "objeto primordial" (o líder) em favor de um substituto é algo semelhante, na mitologia freudiana, ao que ocorre no momento em que se atravessa a fase edipiana. Os desejos transferenciais são dirigidos para outros participantes, em quem eles encontram pelo menos uma gratificação parcial para suas necessidades frustradas e podem sepultar na amizade mútua seu ódio ou seu desejo pelo terapeuta. Os participantes tentam representar seus papéis e conflitos inconscientes e tentam levar os demais a fazer o mesmo.

De acordo com a opinião de Bion/Tavistock, o conflito grupal resulta dos desejos inconscientes transferenciais dos participantes do grupo em relação ao líder. Quando os grupos não desejam realizar um trabalho sobre os propósitos que os levaram a iniciar a terapia, diz-se que eles formam um grupo oculto, "um grupo de suposição básica" (Bion, 1961). O conflito em relação ao líder é encarado como a questão principal, em um grupo desse tipo. Tal conflito pode assumir várias formas: o "grupo dependente" procura um líder onisciente e onipotente, que o curará magicamente'; o "grupo de luta-fuga" quererá um Salomão, uma figura dinâmica capaz de preservar a existência e de salvá-lo da desintegração; e o "grupo do acasalamento" se encontra em gestação mística, acasalando-se tendo em vista objetivos de reprodução, de modo que possa trazer para o grupo um messias ou um salvador.

Seguindo a mesma tradição, Ezriel (1952, 1973) argumentou que a transferência, no aqui e agora, revela a natureza dos relacionamentos objetais inconscientes, que constituem a fonte de conflitos infantis. A interpretação da transferência precisa levar em conta o "relacionamento requerido", o "relacionamento evitado" e o "relacionamento calamitoso". O relacionamento evitado diz respeito ao terapeuta, porque somente nele o participante do grupo poderá localizar aquelas qualidades fantasiadas que nenhum ser humano possui na realidade. A calamidade se encontra incrustada no tema das sessões, subjacente às preocupações principais. O relacionamento requerido existe nas interações que se dão entre os membros do grupo.

Até mesmo autores "moderados" tais como Kibel e Stein acreditam que a maior parte das interações grupais dizem respeito ao líder:

A transferência inconsciente no grupo também pode ser expressa como traços de caráter. Enquanto tal, eles constituem um fenômeno de resistência. Na realidade, boa parte das atitudes de transferência que os participantes demonstram em relação uns aos outros pode ser encarada, teoricamente, como uma resistência à expressão dos desejos proibidos de transferência para com o líder.
(Kibel & Stein, 1981, p. 420)

Em outras palavras, os relacionamentos no interior do grupo tendem a regredir e a afastar-se dos meios comuns de escolha e rejeição, caminhando em direção a uma série de identificações regressivas com um líder idealizado. Os participantes tornam-se totalmente preocupados com o líder (o que não deve causar espanto, se o líder faz contínuas interpretações em torno disso). As interações grupais são encaradas como "manifestações fracionadas" desse fenômeno regressivo. As pessoas do grupo tornam-se "objetos parciais", enquanto o terapeuta permanece o "objeto sintetizado e total". Logo no início do grupo, os participantes expressarão o anseio de se fundirem com o líder, o qual, inconscientemente, é representado como o mais antigo modelo de ideal do ego, o modelo do primeiro meio ano de nossas vidas. Os participantes podem unir-se em torno de desejos de fundir-se com o líder e de devorá-lo, de o possuírem e o controlarem (Saravay, 1985). O fato de que os desejos do grupo pelo terapeuta sejam frustrados torna-se algo angustiante, mas leva inevitavelmente a uma interação no grupo e a uma interpretação por parte do líder, que finalmente acabam sendo produtivas. Os laços ou o vínculo com o líder sempre avançarão ou regredirão ciclicamente, estando sempre sincronizados com o mesmo estágio de desenvolvimento, enquanto componentes da transferência grupal predominante.

De acordo com vários autores grupanalíticos, tais como Ezriel (1952), Whitaker & Liberman (1964), Foulkes (1964) e Anthony (1967), um desejo ou fantasia predominantemente inconscientes unem os participantes, em determinada fase do grupo, e impõem uma influência comum sobre seu comportamento. Julgou-se que tais fases assemelhavam-se estreitamente a estágios de desenvolvimento infantil, de tal modo que os símbolos das zonas psicossexuais, as defesas, as resistências, os sintomas, as relações objetais, a ética e as idéias são comuns, em qualquer momento, e são determinados pelas fantasias ou desejos inconscientes compartilhados, que unem os participantes em sua relação com o líder. Os membros do grupo aceitam o líder como seu superego e como seu ideal de ego coletivos e, em conseqüência, regridem dos vínculos objetais para a identificação no interior de seus egos, a fim de se unirem como um grupo. Estão cheios de ansiedade devido a uma luta edipiana pelo líder, seu ideal comum de ego e, como resultado, regridem, a fim de estabelecerem uma identificação do ego um outro com os outros.

Contrastando com tais conceitos, as provas proporcionadas pela pesquisa e a experiência clínica sugerem que uma ampla gama de fatores terapêuticos, mais do que o encorajamento a uma neurose de transferência regressiva, são importantes para o trabalho grupal. São extremamente proveitosos a catarse, o aprender a confiar nos outros e o aprender como uma pessoa se relaciona com as demais. Em terapias de longa duração, verificou-se que exerce papel de destaque um amplo conjunto de fatores, incluindo a universalização, o altruísmo, a orientação e os fatores existenciais, bem como a catarse, a percepção e o aprendizado interpessoal. Yalom (1975) promove, em seus grupos, o senso da realidade e, para a atividade grupal, propõe um enfoque concreto, tal como aprender como reagir e comportar-se mais construtivamente. Esses procedimentos e objetivos não-esotéricos são apoiados por outros elementos moderados, dentro do movimento psicanalítico, o qual sugere que os líderes dos grupos não se acomodem à imaturidade da relação transferencial, mas encontrem meios de tornar os relacionamentos dos participantes do grupo algo mais adequado e prazeroso. A exemplo do que ocorre na psicoterapia individual, atualmente se dá mais ênfase à importância de relações verdadeiras entre o terapeuta e os participantes do grupo.

Na concepção psicodramática do processo grupal entende-se que a tarefa de um líder é a de produzir situações que favoreçam aos membros do grupo papéis criativos e espontâneos. Uma sessão psicodramática de grupo, portanto, não se desenvolve simplesmente em torno dos sistemas neuróticos do indivíduo ou do grupo. É verdade, porém, que a maior parte das escolas de terapia têm em comum um enfoque nas "resistências" a um bem-estar saudável e feliz, mas sua compreensão da natureza dessas resistências diverge. Muitos modelos psicanalíticos, conforme sugeri, são baseados no conceito de que a agitação inconsciente dos participantes do grupo focaliza o desejo de gratificação por parte do terapeuta de suas necessidades de dependência. Um líder de um grupo de psicodrama não parte desse pressuposto. Para um psicodramatista, a ausência de flexibilidade de papel de um líder "opaco" seria algo insuportável.

Ambos os sistemas reconhecem que os participantes de um grupo assumem vários papéis uns em relação aos outros. No caso dos grupos psicanalíticos, este fenômeno pode ser entendido em termos de deslocamento, projeção, identificação e fragmentação dos objetos internos. A compreensão psicodramática algumas vezes é semelhante, na medida em que os "objetos internos" são concretizados e representados pelos egos-auxiliares. Contudo, a expressão desse entendimento é tipicamente psicodramática, encarando a encenação não tanto em termos de patologia mas como incentivo ao desejo de uma pessoa de expandir o seu repertório de papéis. No entanto, é justo afirmar que cada terapia opera freqüentemente tendo em vista a integração final, dentro do indivíduo, de papéis outrora negados, rejeitados ou procurados.

Os diretores de psicodrama agem menos no sentido de evocar reações transferenciais do grupo do que no sentido de resolvê-las, quando elas surgem. Uma "cura" através da transferência não faz parte da filosofia psicodramática, conforme vimos no capítulo anterior. O método analítico favorece um estilo de liderança passivo/interpretativo, de tal modo que a fantasia possa ter rédeas soltas e as neuroses de transferência possam aparecer. Por outro lado o psicodramatista tende a ser ativo, oferecendo muita "personalidade" e comportamentos para os participantes do grupo interpretarem. Os psicodramatistas tendem a aparecer mais e dão mais pistas a respeito do que estão pensando e sentindo. O processo é mais "transparente". Eles podem, por exemplo, participar da fase de compartilhamento, revelando detalhes de suas próprias vidas. Podem usar a experiência pessoal sob a forma de uma pequena estória para aquecer o grupo.

Muitas descobertas sobre a transferência grupal, por parte de terapeutas de grupo com base analítica, precisam ser estudadas à luz do tipo de estrutura social que eles estabelecem, conforme já enfatizamos mais de uma vez. Parece bastante natural que se a maior parte das interações, em um grupo, forem interpretadas pelo líder em termos de transferência, então o grupo haverá de preocupar-se com esta última e, portanto, produzirá mais ações a serem interpretadas. Se os líderes derem poucas deixas em relação àquilo que estão pensando, é natural que os participantes do grupo fiquem preocupados com aquilo que eles estão pensando. Dessa forma o ciclo se repete, sem a menor possibilidade de que surjam dados alternativos.

Uma epistemologia de grupo depende de vários fatores: as ações do terapeuta, a cultura do grupo, as necessidades e talentos específicos de cada participante, as construções pessoais (incluindo os deslocamentos, as projeções etc.) que operam na relação entre os participantes assim como os relacionamentos verdadeiros que se estabelecem entre eles. Contanto que os terapeutas não se posicionem como deuses e assumam um poder assustador sobre as vidas das demais pessoas, esses outros fatores habitualmente serão tão importantes quanto as construções centradas no terapeuta. Quando o material transferencial aflora, em vez de possuir significados uniformes em termos de um modo predeterminado de expressão inconsciente (por exemplo, freudiana, kleiniana), ele tem mais chances de ser apreciado em seus próprios termos, podendo ser revelada a sua importância espontânea e criativa.

A esta altura é óbvio que uma abordagem sistêmica é incompatível com a visão analítica do grupo. Quaisquer que sejam as tensões que o grupo esteja vivenciando, elas são experienciadas e "causadas" pelo grupo todo, inclusive o líder. Este não se encontra fora do sistema. O grupo não existe sem o líder e o líder não existe sem o grupo. Embora seja bastante possível ou até mesmo provável que o líder possa fazer parte do "relacionamento desejado" dos participantes, não se pode argumentar que apenas ele se baseia na realidade (o "trabalho grupal"), enquanto que os participantes são os que vagueiam sem rumo, em seus grupos de "presunções básicas". A mitologia do grupo é, até certo ponto, uma produção conjunta e acolhe tanto as relações fantasiadas quanto a realidade do contexto.

A forma analítica do *apartheid* psicológico nem sempre contribui para uma boa teoria ou para uma prática gratificante e a terapia baseada na transferência tem mais possibilidades de ser bem-sucedida e possui maior validade teórica em um contexto terapêutico individual do que em um contexto grupal. A maior parte das observações clínicas sobre a transferência surge daqueles que exibem um certo estilo de liderança. Posto que uma pessoa colhe provas sobre o comportamento social de acordo com a estrutura social que ela monta, as observações psicanalíticas não são surpreendentes. É bastante razoável imaginar que os participantes do grupo ficarão atordoados, desnorteados, brigarão, fugirão e participarão se o líder for percebido como uma pessoa punitiva, contida ou até mesmo "opaca". No que se refere às relações humanas, a causalidade não é linear, mas circular. Se uma pessoa estiver perdida num deserto, é claro que ela procurará alguém que a conduza em direção à terra prometida, mas o próprio deserto é, em parte, a criação do terapeuta. Graças à experiência, os partipantes de um grupo poderão orientar-se numa rua ou num deserto e desistirão de procurar um messias. Com freqüência — e talvez não sem razão — isto é denominado "cura".

A "melhora" de uma pessoa, num grupo de psicodrama, tende a depender do fato de esse grupo possuir uma estrutura bem fundamentada em um sistema e no interior da qual as pessoas tenham a capacidade de desenvolver o novo em seus sistemas interpessoais. Em um grupo no qual as pessoas têm liberdade de ação para desenvolver relações reais ou "télicas" umas com as outras e com o líder, este, sem dúvida, ocupará uma posição importante, mas não necessariamente preocupante. Nem todos os participantes são igualmente obcecados com seu relacionamento com o líder. Moreno, após testar sociometricamente as percepções dos participantes do grupo quanto a sua posição e à dos demais, detectou uma grande variedade de opiniões: alguns participantes subestimam sua própria posição e superestimam a do terapeuta e de outros companheiros do grupo. Outros fazem o contrário e se consideram extremamente atraentes e aceitáveis para o terapeuta ou para os demais. Alguns se acham nada atraentes para o terapeuta, mas atraentes para o resto do grupo. O grau de exatidão ou de distorção varia de um membro para outro e, sem dúvida, variaria no tempo e de acordo com o estado de espírito. Fica evidente, a partir desse tipo de pesquisa, que nem todos os membros são igualmente obcecados por seu relacionamento com o líder. Se os líderes dispõem as coisas de tal modo que os participantes se tornam obcecados por eles, interpretando todos os comportamentos a essa luz, então essa dinâmica acabará prevalecendo e isso não levará muito tempo.

A regra básica de qualquer terapia de orientação analítica é que se deve lidar com as resistências antes que a transferência (dirigida ao terapeuta) possa ser interpretada. Para o líder de um grupo de psicodrama, é teórica e terapeuticamente inaceitável que os próprios traços de caráter dos participantes (sua constelação de papéis mais ou menos permanente) sejam considerados como um "fenômeno de resistência". Do mesmo modo as interações mútuas dos participantes podem ser encaradas simplesmente como reações transferenciais malogradas, que devem ser trabalhadas antes da interpretação da transferência para com o líder. Embora seja extremamente importante reconhecer todas as transações sociais dos participantes do grupo como a expressão do jeito de como eles estruturam os acontecimentos, não parece ajudar em nada presumir que a transferência para o diretor é a única força dinâmica por detrás de todas as interações grupais, nem que a interação grupal é resultado da inibição da expressão declarada de desejo pelo líder.

A verdadeira questão da terapia de grupo é o modo pelo qual os participantes constroem todas as pessoas em suas vidas, incluindo o líder (mas não exclusivamente). Na terapia individual, os terapeutas que trabalham mais através de um "processo" do que estrategicamente, podem, com efeito, tornar-se gradualmente o foco de muitas das construções e anseios transferidos do paciente e que se dão em relação ao pai, à mãe, aos irmãos, aos outros significativos e aos "poderes". No entanto, sugerir que esse processo, nesse tipo de terapia, é uma confirmação da teoria da transferência significa basear essa teoria em provas muito limitadas. É como estudar a prevalência do homossexualismo na comunidade tomando a população masculina de uma prisão como amostragem. Embora ali a maior parte dos prisioneiros possa praticar o homossexualismo, o contexto é o que mais conta. Os líderes analíticos que encontram provas abundantes de transferência em seus grupos obtêm um triunfo tão diminuto quanto os sociólogos que verificam a existência do homossexualismo em uma prisão e o extrapolam para toda a sociedade.

Em um grupo de formação ou de terapia, formalmente constituído, o líder assume muitos papéis para os participantes, os quais derivam dos átomos sociais originais destes últimos. Às vezes é proveitoso explorá-los, mas, ao se concentrar unicamente no aspecto patológico do processo, o grupo fica continuamente censurado, punido, os participantes têm a impressão de que são maus, loucos ou ambos, o que aliás é mais freqüente. Tal suposição intensifica a dinâmica da dependência para com o grupo e para com o líder. O pressuposto psicodramático, segundo o qual cada participante do grupo é, potencialmente, um gênio criador, não obstante algumas "resistências" em se tornar algo assim, parece ser um ponto de partida bem melhor.

O psicodrama e o aqui-e-agora: procedimentos mistos

A teoria do deslocamento precisa estar baseada no reconhecimento de que o terapeuta e o cliente, ou o grupo, fazem parte do mesmo sistema. Numa terapia individual, o erro está em presumir que o cliente "produz" a transferência, em vez de considerá-la como uma produção conjunta do cliente, do terapeuta e da estrutura que se estabelece. A "resolução" da transferência pressupõe que ambos saiam dela e renegociem seu relacionamento. O mesmo acontece num grupo: presumir que o líder designado é sempre o "terapeuta" e que os participantes são sempre os "clientes" é ignorar o fato de que o líder e o grupo estão vinculados mutuamente e não simplesmente que o grupo se encontra vinculado ao líder. Devido a esse motivo, qualquer evolução no grupo, em seus vários estágios, requer uma co-evolução do líder. As relações do líder com os participantes do grupo se modificam, bem como as relações dos participantes com o líder. Se o grupo deve se desenvolver, o mesmo deve acontecer com o líder. Pode até acontecer que o grupo se desenvolva antes do líder. Uma vez imerso no progresso do grupo, o líder, tanto quanto qualquer participante, está lutando pela individuação e pela pertença, embora se deva esperar que, em um grupo de terapia, a intensidade da batalha do líder seja, em geral, continuamente menor do que aquela vivenciada pelos participantes.

Algumas vezes o líder poderá tornar-se o "cliente" do grupo. Em todo caso, o grupo está atuando a partir do sistema do líder, seja ele funcional, patológico ou um misto de ambos, a exemplo do que ocorre com a maior parte de nós. Ao que tudo indica, não existe alternativa. Qualquer participante do grupo poderá tornar-se um terapeuta para qualquer outro participante, conforme argumenta Yalom (1975) com muita consistência. Moreno (1959, p. 9) sugere que precisamos estabelecer uma diferença entre o "condutor" de uma sessão — o líder — e os agentes terapêuticos, que são o líder e os demais participantes do grupo. Ele estabelece três postulados; a) o grupo vem em primeiro lugar e o terapeuta é subordinado a ele; b) os terapeutas, antes de emergirem como líderes terapêuticos, são apenas um outro membro do grupo e c) uma pessoa é agente terapêutico de outra e um grupo é agente terapêutico de outro. Afirmações desse tipo sugerem não tanto um igualitarismo sedutor da parte de Moreno — uma espécie de democracia disfarçada — quanto uma compreensão profundamente sistêmica do processo terapêutico.

O método psicodramático oferece várias possibilidades de abordar as questões ligadas ao papel da autoridade no grupo. Por exemplo, os diretores não se limitam a um papel, no estilo "terapeuta opaco", que os forçaria a oferecer apenas interpretações grupais ou individuais. Eles podem ser mais do que isso, permitindo-se serem vistos pelo grupo e podem também ser flexíveis em seus métodos de trabalho: sociodramaticamente, psicodramaticamente, através da entrevista estratégica, da conscientização da diferença e do encontro. De qualquer modo as questões relativas ao líder são, em geral, menos importantes, na medida em que os diretores tentam ativamente definir relacionamentos no interior do grupo, de tal modo que a transferência, em relação a eles, não se torne a preocupação primordial desse mesmo grupo. Se acaso ela se tornar importante, existem modos de lidar com a questão.

Um desses modos é misturar o encontro com a encenação psicodramática. Esta última pode proporcionar profundidade e amplitude, permitindo maior liberdade imaginativa, ao passo que o encontro com o diretor promove a possibilidade de se testar a realidade. Tal formato, que, à primeira vista, parece uma tentativa de se conseguir o que existe de melhor nos dois universos, não pode ser realizado apenas por uma operação da vontade. O diretor, como sempre, deve seguir as deixas do protagonista. Às vezes estas levarão a um psicodrama vigoroso, que apenas envolve o diretor no início, conforme vimos em "O filho do relojoeiro" (p. 189); às vezes os relacionamentos dizem respeito essencialmente a pessoas que se encontram na mesma posição, tal como em "A mulher que não nasceu" (p. 205); às vezes bastará o encontro — o protagonista não oferece nenhuma pista que leve a algum lugar e a luta deve se dar com o diretor. No drama do "Anjo vingador", foi empregada uma mescla de procedimentos, sem a menor premeditação, a fim de se trabalhar o relacionamento entre Pauline e o diretor. Passo a descrever brevemente o encontro.

O anjo vingador

O grupo em questão é um grupo de formação, em seu segundo ano de estudos. Pauline, no caso a protagonista, realizou progressos em sua formação, passando de uma pessoa que não participava, calada, mas aparentemente indignada, a líder de uma facção que exigia mais ação, mais auto-revelação, psicodramas mais "viscerais". Mostrava-se amarga em relação aos companheiros do grupo, pelo fato de eles "ralentarem o ritmo", por sua timidez e falta de entusiasmo. Ao mesmo tempo, Pauline afirmava que ela e outras "boas pessoas" do grupo não podiam realizar um trabalho sério devido "à falta de confiança no grupo". Nas semanas que antecederam o presente incidente, Pauline intensificou os ataques a seus inimigos e, ao mesmo tempo, tentou realizar para ela um psicodrama corajoso. Ela, sem dúvida, estava "embalada". O próximo passo caberia ao diretor.

Decorridos alguns minutos, durante a discussão geral, no início do psicodrama, Pauline disse que queria "limpar a relação" com o diretor. O diretor concordou em realizar uma tentativa, já sentindo que a questão não seria tanto a transferência quanto uma afirmação emergente de Pauline em relação ao mundo em geral, um papel muito apropriado para um palco. Pauline inicou sua cena fazendo uma acusação: no passado o diretor "a rebaixara". O diálogo que aqui se reproduz cobre uns poucos minutos da interação entre ambos.

P: De qualquer modo, sou igual a você.
D: (arrisca-se) Não é, não.
P: (surpreendida) Sou, sim. (Torna-se pensativa)
D: De qualquer modo você não é igual a mim.
P: Bem, sou igual enquanto pessoa. Talvez não seja igual no que se refere a capacidades e ao conhecimento, mas sou igual enquanto pessoa.

Agora o diretor está em dúvida. Ele se dá conta de que Pauline tem uma oportunidade de aprender novos papéis graças a esse modo de trabalhar sua dependência, baseado no desafio. Ao mesmo tempo, não lhe parece um "abuso" dizer a Pauline que ela não é igual a ele, enquanto pessoa. Deveria ele prosseguir? A disputa se tornará apenas uma briga infantil? Ele fantasia uma punição por parte do grupo e o julgamento de todos os deuses da psicologia humanística e da literatura moderna. Decide prosseguir:

D: Não, nem mesmo isto é verdade.
P: (momentaneamente confusa e abalada) Mas quero ser sua igual.
D: (com o coração apertado) Mas não é.
P: Sou igual a você como pessoa. Em relação a você sinto-me uma criança. Detesto isto.
D: Escolha alguém do grupo para ser essa criança (Pauline faz a escolha). Agore troque de papel e torne-se essa pessoa que se sente uma criança.

Pauline inicia um diálogo com uma pessoa mais velha e madura, em quem, obviamente, se pode confiar e com quem os limites podem ser explorados.

P: *(no papel de criança) Sinto-me pequena quando fico íntima demais. Sinto medo de ultrapassar certos limites que não tenho a permissão de atravessar. Não sei que limites são esses (encolerizada). Pouco me importa o que eles são! (reflexiva) Mas quero saber o que eles são.*

A "Pauline" mais velha a apóia, até aquele momento e então sugere que ambas tenham a oportunidade de perguntar ao diretor quais são esses limites. Elas voltam a ser uma única pessoa e agora Pauline enfrenta mais uma vez o diretor, questionando-se em relação aos limites existentes entre ambos.

O tema da igualdade agora tornou-se irrelevante e pertence ao passado; ao que parece, haverá um encontro real e Pauline atuará em um novo papel, para o qual o título de "esclarecedora decidida" seria bastante apropriado. O encontro é valioso em si (para desanuviar o ambiente) e também porque torna-se um teste para o novo papel que Pauline aprendeu. Conseguirá ela manter o papel de esclarecedora decidida diante daquela pessoa assustadora? É difícil e dolorido para Pauline perceber aquilo que em parte é transferência e em parte desejo real que ela sente pelo diretor. É difícil e doloroso para o diretor dizer que ele não retribui os desejos dela. A interação pode ser classificada como um encontro, mais do que uma interação terapêutica hierárquica, na medida em que o diretor tenta, tanto quanto o possível, corresponder enquanto "pessoa".

Trabalhar terapeuticamente a relação poderia ter exigido mais interações psicodramáticas com a família de origem de Pauline, uma pesquisa adicional sobre quais eram os sentimentos de Pauline, que pessoas tais sentimentos a faziam lembrar ou então provocariam perguntas circulares, a respeito das reações a sua posição no grupo, entre os demais irmãos-membros-do-grupo, ou então dizer a Pauline que não se poderia manter um relacionamento devido a suas respectivas posições de diretor e de membro do grupo. Todos esses métodos são legítimos e precisam ser empregados de vez em quando. No entanto, um modo tríplice de trabalhar parecia aconselhável, nesta altura. Consistiria em fazer emergir os papéis transferenciais e uma provocação, por parte do diretor, no sentido de expandi-los; em um breve trabalho psicodramático, possibilitando que dois papéis polarizados fossem atuados amplamente e, em seguida, se integrassem; e o encontro/teste com o papel final, quando o diretor deixaria de lado, na medida do possível, todos os papéis de "terapeuta sábio" e de "deus inatingível", encarando Pauline com toda sua força, fragilidade e atitudes.

Quando o encontro chegou ao fim o grupo parecia aliviado e relaxado, o que, habitualmente, indica que a encenação foi adequadamente catártica e não carrega aquele peso desnecessário que um assunto inacabado acarreta. Tal atmosfera sugere, outrossim, que o grupo também foi capaz de lidar com as transições de papéis operadas pelo diretor, bem como por Pauline.

Na sessão de processamento na semana seguinte, indagou-se de Pauline o que pensara e quais tinham sido suas atividades durante a semana. Ela declarou que se sentira "livre, adulta e nada confusa". "Ser pequena", afirmou, "leva à confusão". Nunca sei que expectativas existem". A sensação de ser "adulta" generalizou-se no decorrer da semana e não se referia unicamente ao diretor. Esse resultado sugere que a transferência em relação ao diretor tem muito mais o sentido de um teste, no qual se mede o alcance da autonomia.

P: *Hoje eu me sinto forte. Tem muito a ver com meus conflitos com os homens.*
D: *Que tipo de homens?*
P: *Com todos os homens.*
D: *Que diferença faz, quando você se sente assim?*
P: *Sinto-me poderosa. Sou responsável. Trata-se de minha vida.*
D: *Em relação a quem esses sentimentos se manifestaram na semana passada? (Etc.) Como é que você foi capaz de fazer essas mudanças? (Etc.) O diretor continua a fazer perguntas estratégicas.*

Por ocasião da sessão de processamento, o diretor realiza a "rotina de aperfeiçoamento", certificando-se de que as diferenças se transformem em informação para Pauline, isto é, que as diferenças façam diferença. As perguntas dizem mais respeito a interações no átomo social de Pauline do que a seu "eu introspectivo", de tal modo que a estrutura é mais sistêmica. O diretor perguntou-lhe quem foi o primeiro a notar as diferenças, em seu átomo social e quais as mudanças que as outras pessoas tinham de realizar, agora que ela era diferente. Quis saber quem era que mais se adequava a sua pessoa: a "velha" ou a "nova" Pauline e assim por diante, criando portanto a consciência de uma diferença, por meio de uma dupla descrição. No entanto, como nos estamos concentrando aqui no processo da dramatização em si, sobretudo no que diz respeito à transferência, não precisamos nos preocupar tanto, por ora, com o acompanhamento, pois a estrutura geral já foi examinada no Capítulo 4.

É pouco provável que as três fases da sessão, por si só, tenham sido adequadas para provocar uma mudança em Pauline. A primeira fase, bastante provocativa, foi praticamente suficiente para fazer com que Pauline deixasse de lado sua posição de alternar o evitar e o aproximar-se do diretor. Embora provocasse nela uma afirmação de igualdade e equilíbrio, que era um desafio, tal afirmação não era completa. Ainda era vacilante e, porque provocadora, não havia uma integração adequada.

A segunda fase da interação psicodramática com o eu foi o fato de que pouca coisa, na verdade, fortaleceu sua capacidade de ser acalentada e apoiada sem ameaças. Quando houve a troca de papéis e ela se tornou uma adulta que acalentava a menina que ela foi, Pauline pôde aprender papéis de alguém que dá apoio e afeto. Ela, finalmente, acabou se perdoando pela dependência. Os papéis de criança e de alguém que oferece apoio se interligaram e deram origem a uma pessoa espontânea, adequada, capaz de lidar com o conflito, de procurar a clareza, de afirmar-se sem necessidade de ser desafiadora, de se abrir para outras pessoas. Ela trouxe esses papéis por ocasião de seu encontro com o diretor. Por sua vez Duane, o diretor, precisou recorrer a papéis adequados, enquanto "pessoa", para ter um encontro tão amplo quanto possível com Pauline, sem ceder ao repertório bem mais fácil dos papéis de "terapeuta sábio" e de "líder poderoso". O terceiro estágio — o encontro — não foi simplesmente um teste de papel, mas também serviu para manter a integridade do relacionamento.

O uso do eu pelo diretor — resoluções transacionais

Finalmente, pode-se lidar sem "técnica", por assim dizer, com as dificuldades de percepção que ocorrem entre o líder e os participantes de um grupo (transferência e contratransferência). Yalom (1975) sugere duas maneiras de se resolver a transferência que não se apóiam em interpretações psicodinâmicas obscurantistas. A primeira é a validação consensual, na qual os participantes conferem uns com os outros suas interpretações em relação ao terapeuta e chegam, após algum tempo, a uma visão "baseada na realidade", na qual o ponto de vista de cada pessoa é modificado pelo ponto de vista dos outros. O segundo procedimento de Yalom refere-se a uma "transparência" maior por parte do terapeuta. Abordaremos agora esse procedimento, pois é uma solução particularmente moreniana.

Os diretores "transparentes" se relacionam com seus grupos de pessoas reais, no aqui e agora. Compartilham seus sentimentos; reconhecem ou refutam sentimentos a eles atribuídos; demonstram respeito pelo *feedback* que recebem e reconhecem suas próprias falhas. Assim, o processo que ocorre entre o terapeuta e o membro do grupo não é muito diferente daquilo que o terapeuta encoraja os participantes a manterem uns com os outros. "Afinal de contas", diz Yalom, "o terapeuta não exerce o monopólio da autoridade, da dominância, da sagacidade ou do distanciamento e muitos dos membros do grupo trabalham seus conflitos nessas áreas não com o terapeuta (ou não *apenas* com o terapeuta), mas com outros participantes que possuem tais atributos'' (Yalom, 1975, p. 204).

Aqui está portanto mais um papel para o diretor de psicodrama, um papel assustador, aliás. Trata-se do papel de "pessoa". Numa interação baseada na transparência/transferência o membro do grupo é minimamente um "membro do grupo" e o líder é minimamente um "líder". Embora os líderes devessem se mostrar extraordinários sendo apenas pessoas, na verdade muitas vezes isso não acontece e eles têm de andar às tontas e fazer coisas erradas, exatamente como qualquer outra pessoa. A pergunta "Você me ama?" pode ser dolorosamente ameaçadora para um terapeuta ou para qualquer pessoa cujo amor é procurado mas não especialmente retribuído. Pior ainda, afirma Yalom (1975, p. 213) é a pergunta dirigida pelo grupo ao líder: "Quanto você ama cada um de nós?"

Essa pergunta, e sua cínica resposta, foi colocada, conforme se recorda, por Petra, "a mulher que não nasceu", quando no papel de Duane, o diretor. No conjunto, como vimos, a pergunta não foi tão importante quanto parecia e a dramatização voltou-se para outras questões que se tornaram mais importantes no relacionamento de Petra com Duane. Será que Duane empregou o velho truque terapêutico com Petra e safou-se de uma situação constrangedora? É difícil afirmar, pois a interação, de modo geral, aponta para as dificuldades de se trabalhar de modo não estratégico. A terapia cria a terapia, a menos que o problema seja o foco. Duane era conhecido por seu estilo extrovertido e superíntimo, o que pode ter acentuado os problemas de Petra.

As pessoas desprovidas de figuras parentais suficientemente confiáveis com quem possam relacionar-se e identificar-se, em seus átomos sociais originais, tendem a construir os acontecimentos de maneira extremamente bipolar: "defendem-se psicologicamente através do *splitting*", para empregar uma terminologia proveniente de outra escola. Tais membros de grupos são muito suscetíveis a alternarem a idealização e a desvalorização do diretor. Há poucos terapeutas que não viveram a experiência de serem alvo dessas correntes alternadas de amor e ódio, cujos caprichos são aparentemente inexplicáveis. As pessoas que vivenciaram os extremos desses sentimentos parecem necessitar de alguém que permaneça calmo em meio a seus temores, mesmo que elas tenham se tornado um monstro, mesmo que queiram destruir o mundo. A essa altura precisam de uma figura paterna ou materna coesa, que esteja em sintonia com suas necessidades cambiantes. Isto significa que elas necessitam de um espelho ou de um duplo.

Algumas vezes o próprio grupo pode agir como espelho ou duplo. Ele pode servir como um "objeto transicional", através do qual relações fantasiosas com uma pessoa superior, como o diretor, são mitigadas pela experiência de relacionamentos reais com gente de verdade. É como se um participante do grupo fosse, de algum modo, capaz de tornar os demais participantes parte dele e usá-los como extensões das funções de seu próprio ego. Nesse cenário tão especial a experimentação é permitida. A conexão da pessoa com o líder ainda é forte, mas poderá haver menos necessidade de submergir a personalidade de alguém a fim de agradar o líder; afinal de contas, há outros assuntos de que tratar. Os participantes também poderão sentir menos medo de serem absorvidos pelo terapeuta, como poderia acontecer num encontro individual. Outras pessoas assumem os papéis de figuras que representaram outrora uma autoridade e assim a interação com o diretor no aqui e agora torna-se mais inteligível. Examinemos a seguinte interação psicodramática, bastante típica, com uma paciente que desenvolveu mal papéis relativos ao cuidar de si mesma.

D: *Quando você era pequena tinha brinquedos de que gostasse de verdade?*
P: *Não.*
D: *E figuras de que realmente gostasse?*
P: *Sim, um livro de contos de fadas.*
D: *Vá buscá-lo. Sua mãe vai ler para você?*
P: *Sim.*
D: *Aonde? Na cama?*
P: *Sim.*
D: *Mais alguém se encontra presente?*
P: *Meu irmão.*
D: *Escolha alguém para ser sua mãe e alguém para ser seu irmão.*

Esta interação constitui, é claro, um procedimento padrão. Os "objetos internos" tornam-se egos-auxiliares vivos. O diretor se coloca em um segundo plano na medida em que o "objeto transferencial" e os participantes do grupo preenchem os papéis desempenhados por figuras históricas, pertencentes ao passado do protagonista. Os protagonistas têm a oportunidade de trocar de papéis com pais idealizados ou temidos e de vivenciar esses estados, quando colocados no pólo que recebe a adulação ou o ódio.

Ao lado desse fator (o diretor que age consistentemente como produtor das fantasias do protagonista, mais do que como objeto delas), que opera a fim de tornar mais difusos os processos transferenciais, existe a consistência da interação não psicodramática com outros participantes do grupo, através do próprio trabalho grupal: exercícios com pares, trios etc. As interações, no grupo, tornam-se difusas e variadas. O apoio é visto como algo que se consegue tanto em nível de um parceiro de mesmo nível como em nível da autoridade. Devido ao fato de que as relações com os demais participantes do grupo precisam ser trabalhadas fora do relacionamento com a figura que representa a autoridade, pode-se alcançar, junto com os demais participantes, algum tipo de validação consensual da "realidade" do terapeuta.

Não vamos ser excessivamente idealistas. Nem sempre prevalece a feliz situação na qual a intensa preocupação com o líder se torna distribuída entre as várias funções do grupo. Para alguns dos participantes, o diretor é e permahece uma figura central e eles se importam unicamente com ele. Nem mesmo este fenômeno valida a teoria da transferência grupal, pois o líder tem essa importância apenas para alguns membros, não para todos. Mesmo assim talvez não seja o líder que é importante, mas *esse* líder. Se fosse outro, talvez eles não se importassem tanto. Estamos de volta à tele, à singularidade da interação.

Nos casos em que o líder é objeto de sentimentos particularmente intensos por parte de um participante, talvez seja melhor enfrentar cara a cara, de pessoa a pessoa, tanto a intensidade quanto as aparentes distorções. Às vezes não existe outra escolha do ponto de vista ético. Por exemplo, um membro do grupo que esteja muito bravo com o diretor talvez não concorde em ser direcionado para as pretensas "origens" da interação, tal como ocorre numa dramatização em que a família de origem é tematizada. Essa pessoa pode, com todo direito, desconfiar de uma artimanha, de um jogo de poder ou de um modo sutil de invalidar suas percepções, que façam parecer que elas, mais do que a interação, é que são patológicas e precisam ser examinadas. Quando se trata de contradições desse tipo, a loucura se aplica a ambos os lados, embora um deles (o participante do grupo) possa parecer o louco. Para outro participante, a sugestão de que ele "trabalhe" a relação poderá se dirigir a ouvidos moucos. Ele, habitualmente desconfia de trapaças em qualquer lugar aonde vá e se torna desconfiado por se encontrar em uma posição de poder tão diminuto quanto a ocupada pelo protagonista. Neste caso, ser protagonista equivale a reconhecer que seu sistema de construção não tem validade e que se encontra sozinho em sua visão da realidade. Não é uma posição agradável para ninguém e exige grande tato e delicadeza por parte do líder.

Em alguns desses casos, basta apenas um encontro com o líder. Por meio desse encontro ambos os lados tentam lidar com o relacionamento real ou télico, ao mesmo tempo em que lidam com o relacionamento transferencial, e tentam abordar francamente quaisquer deslocamentos que possam ter, ligados a outros relacionamentos. A interação pode gerar sentimentos muito intensos, enquanto o terapeuta e o membro do grupo tentam entrar em contato e desnudar as reações que têm um para com o outro. O encontro pode ser difícil para ambos, a exemplo do que acontece com tais encontros fora do contexto de um grupo. Para aumentar o constrangimento, cerca de doze pessoas estão presenciando os esforços do líder para ser humano.

Mick, um dos membros do grupo, poderá dizer a Dot, a diretora: "Sinto-me atraído por você". Dot poderá responder: "Sinto-me/não me sinto atraída por você". Esse tipo de resposta, é claro, exerce sobre Mick um efeito muito diferente daquele que resultaria se acaso fosse formulada a seguinte pergunta: "O que significa para você ter a coragem de dizer que se sente atraído por mim?" Isso poderia tornar Mick ainda mais atraído, caso o ar de onisciência psicológica de Dot fosse aquilo que, antes de tudo, o atraísse. Mick também poderia ficar muito irritado com Dot e dar a lista dos crimes dela, ao que ela poderia replicar, exaltada: "Isto não me diz respeito. Não faça isso comigo". Tal resposta é muito diferente de uma resposta enfática tal como "Quer dizer então que você sente que sou uma mentirosa, uma trapaceira e você fica zangado porque eu...", o que poderá deixar Mick mais confuso do que nunca. Ele se *sente* indignado com ela e, no entanto, ela parece tão boa e sensata.

A diretora tenta interpretar o duplo papel de "ser humano igual" e "terapeuta". Este último é inelutável. Até mesmo através de sua meia confissão ela tenta efetuar uma limpeza em seus relacionamentos com o grupo. É seu ofício. Ela procura responder à sua verdade interior no relacionamento; está preparada para ser tola e errar; para cometer enganos; para tropeçar nas palavras e até mesmo não pronunciá-las; para mostrar sua irracionalidade, vaidade ou medo. Ela também demonstra apoiar e aceitar os participantes, ao se entregar. Isso também faz parte de seu ofício. Até mesmo quando é mais "humana" ela ainda age estrategicamente. Ela está lá como líder do grupo e nada pode destruir essa estrutura, que é, no final das contas, a base de seus relacionamentos com aquelas pessoas e, sem ela, ninguém chegaria sequer a se conhecer.

O modo segundo o qual Dot trabalha com um participante não é indicado para todos os casos, conforme vimos. Foram dados vários exemplos ("A mulher que não nasceu", "O anjo vingador"), no qual o diretor torna-se o foco, quando a pessoa faz construções a partir de interações passadas, mas deixa de lado rapidamente a via que conduz a um encontro direto e se encaminha para o psicodrama. Em outros momentos, as construções parecem dizer respeito ao diretor enquanto tal e ao sistema que ele estabeleceu com os participantes do grupo. Nesses momentos, lida-se melhor com as interações usando-as amplamente e transportando o relacionamento transferencial para um relacionamento télico, mesmo que esse relacionamento, devido à fragilidade de nós todos, seja frio e desprovido de encanto. Não passamos, conforme o rei Lear descobriu, para seu grande desespero, de pobres animais divididos.

Capítulo onze

Aplicações psicodramáticas na terapia de família

Deixe-me levá-lo para um lugar de relativa segurança.

Spock, Jornada nas estrelas

Introdução

Até agora descrevemos as funções clínicas e reveladoras do psicodrama, no qual o protagonista encena a família de origem, em meio a um grupo de pessoas estranhas a ele. Embora esta forma de terapia possa ser mais interpessoal ou até mesmo sistêmica do que muitas outras modalidades de terapia individual, os membros do sistema do protagonista na vida real não se encontram presentes para objetar, propor, modificar ou protestar; em lugar disso, os protagonistas se encontram no centro do palco e comandam a ação de acordo com o modo como eles a vêem. Sua própria fenomenologia torna-se a verdade no sistema que é retratado. Presume-se que é por isso que os Moreno instruíam as pessoas em formação a recorrer aos métodos de encontro quando os participantes reais do drama de um protagonista se encontrassem presentes (Guldner, 1982, p. 47). Eles encenavam as percepções do protagonista e aproveitavam suas deixas, não por meio da cópia da realidade consensual de que outros (isto é, o resto da família) dariam testemunho, "mas concretizando os sentimentos e percepções que são verdadeiros para o protagonista. O objetivo é concretizar e reduzir o conflito, lidando com a realidade fenomenal do protagonista" (Seeman & Weiner, 1985, p. 146).

Que modificações deverão ser feitas, quando os membros do átomo social se encontrarem presentes? Em primeiro lugar, as técnicas de produção e os requisitos terapêuticos, quando uma família inteira participa da terapia, apresentam ao diretor um conjunto peculiar de desafios e limitações. Em sua forma tradicional, o psicodrama torna a realidade fenomenal do protagonista algo vívido, concreto e consciente. Essa realidade do protagonista é experienciada como um encontro no presente, independentemente do fato de que os incidentes que estão sendo encenados tenham ocorrido no passado, no presente ou antecipem o futuro. A "encenação", na terapia de família, por outro lado, revela padrões que persistem no presente, embora tenham suas raízes fincadas no passado. Na terapia de família o "nós", o sistema de construção da família, se encontra com mais evidência a serviço de cada indivíduo; não é ele que está no centro do "nós". A sensação de ser o centro, por parte do indivíduo, é modificada por outros indivíduos que têm semelhante crença. Quando todos se encontram presentes, a verdade fenomenológica de um determinado membro não tem precedência.

Para os terapeutas de família, a verdade — e é isto que mais importa — é aquela subjacente aos padrões relacionais que eles observam. A natureza da "platéia" também muda, passando de pessoas relativamente estranhas, que contemplam com empatia, enquanto o protagonista "trabalha", a membros reais da família, que têm um interesse vital no processo e no desfecho da dramatização. Os interesses de pessoas estreitamente relacionadas podem encontrar-se em sério conflito, como todos nós sabemos a partir de nossas próprias famílias. Na terapia individual esse fator pode ser ignorado até certo ponto, mas num sistema tal como a família, a interrogação, para o terapeuta, é a seguinte: "Como ter uma abertura em relação a todo mundo?" A resposta, claro, é através da circularidade. Pelo menos estando a família inteira presente, verdadeiros circuitos de interação poderão ser evocados, no lugar da pseudocircularidade necessária, quando está presente apenas um protagonista, que indica, no momento da inversão de papéis, o que os outros participantes deveriam dizer e fazer.

Até mesmo pessoas que aparentemente controlam a família, por meio de seus sintomas, são controladas por forças que se encontram no interior da família, de tal modo a apresentarem esses sintomas. Onde é que tudo começa? A quem se pode culpar? Com a presença da família inteira, um psicodrama prolongado com um protagonista, que envolva o resto da família na posição de egos-auxiliares, é algo fora de questão. Além das dificuldades de produção e encenação, uma dramatização como esta é teorica e praticamente infundada e pode levar ao caos, na estrutura familiar. Quando todo o sistema se encontra presente, cada membro desse sistema é o protagonista. Assim, as intervenções psicodramáticas individuais, quando ocorrem, precisam ser breves e têm de dizer respeito à família inteira.

Uma exceção a essa condição pode ocorrer quando múltiplas famílias estão presentes (Laqueur, 1980). Um único protagonista trabalha o tema do grupo, escolhendo membros de outras famílias para representarem membros de sua própria família (Guldner, 1982). Ao não se envolverem diretamente com a dramatização de um membro da família, outros familiares poderão ter ou ver seu processo "espelhado", relata Guldner. O "ver de fora" os capacita a reconhecerem melhor as estruturas do sistema e a seguirem as prescrições dadas à família psicodramática que eles testemunharam.

As restrições acima mencionadas podem, com efeito, ser muito limitadoras. À guisa de consolo para o leitor desencorajado, pode-se afirmar que o poder e a intensidade gerados por um psicodrama completo são desnecessários, quando todos os membros da família se encontram presentes. Existe suficiente intensidade com a presença de todos eles. Em tal situação, o menor método de ação, desde que bem concebido e sincronizado, pode ter efeitos dramáticos de longo alcance. A terapia estratégica é superficialmente calma, mas não o é em seu "interior". Quase todas as interações assumem um significado compatível com a importância que os membros têm uns para com os outros. Os membros da família provavelmente viverão experiências afetivas intensas na sala de espera, na sala de terapia, ao voltarem para casa e no período que precede o próximo encontro.

Diante do que foi colocado, poderia parecer que os métodos de ação são mais indicados do que qualquer tipo de psicodrama. Até mesmo o emprego dos métodos de ação constitui, no entanto, uma técnica adicional, quando toda a família se encontra presente. Os métodos de ação não possuem uma teoria e uma prática próprias, mediante as quais poderiam pretender ser uma terapia de família superior às formas verbais que agora dominam os meios clínicos ocidentais de terapia familiar. Freqüentemente tais métodos verbais são satisfatórios em si. Os métodos de ação encerram imenso potencial para ilustrar diferenças e para intervenções analógicas, que os tornam poderosos auxiliares de métodos verbais, quando se trabalha com grupos familiares completos.

A liberdade e a espontaneidade crescentes, na terapia da ação, intensificam as oportunidades de emergirem novos símbolos e relações no sistema familiar. Uma encenação tem a capacidade de apagar distinções entre aquilo que é real e aquilo que é possível. Mesmo se a encenação for definida pela família como algo não real, ela, entretanto, é de tal modo absorvente que os momentos de ação são mais intensos e significativos do que a maior parte dos momentos da vida quotidiana. Assim, a distinção entre a realidade e a possibilidade torna-se menos óbvia e a família está livre de alguns obstáculos à mudança. Até certo ponto sua rede de pressupostos se modifica por meio do próprio método: "isto está acontecendo, portanto pode acontecer". Quais são então alguns dos benefícios dos métodos de ação, em se tratando de uma família completa?

Vantagens dos métodos de ação

1) A encenação modifica o modo pelo qual a família costuma se expressar. Uma emoção sutil, por exemplo, pode ser expressa física e abertamente, no lugar de uma linguagem corporal e de uma expressão verbal dissimuladas. Se uma família for declaradamente verbal e inte-

lectual, seus membros terão a oportunidade de mudar, deixando de lado a verbalização e, portanto, o estilo de pensar, partindo para a ação e para as imagens. A espontaneidade e a imaginação assumem uma forma concreta e alimentam, de forma recorrente, o conceito que a família tem de si própria.

2) Os métodos de ação podem ser usados como representações analógicas de diferenças na família. O método tem a capacidade de ilustrar com uma clareza maior do que grande parte de outras técnicas aquilo que é intangível. As sutilezas da distância emocional, por exemplo, poderão ser expressas linearmente e o mesmo se aplica à maior parte das comparações, tais como aquelas que dizem respeito ao primeiro/ao último a notar um sintoma, ou àquele que está mais/menos satisfeito com a melhoria de um determinado paciente.

3) Os métodos de ação dramatizam os papéis e as percepções que deles se têm. Os participantes observam o que cada um deles faz, como isso é percebido e como seus papéis são reforçados (Sherman & Fredman, 1986). O aspecto transacional dos papéis da família, por exemplo, torna-se mais claro: ninguém pode ser desamparado a menos que alguém esteja preparado para ser prestativo. Portanto, a família e o terapeuta têm a vantagem de diagnosticar a ação, o que pode ser mais útil do que os métodos de diagnóstico empregados até então.

4) Os métodos de ação podem recriar o passado e trazê-lo vividamente para o aqui e agora, possibilitando assim reeditar os mitos familiares. Do mesmo modo, podem trazer para a sala de terapia familiares mortos ou ausentes e em torno dos quais existem lealdades invisíveis, que afetam profundamente o desempenho da família no aqui e agora. Um pai ausente ou um avô falecido, por exemplo, podem ser evocados e torna-se possível reagir a eles.

5) Os métodos de ação podem ser usados para encenar fantasias relativas ao futuro e podem ajudar a "contaminar" essas fantasias quando elas são disfuncionais, tal como as fantasias de suicídio. As conseqüências não antecipadas de uma ação tal como o suicídio podem se tornar algo real e podem ser desenvolvidas no contexto da família.

6) Os significados transacionais e sistêmicos do comportamento familiar podem ser desnudados e elucidados através da análise dos papéis. Entender o contexto interpessoal de um papel, tal como o do adolescente incendiário e os efeitos desse papel sobre o resto da família pode levar a hipóteses férteis sobre o funcionamento da família.

7) A família fica capacitada a encenar rituais que podem dizer respeito a ritos de passagem ou podem ser maneiras de marcar diferenças. Desse modo ela passa a ter condição de estabelecer distinções.

Na seqüência deste capítulo serão apresentados alguns usos desses sete modos, embora não esgotem suas possibilidades.

Organizando uma encenação

Organizar uma encenação como um dos procedimentos terapêuticos a ser empregados na terapia sugere para a família uma representação simbólica multifacetada de seu estado atual. O conteúdo da definição do problema da família constitui apenas uma pequena parte do mapeamento total desse sistema; os métodos de ação tendem a focalizar aspectos não relatados de suas vidas corriqueiras e transmitem para eles a rica complexidade que as interações adquirem no contexto de uma terapia. Assim, a literalidade das definições familiares é questionada pela diversidade simbólica de mapeamentos alternativos (Kobak & Waters, 1984). O potencial simbólico do contexto terapêutico é desenvolvido à medida que a família passa a tolerar a natureza divergente da percepção do terapeuta e da compreensão que ele tem da família. A família conscientiza-se de que sua visão inicial do problema está sujeita a mudança e revisão. Ela pode até mesmo vislumbrar modos alternativos de estar junto, mas tal vislumbre somente é útil se a família tiver a possibilidade de ver o modo pelo qual ela *já* está junta.

Ao estruturar a seqüência de um método de ação o terapeuta recorre à liberdade proporcionada pelo cenário simbólico a fim de reagir, na base de alternativas criativas, àquilo que os pacientes estão apresentando. Sua visão própria poderia ser um tanto restritiva e receosa. Através da ação, é possível estruturar um cenário que a família não previa; a própria terapia torna-se a primeira de uma das várias maneiras de escapar da rotina. O terapeuta objetiva divergir das regras esperadas e entendidas que governam a visão que a família tem da realidade. A família é conduzida para o território menos certo e previsível que os envolverá em novas definições de si mesmos. Como qualquer coisa poderá acontecer, sobrevém um clima de risco, excitação e incerteza. Da mesma forma como a própria terapia se insere no meio dos estados sociais normais do dia a dia, o emprego dos métodos de ação intensifica o sentimento de "liminaridade" (Turner, 1969), o sentimento de potência e de potencialidade, de experimentação e de jogo.

O processo de encenar um mito familiar possibilita que o criador do mito obtenha um quadro mais claro de como suas fantasias seriam se fossem realizadas e também permite aos membros passivos (aqueles que estão envolvidos com os mitos de outras pessoas, mas não sabem) ver as fantasias com as quais estão envolvidos deliberadamente ou não. Só muito raramente é objetivo da dramatização, na terapia da família, obter uma catarse por parte do protagonista. No entanto, a encenação pode ser extremamente útil para ajudar um indivíduo ou toda uma família a definirem com maior clareza seu próprio sistema. Neste caso, o que está sendo definido é, habitualmente, um sistema de fantasias. É necessário que a ação seja relativamente breve, caso contrário seu significado sistêmico se tornará obscurecido e a sessão se transformará em terapia individual para um dos membros. Uma sessão prolongada com uma única pessoa poderia favorecer o conceito sistemicamente perigoso segundo ó qual deve-se "culpar" um dos membros ou, por outra, que quando um membro da família "melhorar", o resto da família já não terá mais problemas. Os próprios terapeutas podem perder a neutralidade terapêutica com a excessiva concentração de tempo e energia num único membro. A própria família já está agindo assim.

Quando os terapeutas reeditam a mitologia da família por meio da dramatização, eles fazem aparecer o rico entrelaçamento de pressuposições, construções pessoais e expectativas que constituem o "mapa do mundo" dos membros dessa família. Tais mapas estabelecem as regras relativas à informação sobre as ocorrências ou pessoas pertencentes à família. Eles operam sobretudo inconscientemente, limitam a quantidade de informações que podem ser recebidas e, em conseqüência, as linhas de ação que podem ser seguidas. Tudo o que sabemos está baseado na percepção. Estabelecendo padrões, entretanto, é que *reconhecemos* aquilo que sabemos. Tais padrões, por sua vez, impedem-nos de obter novas percepções, a menos que elas recebam sinal verde, por assim dizer, de um padrão existente.

Algumas vezes a mitologia de toda a família — o sistema de construção da família (Proctor, 1985) — pode ser dramatizada, mas, como cada membro tende a ter uma visão diferente do que seja a "nossa família", pode sobrevir o caos dramático, na medida em que os indivíduos brigam cada um por seu próprio conceito de como as coisas deveriam ser. A perspectiva múltipla é óbvia e inevitável: cada pessoa assume diferentes papéis em relação às outras pessoas com quem ela está se relacionando. Assim, cada filho vê o pai ou a mãe diferentemente do modo como os outros filhos os vêem e, certamente, sua versão é diferente da maneira como a mãe se vê e ao pai e de como o pai se vê e à mãe.

Como uma pessoa é vista depende em parte dos constructos externos do papel (pai, mãe, filho, filha), determinados em parte socialmente e em parte culturalmente (Duhl, 1983). O segundo conjunto de elementos é a construção pessoal e interna das pessoas, como elas decidiram construir esses papéis social e culturalmente definidos. O terceiro conjunto de elementos refere-se às relações reais que estruturam sua própria rede de posições atuais e que derivam dessa mesma rede. Em tais casos, o diretor precisa ser o condutor e o organizador central das imagens. Quando não existe um mito central em torno do qual se estabelece um consenso, é permitido que um participante do grupo estabeleça sua própria versão da realidade e conceda aos demais um tempo para que, mais tarde, façam seus comentários.

O menino no túmulo

Alan é um garoto de 14 anos de idade, que realizou três tentativas de suicídio antes de ser encaminhado pelo orientador da escola. O incidente que será descrito constitui apenas parte — ainda que útil — do bem-sucedido tratamento de Alan, que inclui uma breve encenação psicodramática da fantasia de um dos membros da família, neste caso o próprio Alan. Alan e sua família foram atendidos por uma equipe terapêutica composta de quatro pessoas. Uma delas conduzia a terapia direta e os demais atuavam como assistentes, atrás de uma parede de vidro. À terceira sessão (de um total de seis) compareceram Leanne, irmã de Alan, seu irmão mais velho Dan, sua mãe e seu padrasto, Lyall.

Aldridge e Rossiter (1983) detalharam algumas perguntas a serem feitas a pessoas com tendência suicida, como, por exemplo, que tipos de flores gostariam de ter em seu enterro, que roupa estariam usando ao morrerem, onde seriam enterradas, quem compareceria ao enterro, que roupas essas pessoas usariam e daí por diante.

Foram feitas tentativas no sentido de levar Alan a esboçar uma imagem do que seriam as vidas das outras pessoas, após a morte dele, recorrendo ao tipo de perguntas sugeridas por Aldridge e Rossiter. No entanto as perguntas não tiveram ressonância, pois Alan tinha muito pouca idéia dos detalhes da morte. Sua dificuldade em entrar no papel de pessoa morta indicava, talvez, que suas tentativas de suicídio e sua ideação em torno desse tema constituía mais um processo do que um resultado ativamente imaginado. Era como se ele imaginasse o processo de morrer, mas não o "processo" de estar morto. Ele não era capaz de evocar imagens claras ou detalhadas do local do velório ou do cemitério. Todavia ele corria sérios riscos de suicidar-se e a gravidade de suas tentativas anteriores se intensificara.

Naturalmente não se fez nenhuma tentativa de se encenar o suicídio real, já que isso pode ser uma forma de ensaio tanto gratificante quanto bastante perigosa. É importante não "energizar" a pessoa nem demais nem rapidamente, pois essa energia pode ser posta a serviço de papéis raivosos e desamparados, dando ocasião a uma ruptura maníaca que poderá capacitar as pessoas a darem cabo de suas vidas. O mesmo princípio se aplica a uma ideação homicida.

Também não faz sentido encenar sistêmica ou interpessoalmente o acontecimento real, pois as implicações sistêmicas importantes ocorrem pouco antes ou pouco depois. O exato momento da morte não é sistemicamente interessante, enquanto que até mesmo um segundo antes ou depois que ela ocorra pode sê-lo. Deve-se, portanto, encontrar um momento e uma cena apropriados após a ação, mesmo que seja logo em seguida, quando o corpo inânime cai no chão ou uma hora após, quando o corpo é encontrado. É o momento em que outras pessoas passam a participar inegavelmente da ação. Quem encontra o corpo? Quem é mais/menos afetado?

Obviamente torna-se necessária a troca de papéis com pessoas relevantes da família. Por meio dessa troca é também possível encenar roteiros de como a história teria terminado, caso a pessoa não se suicidasse. A troca de papéis pode ser feita em relação a um futuro próximo, médio ou distante. O suicida concebe o ato não como uma fuga, mas como um alívio (ele também é diádico, é uma forma de assassinato de outra pessoa, conforme elaboraremos mais adiante). Na dialética fuga/alívio, existe um movimento que não apenas se origina de algo, mas que caminha em direção a algo, em alguns casos. Isto é especialmente verdade se uma dor física grave estiver levando a pessoa a pensar em se matar.

Com alguns pacientes (mas não Alan) pode ser pertinente e seguro explorar o aspecto de alívio no suicídio. Tal exploração mobiliza a criatividade do paciente e, portanto, constitui um procedimento geralmente valioso. O paciente poderá explorar outros meios, em seu átomo social, de obter o alívio que procura. Se o átomo social constituir um fracasso tão desesperador, deve haver meios, dentro da pessoa, de alcançar aquele alívio que ela deseja — por exemplo, a paz interior.

Quando lhe foi perguntado se queria ser cremado ou enterrado, Alan mais uma vez ficou bloqueado, porém respondeu: "Imagino que enterrado". Ele não conhecia cemitério algum e então perguntou-se a sua família em que cemitério o enterro seria realizado. O enterro não foi encenado, já que Alan não tinha a menor idéia de como ele acontecia. Assim, foi-lhe solicitado que deitasse no túmulo e posicionasse sua família em torno de si, à beira da sepultura. Em seguida pediram-lhe que detalhasse o quanto cada membro da família estava perturbado naquele momento e que os classificasse em termos de perturbação e de vida arruinada.

A equipe terapêutica aderiu à teoria do suicídio-como-assassinato (Everstine & Everstine, 1983), na qual a pessoa suicida tenta, na realidade, matar outra pessoa, matando a si própria. Sua vingança é antegozada como algo gratificante, pois sua morte é rápida, ao passo que as outras pessoas continuarão sofrendo pelo resto da vida. O suicídio, na visão relacional, não é o resultado de uma depressão cada vez maior, a tal ponto que a pessoa não suporta mais viver, mas, na verdade, é um desejo de magoar alguém com quem o suicida está extremamente zangado. É necessário lidar respeitosamente com a ideação suicida, pois faz parte do processo de aquecimento do paciente, e seus papéis suicidas devem ser considerados como parte de sua estrutura total de papéis, pelo menos naquele momento. Everstine & Everstine colocam que, partindo da premissa de que o suicídio ocorre em um contexto relacional, seguem-se três premissas:

1. O suicídio é um acontecimento cuja intenção é enviar uma mensagem de uma pessoa a outra.

2. Existe uma pessoa específica que recebe a mensagem do suicídio; é para essa pessoa, acima de todas, que o ato suicida é executado.

3. A raiva é o conteúdo primordial da mensagem que está sendo transmitida.

(Everstine & Everstine, 1983)

Alan designou sua mãe como sendo a pessoa mais perturbada no dia de seu enterro e descreveu com grande precisão o quão perturbadas as demais pessoas da família ficariam. Deu-se então um salto de três meses. Quando lhe foi perguntado como as pessoas se sentiriam, decorrido esse prazo, Alan declarou que o quadro seria quase o mesmo. A família ainda estaria chocada e a mãe seria a pessoa mais atingida.

Alterou-se novamente a escala do tempo. Um ano mais tarde o irmão mais velho já havia superado a questão e sua irmã gêmea estava afetada, mas recuperava-se. Seu padrasto vivia como se nada tivesse acontecido. A mãe, entretanto, ainda se encontrava profundamente abalada. Até mesmo quando a cena foi deslocada para dez anos mais tarde, a vida da mãe ainda estava mais ou menos estragada, embora os demais dedicassem a Alan apenas pensamentos ocasionais.

A encenação de Alan também possibilitou uma série de perguntas feitas ao resto da família, relativas ao impacto que a morte dele exerceu sobre todos. Quando a família voltou a sentar-se, foi perguntado se concordavam ou não com as avaliações de Alan. A maior parte de suas opiniões sobre o efeito da morte de Alan concordavam com as dele. A mãe confirmou que ficaria "profundamente afetada" durante a maior parte de sua vida, se não todo o resto dela, caso Alan se matasse. Portanto, a fantasia de Alan não era irrealista, na verdade, em relação ao efeito causado em seu alvo principal, a mãe, embora fosse altamente irrealista quanto ao efeito, em outra pessoa importante, isto é, ele mesmo. Pareceu claro que, quando pensava em se matar, ele, na verdade, não encarava a possibilidade de morrer. Mostrou-se muito exato e preciso sobre o efeito que sua morte provocaria nas outras pessoas da família, mas não tinha quase nenhuma fantasia sobre o fato de estar morto. Não sabia quase nada sobre as armadilhas da morte.

Esses temas se mantiveram vivos durante as sessões subseqüentes e a equipe realizou intervenções tripartites em relação ao fato de Alan ser bem-sucedido em suas tentativas de suicídio, bem como em relação a outras tentativas fracassadas e sua capacidade de encontrar outros meios mais criativos de demonstrar a sua mãe o quanto estava zangado com ela. A encenação afetou não somente a ele, mas igualmente a sua mãe, é claro, que se tornou menos envolvida com o aborrecimento que Alan sentia e menos responsável por isso. Anunciou, nas sessões subseqüentes, que estava tomando uma posição mais firme em relação a Alan e que embora ficasse tremendamente triste e abalada caso ele viesse a se matar, ela não morreria. Depois de um ano de acompanhamento, Alan não realizou mais nenhuma tentativa de suicídio.

Encenação de fantasias

As famílias disfuncionais geralmente têm papéis rigidamente designados e perderam sua capacidade no que diz respeito a jogos criativos. Se uma imagem tal como o suicídio faz parte do sistema disfuncional, a encenação terapêutica poderá ajudar a "contaminar" a imagem. Whitaker (em Held & Bellows, 1983), observa que a "contaminação" envolve uma exploração da fantasia, perseguida em detalhes, a fim de destruí-la enquanto solução válida. Uma pessoa poderia desejar muito contaminar uma fantasia de suicídio, mas nem toda fantasia é destrutiva e, portanto, deve ser contaminada. Quando o dilema de uma família lhe é apresentado sob a forma de um drama, ela tem a chance de alterar o roteiro, caso assim o queira, ou de mantê-lo.

Andolfi & Angelo (1982) concebem a terapia da família como sendo um desses dramas. O terapeuta ingressa no sistema da família como um diretor teatral que revisa uma peça, isto é, o próprio drama da família. Andolfi & Angelo adotam uma linha mais rigorosa e confrontante que a maior parte dos autores, no que diz respeito à motivação da família ao procurar ajuda. O terapeuta, sugerem eles, está convidado a aceitar a solicitação paradoxal da família no sentido de ajudá-la a mudar sem que ela de fato mude. Eles desejam uma estabilidade ainda maior, de tal modo que os padrões relacionais e as funções individuais se tornem cada vez mais rígidos. Embora a solicitação de ajuda seja concebida em termos dialéticos por Adolfi & Angelo, os autores parecem levar em conta aquele pólo que não deseja a mudança. Ao ingressarem no drama da família, os terapeutas esperam reinterpretar os significados que são encenados.

Talvez seja desnecessário ir tão longe assim. Os terapeutas podem estimular que se reescreva o roteiro da família através de seu próprio comportamento experimental: duplas descrições, dirigir as encenações, interromper e reenquadrar as interações, exagerar ou ignorar determinadas questões. Ao amplificar os vários papéis e funções exercidas pelos intérpretes da família, ao fazer perguntas pertinentes e propor intervenções apropriadas, a versão da família, em relação a seu roteiro, torna-se clara e, assim, abre um espaço para a mudança.

As intervenções amplificam mas não procuram eliminar o dilema entre permanecer o mesmo e ser diferente. É claro para a família que o terapeuta verá os velhos problemas através de lentes novas. Na dramatização os atores da família evocam papéis que podem ter sido muito mal desenvolvidos devido a suas fortes implicações emocionais. Devido, porém, às ressalvas tranqüilizadoras que acompanham uma dramatização (afinal de contas é apenas uma dramatização, que acontece na sala de um terapeuta) e devido à própria atitude do terapeuta em relação à espontaneidade, temas penosos e papéis constrangedores podem ser abordados com menos expectativas de que se volte a abordar com minúcia questões desagradáveis. A família torna-se curiosa em relação a como suas ações serão vistas e até mesmo como ela as verá. O paciente que apresenta má identificação, a pessoa má ou louca começa a esperar que, a partir de um determinado momento, não será vista de maneira tão errada.

Ao reeditar o drama da família, os terapeutas também se arriscam a se exporem, pois estão utilizando as próprias fantasias em relação à família. Os dados fornecidos pela família são reintroduzidos sob a forma de imagens, ações ou cenas que estimulam os membros da família a oferecerem novas informações ou a fazerem mais associações, num processo circular. O relacionamento terapêutico intensifica-se na medida em que os elementos críticos do roteiro da família são agrupados e reorganizados por meio das sugestões do terapeuta (Sherman & Fredman, 1986). O terapeuta enfatiza alguns elementos que passaram despercebidos anteriormente e relega para um segundo plano outros elementos que foram excessivamente enfatizados. Algumas vezes a encenação pode ser muito bem-humorada.

O exemplo de "O menino no túmulo" e aquele que se segue ilustram a utilidade da dramatização como uma forma de jogo. A essência da dramatização, ao contrário das ações que acontecem na vida real, consiste no fato de que as atividades ocorrem num novo cenário e não apresentam as conseqüências habituais, como por exemplo, a morte efetiva de Alan por suicídio. O terapeuta e a família experienciam uma sensação ampliada de liberdade de experimentar novas possibilidades. Os papéis podem ser revistos, as hierarquias de dominação podem ser subvertidas e pode-se romper com as regras de interação. Comportamentos que acarretam uma excitação ou um significado especiais podem ser repetidos e desejos ou medos ocultos podem ser concretizados. A encenação, durante uma sessão, pode remover a sensação de imutabilidade que pesa sobre a família, conforme veremos.

O pai zeloso

Swingly era o pai divorciado de duas filhas de 15 e 12 anos de idade. Freda, de 15 anos, era a paciente identificada, que tinha sido encaminhada para uma terapia de família porque passava constantemente noites inteiras longe de casa, sem que os pais soubessem onde se encontrava, e porque ia uniformizada para a escola, com uma muda de roupas guardada na mochila, ela se trocava no banheiro e saía da escola com roupas de passeio, antes das nove da manhã.

Swingly nasceu e foi criado na Alemanha. Lutou como voluntário na frente russa. No fim da guerra, com 16 anos de idade, foi sozinho, sem ajuda de ninguém, da Rússia até o sul da Alemanha, e ali levou uma vida muito dura, até emigrar, aos 25 anos. Tinha noções muito restritivas de como se deveria educar os filhos e, embora divorciado havia dez anos, ainda usava aliança. Declarou que se surpreendesse rapazes tomando liberdades com sua filha "eles iriam para casa de maca, iriam para casa num caixão".

O grupo levantou a hipótese de que um dos efeitos das fugas de Freda era unir os pais, na medida em que eles telefonavam para a polícia, andavam pelos subúrbios à noite, procurando-a etc. A ex-esposa morava três casas depois da de seu ex-marido, na mesma rua. Swingly a visitava todas as noites, embora ela vivesse com um amante em sua casa.

As meninas descreveram a vida na casa de Swingly, quando acontecia de ele impor sua vontade, como algo "repressivo e antiquado". Perguntado sobre como ele gostaria que suas filhas fossem, respondeu que desejaria que elas tivessem sido criadas pela avó dele, nos anos trinta. Gostaria que elas cozinhassem, costurassem, cantassem e dominassem todas as artes domésticas.

Ele senta numa cadeira. As garotas fingem que lhe trazem um prato de sopa e um bolo especial. Elas sentam em seus joelhos, enquanto ele afaga suas cabeças e as chama de "minhas filhas lindas". As garotas, com seus penteados e vestidos moderninhos, gostam da encenação. Pelo menos por uma vez são tudo aquilo que ele gostaria que elas fos-

sem. Swingly também aprecia o que está acontecendo, porém torna-se mais perceptivo em relação ao elemento de fantasia presente em seus desejos. A cena funciona como um exemplo simples de concretização de uma imagem, de tal modo que os membros da família possam contemplar um dos mitos centrais que regeram a dinâmica da família durante algum tempo. Sua mera apresentação foi suficiente para essa finalidade.

Não seria muito correto afirmar que, neste caso, cujo desfecho ainda era positivo, por ocasião de um acompanhamento, dois anos mais tarde, a encenação tivesse resolvido de uma vez por todas a questão terapêutica. Ela, no entanto, foi um modo útil de propiciar a definição de algo que estava realmente acontecendo, pelo menos ao nível da fantasia. Levou a uma série de interrogações relativas ao modo como Swingly se consolaria das decepções provocadas pelo fato de suas filhas estarem crescendo. Ele recompensou a si mesmo por seu orgulho, imaginou o que iria dizer a si mesmo caso as coisas não saíssem conforme ele imaginava (o que, com quase toda certeza, acabaria não acontecendo) etc. Mais uma vez a dramatização é antes uma técnica auxiliar do que o esteio de uma terapia.

A separação entre o jogo ou o elemento dramático e a vida real apresenta, conforme vimos, a possibilidade de transformação e de ruptura das estruturas rígidas e dos padrões de pensamento aparentemente imutáveis. Isto ocorre porque as conseqüências normais de uma dada seqüência não chegam a acontecer. Embora a separação da realidade ordinária possibilite que o potencial dos métodos de ação seja diferente de outras relações, a tarefa de modo algum está encerrada. A realidade da diferença e da espontaneidade, quando as questões estão sendo trabalhadas, ainda está para surgir. Tal transição pode ser problemática, pois existe uma tendência para partir de uma antiestrutura em direção a um equilíbrio ainda mais sólido e conhecido. A possibilidade de espontaneidade precisa ser mantida por ocasião do seguimento da dramatização ou da imagem. O jogo pela ação, inevitavelmente chega ao fim, mas o jogo por palavras, a reformulação dialética, deve prosseguir até fazer parte da solução própria da família.

Inversão de papéis e análise de papéis

Por meio da inversão de papéis, no psicodrama, os protagonistas enxergam a realidade através dos olhos de outra pessoa e experienciam o papel do outro no plano emocional e físico. Ao encenarem o papel e ao dialogarem com eles mesmos os protagonistas penetram em uma área psicológica complexa. Sugerem o modo pelo qual encaram a outra pessoa, o modo como se encaram e fazem comentários implícitos sobre o relacionamento como um todo. Quando um indivíduo torna-se parte de um todo, as outra partes desse todo são vistas como algo que afeta o comportamento e a experiência das demais partes. Sendo um método de ação, a inversão de papéis permite aos pacientes pensar, sentir e interpretar relações, em vez de simplesmente falar a respeito delas.

No psicodrama clássico, como seu ponto de vista é aquele que está sendo encenado, os protagonistas poderão ou não chegar a uma percepção do ponto de vista dos outros. Quando a inversão de papéis ocorre no contexto de um átomo social real, tal como a família, e os dois lados presentes estão envolvidos com essa troca, a chance de adotar pontos de vista genuinamente diferentes torna-se maior, já que a outra pessoa está ali, pronta para afirmar: "Não é isto o que eu penso" ou "Não é isto, em absoluto". Os resultados da inversão de papel com outra pessoa presente deveriam ser: uma maior compreensão e uma empatia para com essa pessoa e uma compreensão de como o comportamento do protagonista afeta a pessoa. Na realidade esse resultado freqüentemente não ocorre e em vez disso leva, de vez em quando, a posições de maior defesa. Como é que isto pode acontecer?

Em primeiro lugar, a inversão de papéis que vai contra estruturas ou relacionamentos transgeracionais — pais e filhos, por exemplo — provavelmente vê seus objetivos derrotados desde o início. Talvez isto ocorra porque, de certo modo, um filho não saiba como é ser pai ou mãe e os pais, de certo modo, não saibam como é ser filho deles mesmos. Em segundo lugar, viver a inversão de papéis parece implicar que o modo de superar um dilema ou um conflito consiste em "mais comunicação". Acontece que mais comunicação, a terapia-de-família-como-encontro não é um método aceito pelos teóricos sistêmicos contemporâneos. Isto não significa argumentar que a "comunicação" na família seja má, muito pelo contrário. Porém, como forma de terapia, apresenta suas limitações e não é empregada como um método de eleição por terapeutas estratégicos, sistêmicos ou até mesmo por terapeutas estruturais da família.

Em terceiro lugar, a inversão de papéis pode polarizar ainda mais as posições das pessoas. Elas passam a se apegar a seus papéis com muito mais intensidade, mas o fazem com uma certa culpa. Uma pessoa pode inverter papel com uma vítima da fome, na África, sentir o tormento e então voltar a seu próprio papel, grato por ser quem é e por não ser o africano. Até mesmo com um aquecimento para o papel e uma entrevista com o personagem muito eficientes, a pessoa A acha muito difícil entrar no papel da pessoa B quando sabe que a pessoa B, por sua vez, irá ser ela. Ela cuida para que B no tenha um mau entendimento de qual é sua posição. Na inversão de papéis parecem necessitar de liberdade ao ponto de poderem garantir alternativas. Se se sentirem constrangidas demais, vendo como a outra pessoa está desempenhando seu próprio papel enquanto elas estão representando o papel dessa outra pessoa, essa liberdade parece se perder. Talvez seja por isto que a inversão de papéis tende a funcionar no psicodrama, na medida em que a pessoa tem completo controle sobre o que B responde, o que não acontece quando B está presente em carne e osso.

Finalmente, a inversão de papéis com o outro presente apresenta sinais indicativos de "mudança" ou de "terapia" que são visíveis a quilômetros de distância. A posição apresentada neste livro é que o momento mais favorável à mudança ocorre quando se ajuda o sistema a definir-se a si mesmo em todas as suas conexões. Se a mensagem embutida em determinado exercício é: "Veja o ponto de vista da outra pessoa e então você mudará", cada pessoa que participa do exercício provavelmente reagirá como um organismo o faz, quando um corpo estranho o invade: a menos que reconheça esse corpo como "meu", tende a expeli-lo. A pessoa defende energicamente um determinado ponto de vista exatamente para não ter de mudar e desconfia de quaisquer intrusos que pareçam querer interferir nas construções pessoais que ela tanto preza.

Onde existem papéis, mais do que pessoas que são o sujeito da inversão de papéis, tendem a ganhar força os elementos de diversão e de não-mudança, diminuindo assim a ameaça ao sistema de construção pessoal. Nos relacionamentos, as pessoas criam papéis recíprocos: cuidador/cuidado, líder/seguidor, samaritano/desamparado, perseguidor/vítima e assim por diante. Nos conflitos repetitivos, tais como os que levam as pessoas até a porta do terapeuta, cada pessoa procura se esforçar ao máximo no papel que já ocupa. Quando isto não funciona, esforça-se ainda mais e acaba ficando presa àquele padrão. Digamos que um casal em conflito constitua a unidade de tratamento e que o terapeuta tenha decidido que a inversão de papéis poderia ajudar. Em vez de John ser solicitado a agir como se fosse Mary e Mary passar a agir como se fosse John, pede-se a ambos que troquem um de seus papéis — por exemplo, o da pessoa que é prática e age e o da pessoa sonhadora e irresponsável.

O terapeuta poderá rotular novamente tais papéis, empregando os termos "encarregado do trabalho" e "encarregado do divertimento" (Sherman & Fredman, 1986). Pede-se ao casal que troque de papéis, de tal modo que a pessoa prática fica encarregada de organizar o lazer da família e o sonhador irresponsável se encarregue de organizar as tarefas familiares. Assim John e Mary se vêem livres de seus padrões habituais e têm a oportunidade de pôr em prática novos comportamentos, caso isso lhes traga vantagens. Pode-se solicitar a ambos que representem uma cena naquele exato momento, com cada um deles desempenhando seus novos papéis ou então assumindo esses novos papéis em casa.

Conseguir parceiros que troquem de papéis é algo que necessita ser feito com cuidado. Tal ação deve ser o resultado de uma hipótese específica de como os papéis, tal como são correntemente compartilhados, resultam em algo que só atrapalha e contribui para o estilo de vida disfuncional de um casal. Não basta que a ideologia do terapeuta afirme que os papéis devem ser compartilhados com eqüidade. Os papéis, na verdade, podem ser bastante desiguais e, ainda assim, adequar-se perfeitamente às partes envolvidas. "Complementaridade" (Minuchin, 1974; Minuchin & Fishman, 1981) é um termo empregado para a natureza equilibrada e recíproca do comportamento interpessoal. Enquanto técnica, ela demonstra como a ação de uma pessoa afeta a ação de outra. É uma forma de "dupla descrição" (White, 1986a, b), na qual o comportamento de uma das pessoas é descrito, mas a responsabilidade por ele é atribuida a outra. Bateson (1958) sugere que as pessoas que têm relacionamentos prolongados se envolvam com dois tipos de interação — a simétrica e a complementar. Em uma interação simétrica, o comportamento de uma das partes é seguido de um comportamento semelhante por parte da outra pessoa. Uma pessoa grita, a outra grita ainda mais alto. Por outro lado uma interação complementar é caracterizada por respostas contrárias, que se ligam e se complementam mutuamente. Uma pessoa grita e a outra se torna ainda mais submissa.

Não existe nada de errado com os estilos complementares ou simétricos enquanto tais. Eles se adequam a um número infinito de casais durante incontáveis gerações. Todavia, de vez em quando é útil e até mesmo necessário que as díades introduzam mais complexidade em suas relações. As pessoas que demonstram um padrão predominantemente simétrico podem aprender a usar um padrão complementar. Por exemplo, poderão substituir a recriminação mútua por solicitações mútuas ou então um dos lados fará uma solicitação e o outro concordará, durante três dias na semana. Poderá acontecer o contrário nos outros três dias e o sétimo dia será um dia simétrico ou então um "dia de folga". Quando os membros da família demonstram padrões de comportamento predominantemente complementares, a complementaridade poderá ser revertida ou o casal poderá pôr em prática um comportamento simétrico. Harper *et al.* (1977) descrevem a alternância comportamento simétrico e de comportamento complementar como uma interação "paralela".

Esse cruzamento de funções é freqüentemente usado como uma intervenção em si, quando se trata de padrões cristalizados, que estão provocando sofrimento. A inversão de papéis, em tais casos, costuma ser unilateral, isto é, o paciente assumiu certo papel e as outras pessoas pertencentes a seu átomo social são solicitadas a assumi-lo também. Um homem que apresenta uma historia de desfalques compulsivos, por exemplo, fica desconcertado quando outros membros da família são instruídos a "fazer uma mutreta no livro caixa" uma vez por mês (Chubb & Evans, 1985). Uma mulher que tenha o hábito persistente de mentir fica confusa e pára de mentir quando as duas amigas que a trouxeram para a terapia são solicitadas a mentir para ela uma ou duas vezes por semana. O efeito dessas duas intervenções parece resultar não tanto do fato de que alguém se pôs no lugar da pessoa, mas do fato de que alguém passa a agir como a própria pessoa agiria e não apenas numa sessão de terapia, mas na vida mesmo. Quando nos colocamos no papel de outra pessoa talvez isso venha se assemelhar menos ao reconforto de sermos compreendidos e mais ao desconforto de nos encontrarmos em meio a uma multidão. Parece haver apenas uma coisa a se fazer: sair desse papel!

Uma vantagem da inversão de papéis é a oportunidade que ela nos oferece de experimentar com liberdade, de tentarmos outro comportamento, de substituirmos outra pessoa e experienciarmos sua personalidade a partir de seu ponto de vista. Esses objetivos poderão ser alcançados com maior eficácia se a pessoa não se encontrar presente ou se, caso ela estiver presente, a inversão de papéis for realizada em torno de uma cena que se passa no futuro. Este último procedimento será delineado rapidamente.

Inversão de papéis com os participantes ausentes

A inversão de papel com uma pessoa ausente, digamos Simon Biggles, que morreu em Bali (ver Capítulo 5) não é simplesmente uma questão de dizer à pessoa que ela "seja" o falecido Simon. A única coisa que se obterá são olhares intrigados e exclamações do tipo "Mas que bobagem!" ou "Sinto muito, doutor, mas não consigo me colocar neste papel, ainda que seja para o bem dessa pessoa". É preciso que ocorra um processo completo de aquecimento. Assim, o momento mais propício para uma inversão de papéis ocorre quando se age como se essa pessoa ausente de certo modo estivesse presente na sala e pode ser vista como alguém que está influenciando claramente o que está acontecendo naquele instante. Em relação a isso pode-se fazer a seguinte observação: "É quase como se ele estivesse aqui, não é mesmo?" Escolhe-se então um lugar, coloca-se habitualmente uma cadeira a mais no círculo, mas pode-se perguntar aos membros da família:

Se Simon estivesse presente, em que lugar da sala ele se encontraria? Estaria sentado aqui conosco ou perto da lareira ou estaria brincando com as crianças no chão? Onde é que ele estaria?

É claro que essas perguntas estão começando a presumir a presença física da outra pessoa, estão delineando um lugar e talvez a postura física dessa pessoa. Outras perguntas podem ser feitas, do tipo: "Que roupa ele estaria usando?" ou "O que ele estaria pensando do que está acontendo aqui, neste momento? Como é que ele encararia o fato de vocês todos estarem comigo nesta sala, falando a respeito da família de vocês e das dificuldades que estão enfrentando?"

Essas perguntas aprofundam o sentimento da presença da outra pessoa, mas não constituem a entrevista com o personagem. Esta, é claro, precisa ser feita com a própria pessoa. Tendo, porém, formulado tais perguntas, torna-se mais fácil para o terapeuta fornecer indicações a um membro da família, após a inversão de papéis:

Você poderia ir ficar no lugar onde disse que Simon ficaria? Vou conversar com você como se você fosse ele. Quero que fale comigo como se fosse ele. Muito bem. Olá, Simon (S: Olá). Sua mulher disse que você ficaria neste lugar da sala — é neste lugar mesmo que você quer estar? (S: Exatamente). Imagino que sua mulher conheça você bastante bem para perceber isto. (S: Sim). Ela disse que você estaria vestindo um... É essa mesma roupa que você está usando? Observe e diga-me etc. Assim se inicia a entrevista com o personagem, com mais realismo e menos probabilidade de um fracasso, pois foi tomado muito cuidado com o processo de aquecimento para o papel.

A pessoa ausente agora se encontra presente sob a forma de uma alucinação positiva e o aspecto significativo da troca de papéis poderá começar a se manifestar. O caminho para isso seria, em geral, por meio de deixas, a exemplo do que aconteceu por ocasião da entrevista que objetivava o aquecimento. O diretor poderia dizer algo do gênero:

Biggles, estivemos discutindo nesta sala a questão de Ralph ter sido expulso da escola, bem como o fato de que, a maior parte do tempo, ele é bastante fechado em si mesmo. Sua mulher está muito preocupada com tudo isto e eu tenho a impressão de que ele sente muita falta do senhor. O que o senhor acha que está acontecendo com ele e com Teresa no momento?

S: (ao terapeuta) Acho que ele está sentindo falta de mim.
T: Você não poderia dizer isto diretamente a ele?
S: (fala em direção ao lugar onde Ralph se encontrava): Imagino que você esteja sentindo falta de mim.
T: Troque de papel. Ralph, seu pai diz que ele acha que você está sentindo falta dele. É verdade?
R: Com toda certeza.
T: Diga isto a ele diretamente — ali está ele, bem junto à lareira.
R: (chorando) Eu sinto uma tremenda falta de você.
T: Talvez você possa dizer a ele de que modo sente sua falta... em que momentos isso aconteceu ou tudo que faz você lembrar-se dele.

Em geral existe pouca necessidade de inverter papéis nesta fase, se Ralph ou Jane estiverem suficientemente aquecidos. Ocasionalmente o terapeuta poderá ficar ao lado de Simon e atuar como um duplo, enfatizando ou repetindo algo que ele tenha dito. Caso isto seja apropriado, Simon também poderá ser estimulado a dizer adeus (Kaminski, 1981). Esta fase de deixar outra pessoa ir embora, pronunciando a palavra "adeus" pode ser muito dolorosa e muito penosa para as pessoas. Nessa altura elas, em geral, necessitam de ternura e de empatia, por parte do terapeuta.

A despedida tem um objetivo real, além do objetivo óbvio de ajudar Jane e sua família, em meio à tristeza que todos sentem. Ela pode desenvolver novas perspectivas, de tal modo que "sentir falta de Simon" poderá tornar-se parte do diálogo entre o terapeuta, Jane, Ralph e Theresa. É possível referir-se diretamente a Simon e à sua atual influência sobre a família e o terapeuta poderá até mesmo fazer um gesto com a cabeça em direção à lareira sempre que falar dele. Assim como ele foi incluído, o fato de ele não mais estar presente agora poderá ser ressaltado, por ocasião do questionamento terapêutico e, então será possível lidar com a realidade e os problemas de uma família que conta com apenas um dos pais.

A dor não é apenas o único motivo do método psicodramático para evocar um membro ausente. A influência da família de origem e, em particular, a influência de um dos membros, também poderá ser concretizada e fazer parte do processo terapêutico, tal como é ilustrado no caso "O filho leal".

O filho leal

Os Bardwells são um casal jovem e procuraram a terapia devido a dificuldades emocionais e sexuais. O marido foi vítima da poliomelite e anda em cadeira de rodas. Ela não tem problemas físicos. À medida que as sessões progridem fica muito claro que a influência da mãe do marido é extremamente importante. Foi ela a principal pessoa a cuidar de Larry desde que ele nasceu e teve muito a ver com algumas mordomias que lhe foram proporcionadas, tais como levar e buscá-lo na escola etc. Não é aconselhável convidar a mãe de Larry a estar fisicamente presente na terapia, pois o problema atual diz respeito a um casal adulto, além do que os limites entre o filho e a mãe já são por demais indefinidos.

Larry parece dividido entre a lealdade a sua mãe e a lealdade a sua nova parceira. Jill está indignada com a sogra e com Larry porque, o tempo todo, eles a fazem sentir-se inadequada e ineficiente. Perdeu o emprego e passa a maior parte do tempo em frente da televisão, fumando. Quando Larry vai se deitar, ela fica acordada até o dia amanhecer. Quando ele quer levantar-se, de manhã, e precisa da ajuda dela para ir ao banheiro e tomar café, ela está sonolenta. Ele permanece em um estado de grande desconforto até ela acordar. A vida sexual do casal está chegando ao fim, embora fosse rica e excitante antes de eles se casarem.

A mãe de Larry e, em menor proporção, o pai dele, influenciam atualmente o casal. Caso a presença física da mãe seja solicitada, é preciso tomar muito cuidado, pois a sessão pode degenerar em acusações, apresentando assim uma base sistêmica muito precária e pouca chance de ser algo útil. À parte um alívio temporário, de muito pouco adiantará a Larry e a sua mulher ter a sogra à sua disposição e crucificá-la. Quanto mais ela se tornar a vilã da história, mais se coloca a questão do motivo pelo qual o casal é tão leal para a ela.

A experiência do autor indica que o aquecimento para o papel da mãe precisa ser cuidadosamente controlado. Quando se recorre à inversão de papéis, a mãe precisa ser questionada sobretudo a respeito de suas crenças sobre sexo, sobre como cuidar, sobre relações mãe-filho e sogra-nora, sobre temores em relação a Larry etc. Então pode-se deixar uma cadeira para a mãe no círculo e questões relativas à lealdade poderão ser abordadas, tais como o dilema que se apresenta para Larry de ser leal às duas mulheres ou o dilema de ser perfeito, o que o levaria ou a perder sua mãe ou a ser um desamparado, que recorre ao auto-sacrifício e, assim, consegue mantê-la junto de si. O aquecimento para o papel da mãe é suficiente para durar durante várias sessões, se a cadeira for sempre colocada na mesma posição. Essa colocação poderá ser um marco na terapia. "Ainda precisamos da mãe nesta sessão ou ela deve sentar-se numa cadeira, lá atrás?", pergunta o terapeuta.

Rituais

Os rituais são atos simbólicos prescritos que devem ser executados de certo modo e em determinada ordem. Podem ou não ser acompanhados de fórmulas verbais. À parte seus elementos formais, eles também contêm um elemento de experiência emocional (Van der Hart, 1983). Os rituais podem ser repetidos ou ser executados apenas uma vez. Um ritual repetido pode ser algo tão corriqueiro quanto a anotação do terapeuta em sua agenda, no final de uma sessão, colocar uma criança na cama, fazer uma oração antes de uma refeição ou um casal tomar banho juntos. O objetivo do ritual que se executa apenas uma vez é mais elaborado. Ele se propõe a capacitar as pessoas a realizar uma transição ou a corrigir transições anteriormente malsucedidas. Os rituais que se realizam uma só vez podem ser comparados aos ritos tradicionais de passagem em certas culturas. Com efeito, Kobak & Waters (1984) sugeriram que a própria terapia da família é um rito de passagem.

Os ritos de passagem são subdivididos em (1) ritos de separação; (2) ritos de transição; (3) ritos de incorporação (Van Gennep, 1909). Tais ritos marcam e ao mesmo tempo auxiliam as transições de um modo de ser para outro, sobretudo os ritos ligados ao ciclo vital associados com o movimento do indivíduo através do decorrer da vida: o nascimento, a puberdade, o casamento e a morte. A maior parte dos rituais de transição apresentam a estrutura da separação, da transição e da reconciliação, mas uma dessas será mais enfatizada de acordo com determinada fase da vida. Por ocasião de um enterro, a separação predomina; na iniciação, a transição é o que existe de mais importante e em um casamento o conceito de reconciliação é enfatizado.

Um passeio pelo túnel do tempo

O procedimento intitulado "túnel do tempo" revela-se útil quando o terapeuta constrói a hipótese de que a dificuldade da família constitui basicamente uma reação excessiva a uma fase comum de desenvolvimento. Com efeito, trata-se de uma analogia visual e interpretada, relacionada com a passagem do tempo e as mudanças de que esse tempo necessita. Seu objetivo é permitir que a família se defina mais claramente como algo que existe através do tempo.

A família Riccardi procurou terapia aconselhada por seu clínico geral. A mulher apresentava-se deprimida e tinha dores de cabeça de fundo aparentemente psicossomático, que se tornavam cada vez mais freqüentes e intensas. Ele trabalhava como assistente administrativo num órgão governamental. A filha mais velha, Thea, de 11 anos de idade, e o filho, Aled, iam bastante bem na escola mas a filha caçula, Monique, de 6 anos, aparentava grande ansiedade e foi relatado que ela se recusava a brincar ou se relacionar com outras crianças.

Nas duas primeiras sessões o desespero da mulher tornou-se o tema mais importante. Estava decepcionada com o casamento e com a vida e muito preocupada com o nervosismo e os medos de Monique. Após algumas perguntas em torno dos primeiros anos de seu casamento, Dale, o terapeuta, decidiu que uma história movimentada, que pudesse denotar as diferenças entre aqueles dias e os atuais, poderia se revelar útil.

Dale disse ao casal Riccardi que queria tentar uma experiência com eles. Quem sabe eles poderiam fazer um filme juntos, no qual sua vida fosse descrita? Ambos concordaram que seria interessante. Quando lhes foi perguntado em que canto da sala sua vida enquanto casal havia se iniciado, eles apontaram para o lado onde se encontrava uma cortina. Em seguida Dale coloca três cadeiras ao lado uma da outra, mas não explica o que está fazendo. Os Riccardi observam, intrigados. Seus filhos estão brincando no chão. De vez em quando espiam e de vez em quando não.

O terapeuta iniciou o aquecimento. Ao indicar em que lugar da sala eles começaram sua vida, os Riccardi já concordaram com a idéia de que uma determinada parte da sala, no aqui e agora, pode representar o início de um relacionamento no passado. Embora não aja tendo em vista exatamente esse propósito, o terapeuta intensifica o senso de envolvimento do casal, por meio de uma experiência misteriosa, que se coloca à parte da compreensão normal que os Riccardi têm da realidade.

O diretor inicia a entrevista com o personagem. Pergunta ao casal Riccardi onde se encontraram pela primeira vez. Foi em uma via expressa, ao que tudo indica por ocasião de um passeio organizado por um grupo de jovens da igreja que freqüentavam. "O senhor tem um carro? Qual é a cor? Qual é a marca? É seu primeiro carro?" pergunta o diretor ao marido. "Você gosta de corridas de carro em autopistas? Como é que foi parar numa delas? Ah, sei. O que está vestindo hoje?" (refere-se ao dia em que se conheceram) pergunta agora à esposa. Investiga qual dos dois foi o primeiro a sentir-se atraído pelo outro, como foi a primeira vez em que saíram juntos, quais foram as primeiras impressões que um teve do outro etc.

Prossegue até a época em que ficaram noivos e pede que ambos dêem um passo adiante a fim de representarem a passagem do tempo. Após algumas perguntas sobre aquele período, pede-lhes que dêem mais um passo, em direção ao dia do casamento. Volta novamente a intervir, perguntando se estão nervosos, que roupas usam, se se arrependem de alguma coisa e qual seu sonho em relação ao casamento. O terapeuta reconstrói cuidadosamente a realidade dessas cenas antigas, do período do namoro até a lua-de-mel, de tal modo que o casal disponha de uma "âncora" emocional que possa proporcionar-lhe um fundamento lógico para a vida que levam atualmente. Afinal de contas, pelo menos o sonho original era em torno do amor e da felicidade.

Agora o casal se encontra plenamente aquecido um para com o outro e em seu relacionamento. Se o diretor tivesse sentido que a questão essencial do problema girava em torno de dificuldades de sexo ou de relacionamento que nada tivessem a ver com os filhos, ele teria deixado para outro dia o jogo do "túnel do tempo", quando as crianças não se encontrassem presentes. No entanto, diante da situação que a família Riccardi vivia no momento, a avaliação do terapeuta era a de que tratava-se de um casal muito empenhado, que estava vivendo dificuldades relacionadas com a fase de desenvolvimento de sua vida conjugal e familiar. O procedimento é apresentado numa modalidade que inclui a presença de toda a família, mas qualquer parte dele pode ser destacado e enfatizado, podendo também ser realizado com qualquer segmento da configuração familiar. A entrevista com o personagem, no momento do encontro, a primeira vez em que saíram juntos, o noivado, o casamento e o fato de dar um passo adiante, no plano físico, enfatizam a jornada que o casal já vem percorrendo e enfatiza discretamente o fato de que as coisas se modificam.

Se quisesse, Dale poderia ter encenado a qualquer momento "o sonho" do relacionamento, desenvolvendo mais amplamente as esperanças e anseios de cada parceiro. "O sonho" pode ocorrer em qualquer ponto do "túnel do tempo", podendo ser usados cadeiras, pessoas ou outros acessórios. Cada parceiro poderá encenar o sonho usando a outra pessoa e a si próprio ou então recorrendo a objetos inanimados. Necessita-se de uma entrevista tanto com o protagonista quanto com "o sonho como um todo". Cada parceiro pode ter, com o sonho, um diálogo que se trava "com a cadeira onde ninguém está sentado" e pode também trocar de papel, quando então o sonho dialoga com ele. Se uma intervenção tão elaborada for adotada, é preferível que as crianças não se encontrem presentes. Pode-se comparar o sonho com a realidade e discutir o melhor meio de o casal lidar com a divergência.

Agora Dale faz os Riccardi darem um passo adiante, representando o primeiro ano do casamento. O terapeuta faz perguntas que enfatizam a liberdade daquele período, não só no que se refere ao plano financeiro, quando os dois trabalhavam, mas também em termos de tempo. Pergunta há quanto tempo estavam casados, quando Thea nasceu. Eles respondem que fazia três anos e Dale lhes pede que dêem três passos adiante, até se aproximarem da primeira cadeira (os anseios em torno da gravidez e do nascimento poderiam ser encenados, possivelmente não na presença das crianças, sobretudo se elas tivessem sido indesejadas ou maltratadas). O diretor pede a Thea que venha sentar-se na cadeira. Entrevista o casal e pergunta como é que eles se sentem agora, sendo uma família, quais as diferenças existentes em sua vida, nas finanças, no tempo e na liberdade. Segurando na mão de Thea, eles agora dão dois passos para a cadeira de Aled e repete-se o procedimento da entrevista tanto quanto necessário. Em seguida, seguram também na mão de Aled e vão até a cadeira de Monique, e a entrevista é repetida.

Através da entrevista e do fato de se mover fisicamente através do tempo, por assim dizer, a família consegue conscientizar-se do fato de que as coisas já não são mais nem devem ser o que foram. Suas questões têm um contexto e dizem respeito mais a um processo de desenvolvimento do que à falta de sorte. A família pode estabelecer distinções entre aquilo que é sonho e aquilo que é realidade. Sua concepção de causalidade, no que se refere a seus infortúnios, em vez de ser apenas acusatória, pode tornar-se mais complexa. Além do mais, como já se interferiu tanto na questão do tempo, não existe motivo algum para que a família não possa percorrer o túnel do tempo, deixando as crianças de lado, à medida que prossegue. Ela pode voltar ao sonho e pode tornar a sair dele. Pode regressar àqueles dias mais tranqüilos e menos cansativos, quando havia apenas um único filho. A família pode percorrer atalhos e explorar possibilidades — se não houvesse filhos, como seria o relacionamento do casal?

O exemplo dado foi a partir dos Riccardi, uma família nuclear relativamente livre de problemas. No entanto, o "túnel do tempo" é obviamente um recurso psicodramático cuja estrutura pode ser amplamente aplicada. É indicado, por exemplo, para famílias misturadas, com cadeiras lado a lado, representando casamentos anteriores, ocorrendo interações elaboradas entre eles. O "túnel do tempo" pode também ser usado como uma medida que se emprega antes ou após um acontecimento traumático, tal como a morte, a doença ou o divórcio. Pode ser direcionado do presente para o futuro e a família pode ser incitada a caminhar um pouco mais, para ver o que acontece. Ele pode até mesmo ter três ramificações no futuro, que representarão a família se o problema permanecer o mesmo, se o problema se agravar e se ele mudar para melhor. Obviamente a entrevista com o personagem precisa ocorrer em cada um desses três momentos para que o exercício não resulte em algo artificial. A profundidade do aquecimento contribui em parte para a eficácia do exercício e quando os participantes estão aquecidos a base sistêmica das perguntas é responsável pela outra parte.

A encenação como analogia

A visão de Bateson, segundo a qual os seres humanos reagem basicamente à diferença ou à mudança tem constituído uma teoria subjacente ao psicodrama estratégico. A questão que se apresenta para o terapeuta é como apresentar a diferença ou a mudança para os pacientes, de tal modo que essa diferença se torne uma informação ou uma percepção da diferença. Uma diferença é sempre um relacionamento entre duas coisas ou duas pessoas. Por exemplo, afirmar que "Bill é mais gordo do que Bob" implica em um relacionamento circular, segundo o qual "Bob é mais magro do que Bill". A circularidade e a diferença nos relacionamentos podem ser exemplificados freqüentemente pela ação no espaço e no tempo, ao invés de o serem apenas pelas palavras, que constituem referenciais digitais, cujo significado não apreende completamente as essências sutis da interação humana.

Também observamos que nossos sistemas sensoriais encontram dificuldade em detectar mudanças graduais, porque os organismos acabam por se habituar àquilo que existe, levando-nos a não perceber as alterações lentas. Talvez sejamos lentos em reconhecer uma deterioração em nossas relações sociais, por exemplo, tal como uma tensão que cresce imperceptivelmente em um casamento. Para atingir o limiar da percepção, a mudança deve apresentar uma magnitude suficiente para que a diferença provoque um impacto; poderia ser suficiente, entretanto, se a diferença fosse acelerada, quando então diferenças menores seriam notadas. A capacidade dos métodos de ação em manipular o tempo (prolongá-lo ou superá-lo) permite que as diferenças temporais se tornem mais delineadas.

Em segundo lugar, existe um número quase infinito de diferenças entre uma coisa e outra — por exemplo, entre um taco de golfe e uma raquete de tênis. Para que as diferenças se tornem uma informação torna-se necessário que elas sejam relevantes — diferenças que fazem diferença, sobretudo em termos de nossas respostas ou comportamentos. As diferenças importantes entre um taco de golfe e uma raquete de tênis se tornarão claras caso tentemos jogar tênis com um taco de golfe ou golfe com a raquete de tênis. A informação é constituída não por quaisquer diferenças, mas por diferenças críticas. Assim, na terapia, o terapeuta desencadeia o surgimento das informações fazendo indagações a respeito de diferenças relevantes. As perguntas têm o propósito de confirmar ou desconfirmar hipóteses específicas, relacionadas às questões com as quais a família se encontra envolvida.

O Grupo de Milão (Selvini Palazzoli *et al.*) desenvolveu uma forma de questionamento (questionamento circular) que focaliza as diferenças: "Por circularidade referimo-nos à capacidade do terapeuta em levar adiante sua investigação na base do *feedback* obtido junto à família, como resposta à informação que ele solicita, referente ao relacionamento e, portanto, relativa à diferença e à mudança" (1980, p. 8). A visão cibernética da circularidade não admite que qualquer parte do sistema exerça um controle unilateral. O comportamento de cada parte é determinado pelo comportamento das outras partes, bem como por seu próprio comportamento anterior. Um circuito é uma "unidade da mente" caracterizada por:

1) uma seqüência de acontecimentos,
2) uma estrutura de *feedback* e
3) ser acionado pela informação.

Devido a tais características, sempre que for acionado um circuito, haverá potencial para que tudo, no interior desse circuito, se modifique ou se reestruture, quando a informação é produzida.

Penn (1982) observa que as interrogações circulares exercem sobre a família um efeito importante e determinado. Elas obrigam a família a experienciar a circularidade do sistema familiar, abandonando posturas mais lineares. Naturalmente todos os membros da família sentem-se como indivíduos, com percepções individuais em relação ao dilema familiar. As perguntas circulares atuam como algo que equilibra esse individualismo linear. As perguntas são colocadas de tal modo que os membros da família precisam dar uma resposta relacional a uma indagação do tipo: "Quem foi a primeira pessoa da família a notar que Anna estava emagrecendo?" e "Quem fica mais preocupado quando a mãe começa a ter um de seus ataques de preocupação?"

Sanders (1985) desenvolveu um método de analogia visual que explora as diferenças de uma forma que funciona com famílias que têm filhos pequenos. Ela sustenta que existem famílias incapazes de responder a muitas perguntas diferentes ou de reconhecer que aquelas que foram respondidas têm qualquer validade. Seus métodos são essencialmente sociométricos e apóiam-se no trabalho de Tom (1984), que estabeleceu uma distinção entre questões baseadas em diferenças espaciais e diferenças temporais, na medida em que uma se opõe a outra. Ele dividiu as diferenças espaciais em quatro categorias:

(1) Diferenças entre indivíduos. Por exemplo: "Quem fica mais contente quando Bill e Peter se dão bem?"

(2) Diferenças entre relacionamentos. Por exemplo: "Anna é mais íntima de Gavin ou de Brett?"

(3) Diferenças entre idéias, valores, percepções e crenças, como por exemplo "Quando as pessoas nesta família ficam bravas, isso significa que elas se preocupam mais ou menos com os outros?"

(4) Diferenças em um contexto de tempo diferente do tempo presente. Isto pode se referir ao passado: "Quando Dick estava aqui Cain era mais próximo de sua mãe?" ou ao futuro: "Dentro de dois anos, qual dos dois rapazes sentirá menos vontade de brigar?"

As diferenças temporais são extremamente importantes no que se refere ao questionamento circular. As perguntas objetivam fixar um momento na história do sistema, quando importantes coalizões passaram a seguir um novo rumo. As perguntas dizem respeito a adaptações conseqüentes a esse rumo e que, para a família, eram problemáticas.

As perguntas, em sua essência, procuram saber quais foram as diferenças no relacionamento que a família vivenciou antes e depois de o problema ter início. As diferenças que se observam em encenações que envolvam relacionamentos que se prolongam no tempo oferecem um novo enfoque para a sociometria, a qual se ocupa tradicionalmente com a intimidade e a escolha. De modo geral as diferenças temporais se preocupam com mudanças espaciais que ocorreram ou poderiam ter ocorrido no intervalo que existe entre dois temas, escalonados no tempo. Elas podem se referir a:

(1) Dois momentos do passado: "Cain e Abel brigavam mais antes que Dick abandonasse a mãe deles ou, depois disso, passaram a brigar ainda mais?"

(2) O passado e o presente: "Anna (uma garota anoréxica de 16 anos) mostra-se mais ansiosa em agradar seu pai agora ou essa ansiedade era maior há dois anos, quando comia normalmente?"

(3) O passado e o futuro: "Se Harry não tivesse deixado a família há um ano e meio para entrar no exército, Brenda ficaria mais próxima ou mais distante de sua mãe, quando deixar a escola, no ano que vem?"

(4) O presente e o futuro: "Se em vez de Harry sair de casa, fosse a mãe dele que tivesse saído, o que aconteceria?"

(5) Duas ocasiões futuras: "Se a mãe parasse de se preocupar com as brigas, Cain e Abel sentiriam menos compulsão de continuar brigando?"

Como uma pessoa planeja que tipo de perguntas ela fará? Existe, afinal de contas, um número infinito de interrogações que se poderiam fazer a uma família, porém a maior parte delas não tem relevância. Penn (1982) sugere que o terapeuta observe quais são as deixas que a família dá. No estágio de definição do problema, a família oferece tais deixas, embutidas na colocação que ela faz dos problemas. O pai poderá dizer: "O comportamento insuportável dele faz minha mulher sentir-se *mal*". A mãe dirá: "Ninguém nesta família se importa *um com o outro*." O filho poderá dizer: "As coisas aqui são tremendamente controladas — não existe *liberdade*". A filha poderá dizer: "O modo como ele se comporta é o jeito que ele tem de ser *rebelde*." O terapeuta faz uma tentativa no sentido de que a definição de um problema diga respeito a relacionamentos. Essas deixas, essas palavras-chave, portanto, são transpostas para as perguntas em torno dos relacionamentos e das diferenças que neles existem. "Quem se preocupa mais quando a mãe se sente *mal*? Quem, na família, se importa menos com os outros?" Se a definição do problema for comportamento insuportável, então certas perguntas padronizadas poderão ser feitas: "Quem se *preocupa mais* com o comportamento insuportável? Quem se sente *mais desarvorado* quando John adota esse comportamento? Quem é o *primeiro a notar* quando ele passa a agir assim?" A resposta a qualquer uma dessas perguntas define um relacionamento.

O critério sociométrico familiar mais simples é formulado quando se ordenam as diferenças, gerando uma classificação, de acordo com uma dada dimensão, isto é, pode-se perguntar literalmente à família como é que ela se coloca em relação a uma determinada questão — em geral, o problema tal como ele é definido. Um espectrograma dessa forma (ver o livro *Forbidden agenda — A agenda proibida*) costuma ser bastante inteligível para uma família:

"Vamos trabalhar com uma escala de 0 a 100. Escolham uma posição nessa escala, de acordo com sua opinião sobre quem fica mais preocupado com o comportamento turbulento de Johnny. Fique no ponto correspondente à escala 100, caso você se achar a pessoa mais preocupada e fique no ponto 0, se achar que não se preocupa nem um pouco."

O critério torna-se circular quando se solicita a um membro da família que disponha os demais na escala, de acordo com o grau de preocupação que percebe neles.

Uma vez admitido que esse processo é basicamente sociométrico, torna-se fácil perceber como o esquema de Tomm (1984) pode ser adaptado. Diferenças espaciais podem ser exemplificadas por meio de uma linha. Num dos exemplos prévios, a pergunta: "Quem fica 'mais contente' quando Bill e Peter se dão bem?" (p. 253) pode ser respondida verbalmente ou então física e espacialmente. Além disso, a pergunta pode ser formulada circularmente, isto é, um dos membros da família coloca os demais em vários pontos de uma linha (ver o diagrama), enquanto a mãe fica de fora e coloca os membros da família de acordo com o modo como ela imagina que essas pessoas se colocam em relação à questão de "ficar mais contente". Completada essa tarefa, pode-se solicitar a ela que também escolha um ponto na linha.

Nancy	Dick	Peter	Bill
x	x	x	x

menos contente   mais contente

O restante da família poderá alternar-se e colocar os demais em vários pontos da escala. Por outro lado, é possível estabelecer outra linha e o terapeuta poderá solicitar uma descrição não circular: "Todos vocês vão se colocar em algum ponto da linha e representarão o quanto estão contentes com o fato de Bill e Peter se darem bem."

A segunda forma — diferenças entre os relacionamentos, conforme foi exemplificado através da pergunta "Anna é mais íntima de Gavin ou de Brett?" (p. 217) também pode ser ilustrada por meio de uma linha, seja de modo circular, pedindo-se a uma terceira pessoa (incluindo Gavin e Brett) que posicione Anna ou solicitando a Anna que se situe em algum ponto entre Gavin e Brett.

Pode-se proceder a uma divisão sociométrica em relação à terceira categoria espacial de Tomm: diferenças entre idéias, percepções, valores e crenças. A pergunta "Quando as pessoas desta família se irritam, isto quer dizer que elas se importam mais, ou menos, umas com as outras?" poderá ser formulada como se fizesse parte de um diálogo ou então o terapeuta poderá dizer: "Aqueles que acham que se importam mais, vão para aquele lado da sala e os que acham que se importam menos vão para este lado." Outra pergunta que ilumina as diferenças relativas às crenças pode se referir mais a uma pessoa do que a um processo, por exemplo: "Qual é a pessoa da família que mais acredita que Annabell engordará até o fim do ano?" Os membros da família poderão situar-se em uma escala que vai daqueles que "acreditam mais" àqueles "que não acreditam de jeito nenhum". As classificações e as comparações são construídas a fim de seguirem as mudanças que se operam nos alinhamentos decorrentes da coalização da família. Uma vez estabelecida a classificação, observa Penn (1982) o terapeuta poderá perguntar: "Isto foi sempre verdade, alguma vez foi diferente ou é diferente agora?" Isto quer dizer que as diferenças no espaço são relacionadas com as diferenças no tempo.

Uma diferença no tempo também pode ser ilustrada fisicamente. Usando uma cadeira vazia para Dick, por exemplo, e colocando a mãe em um determinado lugar da sala, o terapeuta poderá perguntar: "Quando Dick se encontrava presente (fica por detrás da cadeira de Dick) Cain estava mais próximo à mãe (aproxima a cadeira de Cain da cadeira da me) ...ou mais distante (afasta a cadeira)? Mais próximo (aproxima a cadeira) ou mais distante (afasta a cadeira)?...", mais ou menos como um oculista que testa lentes para um paciente. Quando a distinção é estabelecida, o terapeuta poderá investigar o que mais estava acontecendo em pontos cruciais e por que agora os membros da família percebem os relacionamentos de forma diferente da que percebiam anteriormente.

As técnicas de ação são particularmente adequadas no que se refere a diferenças no tempo, pois o acontecimento ou a pessoa, situados no passado, podem ser representados fisicamente por um objeto, tal como uma cadeira, e o passado pode ser evocado como se fosse o presente. A pergunta pode até mesmo necessitar de uma pequena cena, fácil de montar. Por exemplo, ao comparar dois pontos no passado, a pergunta "Cain e Abel brigavam mais antes que Dick abandonasse a mãe deles ou, depois disso, passaram a brigar ainda mais?" (ver p. 217) pode ser ilustrada por cinco cadeiras, na cena I, que representam Dick, a mãe, Cain, Abel e Kate e quatro cadeiras, na cena II, colocadas em outro lugar da sala, que representam a família, mas sem Dick. Os membros da família não precisam ocupar as cadeiras. O terapeuta poderá simplesmente levá-los de uma cena a outra, quase como se fosse uma excursão turística. Poderá fazer a seguinte pergunta à família: "Agora vocês vão brigar mais ou menos do que antes?"

Uma vez que obteve informações sobre as diferenças, o terapeuta, pode a qualquer momento, solicitar à família uma explicação ou uma teoria que esclareça por que as coisas mudaram. Tais indagações auxiliam a família a estabelecer conexões e podem levar a mais distinções, ilustradas por outras ações, caso seja necessário. "Como é que a família explica por que Cain e Abel brigam mais depois que Dick abandonou a mãe deles?" ou "Por que será que apenas Kate sugeriu que havia menos briga?'' As respostas a essas perguntas e as diferenças nas explicações sobre as perguntas começam a delinear um padrão, que é o padrão do sistema. Tornam-se evidentes as epistemologias alternativas e compartilhadas, relativas ao problema enquanto que, ao mesmo tempo, a percepção de um envolvimento com o problema aumenta gradualmente.

Está na hora de voltarmos a nossos temas principais, que dizem respeito à paixão e à técnica, à revelação e à terapia e qual é o lugar que o psicodrama ocupa, ao proporcionar percepções sobre as diferenças, em se tratando de pessoas com dificuldades. Precisamos perguntar: a técnica rege a paixão e a paixão rege a técnica? Mais ainda: deveria o psicodrama tornar-se um meio de se recuperar um mundo perdido?

Capítulo doze

Na direção da saída

Bebê é algo que não existe.

Winnicott

Megalomania normalis

Moreno provavelmente tinha razão. A criança que existe em nós jamais desiste das expectativas de tornar-se o centro e a soberana do universo. No entanto, à medida que os anos passam, todos nos vemos forçados a nos tornarmos mais humildes, pelo menos exteriormente: devemos nos inclinar diante da "teimosa estrutura do universo", na qual já não conseguimos penetrar com os métodos mágicos outrora à nossa disposição. Quando crianças, podíamos fazer com que as pessoas acorressem, sempre que chorávamos, ou as fazíamos desaparecer simplesmente fechando nossos olhos. Agora, porém, não é mais assim. No entanto nunca desistimos completamente de lutar pela realização de "nossas profundas intenções de estarmos eternamente ligados à existência, de sermos todo-poderosos e imortais" (Moreno, 1959, p. 137).

De acordo com a teoria moreniana do desenvolvimento infantil, a criança habita um universo que não se distingue do eu. Ela está fundida com seu "primeiro universo" e é o centro megalomaníaco dele. Infelizmente desde muito cedo esse primeiro mundo é atingido por um choque. A criança percebe que aquilo que ela percebe como sendo o universo (fantasia) é diferente da percepção dos outros (realidade). O primeiro universo se rompe e os jovens seres humanos se encontram num "segundo universo" com o qual não estão familiarizados e no qual se encontram sozinhos. Tal é o destino de todos nós.

Para superarmos o choque tentamos, a partir de então, lançar uma ponte entre a fantasia e a realidade, realizando as fantasias (Kraus, 1984). Não tivemos a menor participação na criação desse segundo universo: ele já existia quando fomos brutalmente despertados para ele. Agora precisamos criá-lo por nós mesmos, fazendo com que ele contenha pelo menos parte de nossa fantasia; a alternativa é retirada ou estagnação. No entanto, retornar ao primeiro universo torna-se o sonho que nos guia enquanto adultos (é, porém, um sonho dissimulado). O adulto anseia pela união, aspira voltar ao paraíso da megalomania infantil. O retorno ao paraíso, caso ele se dê, ocorre apenas por alguns momentos. As pessoas precisam continuar criando seu novo mundo, em vez de tentar uma volta ao antigo mundo, por mais delicioso que ele tenha sido.

A arte do psicodrama tradicional consiste em capacitar os protagonistas a reencenarem as dimensões vividas e não vividas de seu mundo privado. Os sentimentos e percepções da realidade são concretizados de tal modo que seu conflito interior em torno do "primeiro universo" perdido é reduzido e sua realidade fenomenal é aperfeiçoada. Afirmar que esse processo seria curativo tornou-se artigo de fé e Moreno defendeu essa posição com paixão quase heróica. Até mesmo no caso de pacientes "psicóticos", em que a imaginação analítica e artística do diretor já não conseguia mais acompanhar os vôos da imaginação do paciente, Moreno inventou recursos por meio dos quais os próprios pacientes poderiam tornar-se os agentes produtores. Poucos foram defensores da subjetividade mais do que Moreno e no entanto poucos acalentaram tanto a esperança de uma "ciência" das relações sociais, na qual as modificações dessa subjetividade por meio da interação social pudessem ser "objetivamente" medidas.

Moreno viu o "eu" essencial em cada indivíduo como um criador. Assim, o psicodrama objetiva despertar nas pessoas a consciência de sua criatividade imanente, ajudando-as a se tornarem "eu-deuses", parte do poder supremo que rege o mundo por meio da espontaneidade e da criatividade. Isso pode parecer excessivamente utópico, mas o fato é que constitui um artigo de fé tanto para a terapia de família, esse ramo notoriamente "cabeça dura" da terapia, quanto para o psicodrama, que só criando novas realidades é que as pessoas poderão sair de suas dificuldades. Os terapeutas de família talvez não empreguem a linguagem da espontaneidade/criatividade e muito menos o conceito de eu-deuses, mas, ao mesmo tempo, o conceito da espontaneidade é primordial para a filosofia de ambas as terapias.

O psicodrama estimula os protagonistas a se tornarem os indivíduos que eles sonham ser, a transcenderem sua mortalidade, estabelecendo um contacto mais profundo com ela. Eles lutam contra as cadeias que os aprisionam, sejam elas a família, a educação, o emprego, a religião ou até mesmo as cadeias da própria lógica. Para se tornarem vitoriosos nessa luta eles precisam não tanto conquistar um sistema morto quanto conquistar as repressões neles internalizadas (a conserva cultural). Os diretores ajudam os protagonistas a superar essa repressão interna e a permitir que sua fome de atos se expresse: ao se engajarem amplamente no esforço de transcender a realidade terrena, os protagonistas, de fato se entregam a ela. O divino torna-se imanente. A terra e o paraíso não são tão diferentes um do outro. Ao tornar-se o eu-deus, cada pessoa é a única responsável por seja lá o que for criado. Cada pessoa se liga não apenas ao princípio comum da criatividade e da espontaneidade que rege o universo, mas a todos os demais "eus" que também fazem parte da espontaneidade/criatividade.

Até mesmo a mais singular e subjetiva experiência do eu pode ser constituída de algum modo como uma experiência interpessoal. O "outro", é claro, não precisa estar fisicamente presente. A natureza interpessoal de um papel sugere que os encontros terapêuticos com a pessoa precisam tornar-se simultaneamente um encontro terapêutico com o sistema. Assim, a observação de Winnicott — "Bebê é algo que não existe" — não é tão extravagante quanto poderia parecer inicialmente. Até mesmo um recém-nascido não é um bebê, mas parte de uma díade natural ou de uma tríade que compreende também os pais ou então de outro sistema produzido por hospitais, parteiras, famílias e também as crenças culturais relativas aos bebês! Um psicodramatista estratégico, talvez com deliberação maior do que um psicodramatista tradicional, avalia os padrões que conectam os vários membros do átomo social de um paciente e tenta aumentar sua flexibilidade.

A maioria das pessoas se sente como o eixo, o núcleo de seu átomo social. Quer possam considerar-se como vítimas impotentes, nesse átomo, ou como quem controla os acontecimentos, do interior dele, ainda assim são o centro. Tal é a natureza do "eu" vivencial. No entanto, o terapeuta — cuja tarefa é observar as vidas alheias — sabe que os clientes não são o eixo central. Na realidade não existe eixo, há apenas galáxias de papéis que se expandem incessantemente, de experiências nas quais se fundem as forças privadas, sociais e culturais. Os terapeutas precisam trabalhar as diferenças existentes entre a *"megalomania normalis"* subjetiva das pessoas e a visão terapêutica que se tem delas como parte de um sistema complexo. Os clientes experienciam suas vidas imediatamente, completamente e em primeiro plano, ao passo que os terapeutas, sensíveis às aflições subjetivas de seus pacientes, ainda assim consideram tal estado como algo produzido por um sistema e que é, de certa forma, mantenedor desse sistema. Os terapeutas têm o duplo compromisso de encorajar a "unilateralidade subjetiva" das pessoas e de trabalhar com o sistema no qual os pacientes desenvolveram seus vários papéis.

Revelação *versus* terapia: quando a bola é rebatida

Seeman & Weiner (1985) apresentaram ampla crítica à prática de misturar psicodrama com terapia de família. Criticaram particularmente os dois significado do termo "encenação" quando empregado no psicodrama e na terapia de família. Mas, de acordo com alguns autores, tais como Guldner (1983) e C. Hollander (1983), parece existir, entre os métodos, pouca diferença que valha a pena considerar. Outros autores (Dodson, 1983; S. Hollander, 1981; Remer, 1986), escreveram sobre o emprego dos métodos morenianos com membros da família e Guldner (1982) e Laqueur (1980) usaram psicodrama com várias famílias presentes. É duvidoso, porém, se os terapeutas estratégicos ou sistêmicos de família consideram o trabalho descrito por tais autores como verdadeiramente sistêmicos ou teoricamente sólidos. "Comunicações familiais" ou "encontro de família" talvez fosse tudo que eles admitiriam: reservariam para "terapia de família" uma espécie diferente de definição.

O psicodrama em seu atual estágio de evolução enquanto teoria de sistemas talvez precise aguardar maior desenvolvimento, antes de ser respeitado como mais um método complementar de se trabalhar com famílias, conforme sugeri no capítulo precedente. Embora Moreno tenha sido pioneiro no campo da terapia de família, seu método não é visto, atualmente, como tendo evoluído significativamente em relação aos primeiros tempos, ressentindo-se da falta de desenvolvimento teórico e de sofisticação que pode ser alcançada através de um grande número de pessoas que praticam, pesquisam, escrevem, falam, discutem, treinam e refinam.

Deixando de lado, no momento, o trabalho com famílias completas, podemos indagar qual é a contribuição que o psicodrama estratégico, que é apenas embrionário, poderá fazer ao próprio psicodrama. Os diretores cujas dramatizações foram descritas nas páginas anteriores tentaram explorar até que ponto as ações estratégicas podem ser transplantadas com sucesso para a "unilateralidade subjetiva" do paciente. Os protagonistas interpretam unilateralmente suas aflições como algo que é produzido pelo sistema; a abordagem sistêmica, no entanto, examina com maior amplitude as restrições que pesam sobre a mudança e o modo pelo qual as aflições mantêm o sistema. Já notamos que o contexto e as conseqüências dos papéis de uma pessoa, embora implícitos na definição de Moreno, são dimensões da teoria dos papéis em relação às quais se passou muito por alto. Entretanto, a leitura de tais contextos e conseqüências automaticamente nos impele a uma análise sistêmica dos papéis. A compreensão das cinco partes dos papéis propicia as informações necessárias aos "padrões de conexão" e encerra o potencial de uma ampla compreensão contextual. Embora tenha sido delineada a base para uma forma estratégica de psicodrama, o processo precisa ser desenvolvido por muito mais autores, clínicos e pesquisadores.

A esta altura o leitor já terá notado uma dialética constante neste livro: entre a paixão e a técnica, entre a estética e o pragmatismo, entre a comunicação analógica e a comunicação digital, entre a fantasia e a realidade, entre a onipotência e o fato de sermos mortais, entre a revelação e a terapia. A partir de nossas observações de diretores que ajudam os protagonistas a negociarem seus mundos internos e externos perguntamos: será legítimo arriscar-se a deixar de lado as qualidades revelatórias e religiosas do psicodrama, em favor de uma estratégia? Pode a terapia ser apaixonada e ter uma técnica?

Talvez possa, até mesmo de acordo com a mais ortodoxa teoria de Moreno. Em que pese a grande escala de seus sonhos, Moreno não tentou reconciliar, para seus pacientes, a fantasia de Deus com a realidade de sermos humanos. Ele reconheceu o desejo das pessoas de interpretarem seus papéis psicodramáticos, mas ele próprio jamais encorajou isso às expensas da desintegração social de uma pessoa. Moreno não defende que as pessoas vivam com a ilusão megalomaníaca de serem Deus nem preconiza um mundo particular que esteja sempre procurando abafar a identidade social do ser humano. Os papéis psicodramáticos pressionam continuamente para se exprimirem. Essa pressão pode levar ou à criatividade ou, ocasionalmente, a contra-identidades escapistas, tal como ocorre quando um homem sonha que é Fangio, campeão mundial de automobilismo, ou uma mulher sonha que é a rainha de Sabá. Tais papéis podem ser úteis e agradáveis, na medida em que "Fangio" não acabe com seu Toyota ou a "rainha" não pegue um resfriado, quando espera que as criadas de sua fantasia lhe preparem um banho!

O objetivo, tanto do psicodrama tradicional quanto do psicodrama estratégico é criar, em conjunto com o protagonista, uma realidade social positiva. A definição destrutiva do paciente é abandonada e substituída temporariamente por imagens alternativas que podem romper o círculo vicioso no qual o indivíduo se debate. Para alcançar tal objetivo o psicodrama estratégico oferece um grande conjunto de técnicas e tende a encarar com maior rigor o contexto e as conseqüências dos papéis da pessoa. Tende também a ser uma abordagem cibernética, tentando assegurar que a terapia não se torne parte das soluções disfuncionais do paciente.

No psicodrama enquanto revelação a "unilateralidade subjetiva plena" do protagonista é totalmente apoiada e explorada. A dramatização é uma epifania pessoal, uma revelação da história e do potencial pessoal, uma educação, um apoio para a paixão, a fim de que se conheça o significado da experiência de uma pessoa, um impulso para encontrar, manifestar e enaltecer o espírito interior. Tudo isto constitui uma excelente busca. O psicodrama enquanto terapia não se situa em plano mais "elevado" ou menos "elevado" do que o psicodrama enquanto revelação. Simplesmente tem um propósito diferente, isto é, a resolução de problemas. A dificuldade surge quando ambos são confundidos e a revelação ou a terapia tornam-se parte das soluções que causam problemas ao paciente.

Dado que o psicodrama tradicional, habilmente conduzido, costuma ter algo a acrescentar à verdade em relação à existência das pessoas, há poucos motivos para um paciente não permanecer durante o tempo que ele quiser num grupo que empregue o método psicodramático enquanto revelação ou teologia. No entanto, conforme vimos no capítulo 8, existem bons motivos pelos quais a terapia não deveria ser parte da vida de alguém. Ela deve ser tão breve quanto o problema o permita. O processo educacional de uma pessoa dura a vida inteira e é extremamente proveitoso encarar a vida e o aprendizado como uma coisa só. Talvez não seja assim tão proveitoso encarar a vida e a terapia como uma coisa só.

A criatividade e a espontaneidade com toda certeza conferem vida e espírito ao átomo social. Tentemos, porém, abordar esse significado procedendo de outro modo: o funcionamento adequado, no átomo social, possibilita que papéis psicodramáticos adequados se desenvolvam. Ser bem-sucedido em lidar com a dialética entre subjetivo e o social caracteriza a boa terapia. Além de apoiarem a sede do indivíduo em experienciar mais papéis psicodramáticos, os diretores também podem dar apoio a estruturas sociais adequadas que favoreceriam uma expressão mais completa dos papéis psicodramáticos no interior do sistema. O que vem em primeiro lugar? Quando a realidade fenomênica do protagonista se faz presente, concreta e consciente, sua reparação pode ser social e estrutural, bem como subjetiva e pessoal. Sobretudo importa dizer que nada vem em primeiro lugar.

No entanto, impor uma técnica à paixão dos protagonistas que interpretam seus papéis psicodramáticos parece ser uma ofensa aos mais rígidos cânones dos métodos de ação: o direito de uma pessoa de expressar sua *"megalomania normalis"* (Moreno, 1959, p. 139). Moreno observa que a centralidade da visão das pessoas, sua auto-referência, isto é, a referência à sua matriz de identidade, jamais deixa de operar: "Ele permanece uma criança enquanto viver". Uma guinada estrutural imposta, no interior do sistema, ou a apresentação de um novo código introduzido pelo terapeuta ou uma entrevista com o grupo rigidamente elaborada com toda certeza poderão dar a impressão de que essa *"megalomania normalis"* está sendo checada e isso talvez coloque um dilema para o processo de aquecimento. Moreno encontrou-se diante de um dilema semelhante quando desenvolveu a sociometria, que esperava vir a ser a nova "ciência" dos sistemas. Porém a transposição da sociometria para o psicodrama, por ele realizada, jamais se completou e com toda certeza o atual empenho de integrar a subjetividade e o pensamento sistêmico é apenas um primeiro passo, a aquisição de utensílios para a cozinha, conforme sugeri no capítulo 5.

A rede de relacionamentos, o mundo da escolha

Ao conceituar o átomo social, Moreno, a exemplo de Marx e dos teóricos de sistemas familiares, considerava basicamente a pessoa como sendo um ser social envolto em uma rede de relacionamentos. Ele se autodenominava um "existencialista dialógico" e encarava os indivíduos como seres essencialmente conectados através de relacionamentos. Com efeito, o isolamento social era considerado a condição primordial para a falta de espontaneidade e de criatividade. No entanto, a posição de Moreno estava muito distante de um antiindividualismo fascista. O indivíduo não está ou não deve estar perdido nesta interconexão: tanto o psicodrama como a terapia estratégica ambos validam uma vida de fantasias rica em cada indivíduo e apóiam amplamente a valorização do indivíduo.

Além desse reconhecimento do indivíduo numa relação, Moreno se referia a um foco cósmico — o psicodrama enquanto teologia — no qual cada pessoa participa de um diálogo cosmológico com o Ente Supremo, o princípio universal da espontaneidade e da criatividade. Moreno via milhões de eus-deuses criando o universo em conjunto. Deixando de lado a noção de um único ente supremo, aproximamo-nos das idéias de Gregory Bateson, o herói da teoria contemporânea dos sistemas, que considera o *self* apenas como "uma pequenina parte de um sistema muito mais amplo, que opera por meio de erros e acertos e que realiza o pensamento, a ação e a decisão"; trata-se de "...uma falsa reificação de uma parte, impropriamente delineada, deste campo muito maior de processos que se entrelaçam" (Bateson, 1972, p. 331).

A exemplo do psicodrama tradicional, o psicodrama estratégico cuida de desenvolver o indivíduo-criador, em termos do problema apresentado. Chamar a isto de "ente supremo" individual ou postular um "ente supremo" coletivo, no entanto, leva a impor ao paciente outra coisa que não a terapia. A filosofia do que significa para nós sermos humanos ou até mesmo nossa esperança em relação à humanidade não constituem necessariamente o mesmo que nossas crenças sobre a mudança através da terapia e sobre o objetivo desta última. As terapias estratégicas, em geral, não tentam fazer com que o paciente se torne mais próximo dos ideais do terapeuta em relação aos seres humanos e não se aprofundam na totalidade da vida de uma pessoa mais do que é necessário. Elas não pretendem tutelar a pessoa, indicando como deve proceder como um ser humano ou como deve manifestar essa humanidade. Este é o propósito da revelação, mais apropriado a outros cenários que não os da terapia. O psicodramatista estratégico se faz presente ao protagonista ou ao participante do grupo não apenas em sua simples humanidade, mas como um terapeuta, que ali está para lidar com um problema ou um conjunto de problemas.

Não tenho, porém, a pretensão de afirmar que a distinção seja tão nítida assim. Toda terapia bem-sucedida acarreta uma transformação da consciência, uma redefinição do problema e, usualmente, uma alteração da visão do paciente em torno dos relacionamentos entre ele e os outros. Até mesmo a resolução de um pequeno problema pode envolver esse fato. Além do mais, a espontaneidade se encontra tanto na base do psicodrama estratégico quanto do psicodrama clássico e, assim, opera no sentido de conectar e esclarecer o paciente em relação a um contexto mais amplo — em alguns casos, o contexto da própria vida. E, a exemplo de qualquer psicodramatista, os psicodramatistas estratégicos assumem sua presença para os pacientes, num encontro cara a cara com eles. Estão abertos para a espontaneidade da própria vida. São terapeutas apenas na medida em que são capazes de gerar maior espontaneidade em torno do problema que o paciente já apresenta ou na medida em que são capazes de gerar essa espontaneidade nos outros.

Moreno criou o primeiro palco do psicodrama como um laboratório de vida, um fórum destinado à teologia experiencial. O psicodrama estratégico não chega a fazer exatamente isso. Ele cria um palco para a experimentação em si, um contexto para o desconhecido, o imprevisível, no qual as restrições que pesam sobre a mudança podem finalmente ser deixadas de lado. O "universo poético" (Allman, 1982) ou o "universo encantador da espontaneidade" (Kraus, 1984) é restrito em seu objetivo, no que concerne à resolução de problemas, mas essa restrição não se aplica à sua natureza. O psicodrama estratégico e o psicodrama tradicional almejam criar um mundo de atuação onde a fantasia e a realidade são uma coisa só e no qual as pessoas passam a reconhecer sua ligação com as demais, seu "existencialismo dialógico". Ambos os tipos de psicodrama constituem métodos "ecológicos", auxiliando as pessoas a abandonarem a consciência de uma visão linear de si mesmas em favor de uma consciência mais inclusiva da espécie humana.

Quando foi para os Estados Unidos, em 1925, Moreno transpôs sua teologia do "ente supremo" para a "ciência" da sociometria. Argumentava que a fé na solidariedade humana e no princípio universal da espontaneidade/criatividade era uma questão de sobrevivência da raça humana enquanto tal. Quem poderia afirmar, nos dias atuais, que ele estava errado? Embora o psicodrama estratégico se restrinja a problemas, a distinção entre ele e o psicodrama tradicional não é a distinção entre pragmática *versus* estética. Como talvez tenha ficado claro para o leitor que se mostrou perseverante até aqui, o psicodrama estratégico está muito longe de ser simples, sem sutilezas e cruamente pragmático. Ambos os tipos de psicodrama reconhecem — ou deveriam reconhecer — as pessoas em seus contextos e como parte da estrutura total da natureza. Ambos abominam ou deveriam abominar uma visão linear e mecânica do eu e da consciência. Quando mais não seja, o psicodrama estratégico se posiciona como algo mais consciente da existência de sistemas do que o psicodrama tradicional e adota uma visão muito aberta sobre o eu e a consciência.

O psicodrama estratégico e o trabalho em grupo aceitam o desafio do paciente que está impedido de avançar, às voltas com o ciclo de solução de problemas, e tenta desenvolver uma técnica que ajude esse paciente a crescer, fermentar, dar forma e re-formar seus problemas, até a rede original de pressuposições se afrouxar e ceder lugar à espontaneidade. Pelo menos no que diz respeito ao problema, o mundo dado torna-se muito mais o mundo criado, o mundo intencional, o mundo da escolha. Tal mundo sempre existe numa rede de relacionamentos com os outros, mas é menos obstaculizado por restrições disfuncionais ou desnecessárias que emanam daquelas lealdades humanas. As lealdades invisíveis se tornam visíveis e a pessoa se encontra livre para ser leal de outro modo. Embora a terapia estratégica possa expandir inevitavelmente a percepção do paciente em relação à unidade da vida e à "alegre ligação" existente entre todas as coisas (Bateson, 1979), ela não se propõe explicitamente a agir assim. O psicodrama estratégico tira o chapéu para o psicodrama enquanto revelação e enquanto teologia, mas reconhece seu próprio território, isto é, o território do problema.O território do problema e o território da solução não são a mesma coisa. O psicodrama estratégico sabe que não existe técnica válida sem paixão e que a paixão é impotente sem a técnica.

Um terapeuta estratégico assume a responsabilidade de influenciar diretamente as pessoas tendo em vista objetivos específicos. A terapia estratégica freqüentemente se distingue (v. Rabkin, 1977) das abordagens que procuram a "sabedoria e a iluminação". Essa distinção é importante, pois o psicodrama, enquanto teologia e revelação, visa à sabedoria e à iluminação. Em seu texto "A quiz for young therapists" ("Um teste para jovens terapeutas"), Jay Hayley (1982) indaga se os terapeutas deveriam considerar-se técnicos capacitados ou filósofos/humanistas. Recorre ao exemplo de uma criança que faz xixi na cama. O filósofo/clínico não ensina meios de curar o problema. Em vez disso, pensa que a criança está fazendo xixi na cama como um modo de expressar seu conceito sobre o mundo. "A criança está mijando no universo?" ele se indaga. É uma boa pergunta, mas o terapeuta também deve conhecer os meios rotineiros de curar uma criança que padece de enurese. Se não, para que serve um terapeuta? Hayley chega a uma conclusão: tudo bem ser um filósofo e um humanista caso isto não interfira com o fato de ser um bom terapeuta. Os psicodramatistas estratégicos almejam uma mudança nas seqüências refletivas da interação, desprovidas de alegria, e objetivam a criação de mais alternativas de ação. Para uma pessoa que se encontra em dificuldades, isto basta como definição de sabedoria e de iluminação.

Referências bibliográficas

Aldridge, D. & Rossiter, J. (1983) "A strategic approach to suicidal behavior", *Journal of Strategic and Systemic Therapies*, 2, 49-62.

Alexander, F. (1946). *The scope of psychoanalysis*, Nova York: Basic Books.

Allman, L. (1982) "The aesthetic preference: overcoming the pragmatic error", *Family Process, 21*, 43-56.

Andolfi, M. & Angelo, C. (1982) "The therapist as director of the family drama", *in* F. W. Kaslow (org.) *The international book of family therapy*, Nova York: Brunner/Mazel.

Anthony, E. (1967) "The generic elements in dyadic and in group psychotherapy", *International Journal of Group Psychotherapy, 17*, 57-60.

Bateson, G. (1958) *Naven* (2ª ed.), Stanford: Stanford University Press.

Bateson, G. (1972) *Steps to an ecology of mind*, Nova York: Ballantine Books.

Bateson, G. (1979) *Mind and nature: a necessary unity.* Nova York: Bantam Books.

Bateson, G. (1982) "Beyond homeostasis: toward a concept of coherence", *Family Process, 21*, 21-41.

Beavers, W. (1977) *Psychotherapy and growth: a family systems perspective*, Nova York: Brunner/Mazel.

Bentley, E. (1972) "Theatre and therapy", *in Theatre of war*, Londres: Methuen.

Billow, P. (1977) "Metaphor: a review of the psychological literature", *Psychological Bulletin, 84*, 81-92.

Bion, W. R. (1961) *Experiences in groups.* Londres: Tavistock Publications.

Bischof, L. (1970) *Interpreting personality theories*, Nova York: Harper & Row.

Blatner, H. (1973) *Acting-in: practical applications of psychodrmatic methods*, Nova York: Springer.

Blatner A. (1985) "The dynamics of catharsis", *Journal of Group Psychotherapy, Psychodrama and Sociometry, 37*, 257-66.

Bodin, A. (1981) "The interactional view: family therapy approaches of the Mental Research Institute", *in* A. Gurman & D. Kniskern (orgs.) *Handbook of family therapy*. Nova York: Brunner/Mazel.

Bodin, E. S. (1979) "The generalizability of the psychoanalytic concept of the working alliance", *Psychotherapy: Theory, Research and Practice, 16*, 252-60.

Boszormenyi-Nagy, I. & Spark, G. (1973) *Invisible loyalties: reciprocity in intergenerational family therapy*, Nova York: Harper & Row.

Boszormenyi-Nagy, I. & Krasner, B. (1981) "The contextual approach to psychotherapy: premises and implications", *in* G. Berenson & H.White (orgs.) *Annual review of family therapy* (vol. 1), Nova York: Human Science Press.

Bowen, M. (1966) "The use of family therapy in clinical practice", *Comprehensive Psychiatry, 7*, 345-74.

Bowen, M. (1972) "Towards the differentiation of a self in one's own family", *in* J. Framo (org.) *Family interaction*, Nova York: Springer.

Braaten, L. J. (1974) "Development phases of encounter groups and related intensive groups", *Interpersonal Development, 5*, 112-29.

Braverman, S., Hoffman, L., & Szkrumelak, N. (1984) "Concomitant use of strategic and individual therapy in treating a family", *American Journal of Family Therapy, 12*, 29-38.

Brennan, J. & Williams, A. (1988) "Clint and the black sheep", *Journal of Strategic and Systemic Therapies*.

Buchanan, D. (1980) "The central concern model: a framework for structuring psychodramatic production", *Journal of Group Psychotherapy, Psychodrama and Sociometry, 33*, 47-62.

Campernolle, T. (1981). "J. L. Moreno: an unrecognized pioneer of family therapy", *Family Process, 20*, 331-5.

Carter, B. & McGoldrick, M. (orgs.) (1980) *The family life cycle*, Nova York: Gardner.

Chubb, H. & Evans, E. (1985) "Therapy is not going to help: brief family treatment of a character disorder", *Journal of Strategic and Systemic Therapies, 4*, 37-44.

Conrad, J. (1914, 1972) *The nigger of the narcissus*, Dent: Londres.

Coyne, J. (1986) "The significance of the interview in strategic marital therapy", *Journal of Strategic and Systemic Therapies, 5*, 63-70.

de Shazer, S. (1982) *Patterns of brief family therapy*, Nova York: Guilford. (Edição brasileira: *Terapia Familiar Brere*. São Paulo, Summus Editorial, 1987.)

Dodson, L. S. (1983) "Intertwining Jungian depth psychology and family therapy through use of action techniques", *Journal of Group Psychotherapy, Psychodrama and Sociometry, 35*, 155-64.

Duhl, B. S. (1983) *From the inside out: creative and integrative approaches to training in systems thinking*. Nova York: Brunner/Mazel.

Everstine, D. S. & Everstine, L. (1983) *People in crisis*. Nova York: Brunner/Mazel.

Ezriel, H. (1952) "Notes on psyhchoanalytical therapy, II: interpretation and research", *Psychiatry, 15*, 119-26.

Ezriel, H. (1973) "Psychoanalytic group therapy", *in* L. R. Wolberg & E. K. Schwartz (orgs.) *Group therapy*. Nova York: International Medical Books, pp. 183-210.

Farson, R. (1978) "The technology of humanism", *Journal of Humanistic Psychology, 18*, 5-35.

Fine, L. (1978) "Psychodrama", *in* R. Corsini (orgs.) *Current psychotherapies*, Itasca, Ill.: F. E. Peacock.

Fisch, R., Weakland, J. & Segal, L. (1982) *The tactics of change: doing therapy briefly*, San Francisco: Jossey Bass.

Foulkes, H. (1964) *Group and analytic psychotherapy*, Nova York: IUP.

Fox, J. (1987) *The essential Moreno*, Nova York: Springer.

Fraser, J. (1986) "The crisis interview: strategic rapid intervention", *Journal of Strategic and Systemic Therapies, 5*, 71-87.

Freud, S. (1912) "The dynamics of transference", *Standard Edition, 12*, Londres: Hogarth.

Freud, S. (1914) "Recollecting, repeating and working through", *Standard Edition, 12*, Londres: Hogarth.

Freud, S. (1921) "Group psychology and the analysis of the ego", *Standard Edition, 18*, Londres: Hogarth.

Freud, S. (1940) "An outline of psychoanalysis", *Standard Edition, 23*, Londres: Hogarth.

Ginn, R. (1974) "Psychodrama, a theatre for our time", *Group Psychotherapy and Psychodrama 32*, 123-46.

Goldenberg, I. & Goldenberg, H. (1985) *Family therapy: an overview*, Monterey, Calif.: Brooks/Cole.

Goldman, E. & Morrison, D. (1984) *Psychodrama: experience and process*, Dubuque, Iowa: Kendall/Hunt.

Gordon, D. (1978) *Therapeutic metaphors*, Cupertino Calif.: Meta Publications.

Greenson, R. & Wexler, M. (1969) "The non-transference relationship in the psychoanalytic situation", *International Journal of Psychoanalysis, 50*, 27-39.

Guldner, C. (1982) "Multiple family psychodramatic therapy", *Journal of Group Psychotherapy, Psychodrama and Sociometry, 34*, 47-56.

Guldner, C. (1983) "Structuring and staging: a comparison of Michuchin's structural family therapy and Moreno's psychodramatic therapy", *Journal of Group Psychotherapy, Psychodrama and Sociometry*, 35, 141-54.

Hare, A. P. (1986) "Moreno's contribution to social psychology"., *Journal of Group Psychotherapy, Psychodrama and Sociometry, 39,* 85-94.

Harper, J. M., Scorceby, A. E. & Boyce W. D. 1977) "The logical levels of complementary, symmetrical and parallel interaction classes in family dyads", *Family Process*, 16, 199-210.

Hayley, J. (1973) *Uncommon therapy: the psychiatric techniques of Milton H. Erikson*, Nova York: Norton. (No Brasil: *Terapia não-convencional*, Summus Editorial.)

Hayley, J. (1976) *Problem-solving therapy: new strategies for effective family therapy*, San Francisco: Jossey Bass.

Hayley, J. (1976) "A quiz for young therapists", in *Reflections on therapy*, Washington, DC: The Family Therapy Institute.

Held, B. S. & Bellows, D.C. (1983) "A family systems approach to crisis reactions in college students", *Journal of Marital and Family Therapy, 9,* 365-73.

Hillman, J. (1964) *Suicide and the soul*, Dallas, Tx: Spring Publications.

Hoffman, L. (1981) *Foundations of family therapy: a conceptual framework*, Nova York: Basic Books.

Hoffman, L. (1985) "Beyond power and control: towards a second-order family systems therapy", *Family Systems Medicine, 3,* 381-96.

Hollander, C. (1983) "Comparative family systems of Moreno and Bowen", *Journal of Group Psychotherapy, Psychodrama and Sociometry, 36,* 1-12.

Hollander, S. (1981) "Spontaneity, sociometry and the warming-up process in family therapy", *Journal of Group Psychotherapy, Psychodrama and Sociometry, 34,* 44-53.

Howe, R. & von Foerster, H. (1974) "Cybernetics at Illinois", *Forum, 6,* 15-17.

Jackson, D. & Hailey, J. (1963) "Transference revisited", *Journal of Nervous and Mental Disease, 137,* 363-71.

Kahn, S. (1964) *Psychodrama explained*, Nova York: Philosophical Library.

Kaminski, R. C. (1981) "Saying good-bye, an example of using a 'good-bye technique' and concomitant psychodrama in the resolving of family grief", *Journal of Group Psychotherapy, Psychodrama and Sociometry, 34,* 100-11.

Keeney, B. P. (1979) "Ecosystemic epistemology: an alternative paradigm for diagnosis", *Family Process, 18,* 117-29.

Keeney, B. P. (1983) *Aesthetics of change*, Nova York: Guilford.

Kellerman, P. F. (1979) "Transference, countertransference and tele", *Journal of Group Psychotherapy, Psychodrama and Sociometry, 32,* 38-55.

Kellerman, P. F. (1984) "The place of catharsis in psychodrama", *Journal of Group Psychotherapy, Psychodrama and Sociometry, 37*, 1-11.

Kellerman, P. F. (1987) "A proposed definition of psychodrama", *Journal of Group Psychoterapy, Psychodrama and Sociometry, 40*, 76-80.

Kelly, G. R. (1955) *The psychology of personal constructs*, vol. 1, Nova York: W. W. Norton

Kibel, H. & Stein, A. (1981) "The group-as-a-whole approach: an appraisal", *International Journal of Group Psychotherapy, 31*, 409-27.

Kobak, R. R. & Waters, D. B. (1984) "Family therapy as a rite of passage: play's the thing", *Family Process, 23*, 89-100.

Kopp, S. (1971) *Guru: metaphors from a psychotherapist*, Palo Alto: Science and Behavior Books.

Kraus, C. (1984) "Psychodrama for fallen gods: a review of Morenian theology", *Journal of Group Psychotherapy, Psychodrama and Sociometry, 37*, 47-66.

Kubie, L. (1968) "Unresolved problems in the resolution of the transference", *Psychoanalytic Quarterly, 37*, 331.

Laqueur, H. P. (1980) "The theory and practice of multiple family therapy", *in* L. R. Walberg & M. L. Aronson (orgs.) *Group and family therapy*, Nova York: Brunner/Mazel.

Leutz, G. (1982) "Correspondences between the psychodramatic theory of child development and the process and therapeutic goals of psychodrama", *in* M. Pines & L. Rafaelsen (orgs.) *The Individual and the Group, vol. 1*, Nova York: Plenum Press.

Leutz, G. (1973) "Recent developments of psychodrama in western Europe", *Group Psychotherapy, Psychodrama and Sociometry, 31*, 268-73.

Leveton, E. (1977) *Psychodrama for the timid clinician*, Nova York: Springer.

Lipchik, E. & de Shazer, S. (1986) "The purposeful interview", *Journal of Strategic and Systemic Therapies, 15*, 88-99.

MacKinnon, L. K. & James, K. (1987) "The Milan systemic approach: theory and practice", *Australian and New Zealand Journal of Family Therapy, 8*, 89-98.

Madanes, C. (1981) *Strategic family therapy*, San Francisco: Jossey Bass.

Masserman, J. H. & Moreno, J. L. (orgs.) (1957) *Progress in psyhchotherapy, vol. II*, Nova York: Grune & Stratton.

Maturana, H. & Varela, F. (1980) *Autopoiesis and cognition: the realization of the living*, Dordrecht, Holanda: D. Reidl.

Minuchin, S. (1974) *Families and family therapy*, Londres: Tavistock.

Michin, S. & Fishman, H. C. (1981) *Family therapy techniques*, Cambridge, Ma: Harvard University Press.

Moreno, J. L. (1946, 1964, 1972) *Psychodrama, vol. I*, Nova York: Beacon House. (Edição brasileira: Cultrix)

Moreno, J. L. (1947) *The theatre of spontaneity*, Nova York: Beacon House. (Edição brasileira: *O Teatro da Espontaneidade*, Summus, 1984.)

Moreno, J. L. (1953) *Who shall survive?* Nova York: Beacon House.

Moreno, J. L. (org.) (1956) *Sociometry and the science of man*, Nova York: Beacon House.

Moreno, J. L. (1959) *Psychodrama, vol. II*, Nova York: Beacon House. (Edição Brasileira: *Fundamentos do Psicodrama*, Summus, 1983.)

Moreno, J. L. (1964) "The third psychiatric revolution and the scope of psychodrama", *Group Psychotherapy, 17*, 149-71.

Moreno, J. L. (1968) "Universal peace in our time", *Group Psychotherapy, 21*, 175-6.

Moreno, J. L. (1969) Psychodrama, *vol. III*, Nova York: Beacon House.

Moreno, J. L., Moreno, Z., & Moreno, J. (1963) "The first psychodramatic family", *Group Psychotherapy, 16*, 203-49.

Moreno, J. L., Moreno, Z. & Moreno, J. (1964) "New Moreno legends", *Group Psychotherapy, 17*, 1-35.

Moreno, Z. T. (1967) "The seminal mind of J. L.Moreno and his influence on present generation", *Group Psychotherapy, 20*, 218-29.

Moreno, Z. T. (1968) "Eye witness account of the Doctor Honoris Causa awarded to J. L. Moreno, Oct 14, 1968, at Barcelona University", *Group Psychotherapy, 21*, 180-3.

Moreno, Z.T. (1969) "Psychodramatic roles, techniques and adjunctive methods", *Group Psychotherapy, 22*, 213-19.

Munro, C. (1987) "Psychodramatic rules, techniques and adjunctive methods", *Group Psychotherapy, 22*, 213-19.

Munro, C. (1987) "White and the cybernetic therapies: news of difference", *Australian and New Zealand Journal of Family Therapy, 8*, 183-92.

Nichols, M. (1984) Family therapy: concepts and methods. Nova York; Gardner.

Papp, P. (1983) *The process of change.* Nova York: Guilford.

Penn, P. (1982) "Circular questioning", *Family Process, 21*, 265-80.

Procter, H. (1985) "A construct approach to family therapy and systems intervention", *in* E. Button (orgs.) *Personal construct theory and mental health*, Londres: Croom Helm.

Rabkin, R. (1977) *Strategic psychotherapy*, Nova York: Basic Books.

Remer, R. (1986) "Use of psychodramatic interventions with families: change on multiple levels", *Journal of Group Psychotherapy, Psychodrama and Sociometry, 39*, 13-29.

Rohrbaugh, M. & Eron, J. (1982) "The strategic systems therapies", *in* L. E. Abt & I. R. Stuart (orgs.) *The newer therapies: a sourcebook*, Nova York: Van Nostrand Reinhold.

Sanders, C. (1985) ' "Now I see the difference" — the use of visual news of difference in clinical practice", *Australian and New Zealand Journal of Family Therapy, 6*, 23-9.

Saravay, S. (1985) "Parallel development of the group and its relationship to the leader", *International Journal of Group Psychotherapy, 35*, 197-107.

Seeman, H. & Weiner, D. (1985) "Comparing and using psychodrama with family therapy: some cautions", *Journal of Group Psychotherapy, Psychodrama and Sociometry, 37*, 143-56.

Selvini Palazzoli, M., Boscolo, L., Chechin, G. F., & Prata G. (1980) "Hypothesizing-circularity-neutrality: three guidelines for the conductor of the session", *Family Process, 19*, 3-12.

Sherman, R. & Fredman, N. (1986) *Handbook of structured techniques in marriage and family therapy*, Nova York: Brunner/Mazel.

Stanton, M. (1981) "An integrated structural-strategic approach to family therapy", *Journal of Marital and Family Therapy, 7*, 427-39.

Starr, A. (1977) *Psychodrama rehearsal for living*, Chicago: Nelson Hall.

Tomm, K. (1984) "One perspective on the Milan systemic approach: part II, description of session format, interviewing style and interventions", *Journal of Marital and Family Therapy, 10*, 253-76.

Tomm, K. (1987) "Interventive interviewing: part II, reflexive questioning as a means to enable self-healing", *Family Process, 26*, 167-84.

Tuckman, B. W. (1965) "Developmental sequence in small grups", *Psychological Bulletin, 63*, 324-99.

Turner, V. (1969) *The ritual process*, Ithaca, Nova York: Cornell University Press.

Van den Berg: *The changing nature of man: introduction to historical psychology*, Nova York: Dell Publishing.

Van der Hart, O. (1983) *Rituals in psychotherapy*, Nova York: Irvington Publishers.

Van Gennep, A. (1909) *Les rites de passage*. Paris: Librairie Critique. Edição inglesa: *The rites of passage*, Londres: Routledge and Kegal Paul, 1960.

Watzlawic, P., Weakland, J., & Fisch, R. (1974) *Change: the principles of problem formation and problem resolution*, Nova York: W. W. Norton.

Weakland, J. H. (1983) "'Family therapy' with individuals", *Journal of Strategic and Systemic Therapies, 2*, 1-9.

Weakland, J. H., Fisch, R., Watzlawick, P., & Bodin, A. (1974) "Brief therapy focussed problem resolution", *Family Process, 13*, 141-68.

Whitaker, D. & Lieberman, M. (1964) *Psychotherapy through the group process*, Nova York: Atherton.

White, M. (1983) "Anorexia nervosa: a transgeracional system perspective", *Family Process, 22*, 255-73.

White, M. (1984) "Marital therapy — practical approaches to longstanding problems", *Australian Journal of Family Therapy, 5*, 27-43.

White, M. (1986a) "Negative explanation, restraint and double description: a template for family therapy", *Family Process, 25*, 169-84.

White, M. (1986b) "Anorexia nervosa. A cybernetic perspective", *Dulwich Centre Review*, 56-65.

Yalom, I. (1975) *The theory and practice of group psychotherapy*, Nova York; Basic Books.

Leia também:

MAGIA, MITO E PSICODRAMA
Carlos M. Menegazzo

Uma nova visão da teoria e da prática do psicodrama, através do estudo das origens da representação dramática. Os antecedentes gregos, os rituais místicos das culturas primitivas e uma profunda análise do próprio método psicodramático fazem deste livro um instrumento original e valioso para o conhecimento do fenômeno de mudança em psicoterapia.

MORENO E O HASSIDISMO
Princípios e fundamentos do pensamento filosófico do criador do psicodrama
Benjamin Waintrob Nudel

Uma obra singular onde, de uma forma profunda e corajosa, o autor aproxima a ciência e religião no pensamento moreniano. Aqui, novas luzes são lançadas sobre a biografia de J. L. Moreno, ao recuperar-se sua origem judaica e sua vinculação com os conceitos teológicos e filosóficos do hassidismo.

PSICODRAMA
Inspiração e técnica
Paul Holmes e Marcia Karp (orgs.)

Os psicoterapeutas precisam de inspiração para trabalhar com as emoções humanas? Quais as novas técnicas que podem ser usadas para resolver dificuldades no trabalho com grupos? As respostas a estas questões aparecem aqui de uma forma honesta e pessoal, através de trabalhos com adolescentes, crianças autistas, anoréxicos, vítimas de abuso sexual, alcoólatras e pacientes terminais de câncer, fornecendo-nos um conjunto abrangente e permitindo uma visão global do estágio atual do psicodrama no mundo.

PSICODRAMA BIPESSOAL
Sua técnica, seu terapeuta e seu paciente
Rosa Cukier

A importância da psicoterapia individual que empresa a ação psicodramática, sem deixar de levar em conta os outros importantes avanços da psicologia deste século, inclusive a psicanálise. Não se trata de um livro de receitas, mas oferece dicas de extrema utilidade aos psicodramatistas em geral e aos iniciantes em particular.

Impresso na
**press grafic
editora e gráfica ltda.**
Rua Barra do Tibagi, 444 - Bom Retiro
Cep 01128 - Telefone: 221-8317